KB057518

만들어진 사회적 기억,
**문화재 인식의 역사**

만들어진 사회적 기억,
# 문화재 인식의 역사

오춘영 지음

서경문화사

# 서문

    우리는 문화재를 스스로 찾아 인식하고 있었을까, 아니면 인식하도록 앞에 놓인 것을 문화재라 여겼을까. 문화재와 가까운 역사나 예술은 개인적 차원의 생성과 공유가 자유롭고 어색하지 않다. 그러나 문화재는 역사나 예술과 달리 언제나 국가의 영향 아래 있었다. 언제부터였을까. 왜 그럴까. 이 책은 이런 질문들에 대한 탐색이다.

    정체성은 기억으로 형성되고, 기억은 남겨진 것들을 통해 더 단단해진다. 이 명제는 집단의 차원으로 바꿔볼 수 있다. 집단의 정체성은 집단의 기억으로 형성되고, 집단의 기억은 집단에 의해 남겨진 것들로 더 단단해진다. 남겨진 오래된 것들. 유산 혹은 문화재. 문화재는 집단의 정체성에 깊게 개입한다. 문화재는 집단의 정체성을 증명하기 때문에 집단은 문화재 선택에 관여한다. 문화재 선택은 무엇을 남길 것인가에 관한 문제이며, 집단은 이 과정을 통해 집단의 지향점-지배이념을 투영한다. 정리하면, 집단은 문화재를 선택하면서 집단의 기억을 통제한다는 의미다. 여기에서 집단은 국가로 대표된다.

    좀 극단적인 말처럼 보일수도 있겠다. 그러나 조금만 떨어져서 역사적으로 바라보면 문화재와 집단의 이념 관계는 가깝게 보인다. 조선을 지배한 집단은 왕가의 유적과 유물을 국가적으로 우선 보호하며 유교적 충효사상을 조선 사회에 내재화했고, 일제강점기에 이 땅을 지배한 집단은 의도된 고적 조사와 지정으로 식민사관을 피지배 민족에게 내재화하려고 했으며, 해방 후 북쪽을 지배한 집단은 반봉건 이념을 문화재와 역사 정책에 반영했다. 이 책의 내용은 이렇게 지배집단의 이념적 변화에 따라 변했던 문화재 인식의 역사를 살펴보는 것들인데, 대부분 필자의 2020년 박사학위논문을 수정 · 보완한 것이다.

    현재 우리의 문화재 체계는 일제강점기에 뿌리가 있지만, 최초의 뿌리는 아니었다. 문화재의 자생적 인식과 제도화라는 주체적 성장 시도가 있었으나, 외래에서 강제 이식된 체계로 인해 이 땅에서 뿌리 내리고 자랄 수 없었다, 이 부분 또한 이 책의 내용이다.

　과거로부터 현재까지 문화재 인식의 역사를 보면, 인식을 만드는 쪽과 영향 받는 쪽이 구분되어 영향관계가 일방적인 경향이 강했다. 그러나 민주화되고 다원화되는 현대 사회에서 이 전통적 문화재 인식 체계가 얼마나 지속될 수 있을까. 이것은 시민 사회의 자발성과 이 자발성을 응원하는 국가의 의지가 결정할 것이다.

　문화재를 업으로 하는 사람들에게 '문화재는 무엇인가'라는 문제는 스스로 묻게 되는 본질적 질문이다. 나 또한 그 중의 하나였으며, 이 책은 이 본질적 질문에 대한 나름의 연구 결과이다. 모든 연구가 그렇듯, 한계는 머지않아 나타난다. 이 한계와 진보가 곧 나타나기를 희망한다.

　운명을 믿지 않지만, 내가 여기까지 올 수 있었던 건 내 길을 인도해주고 함께 해준 고마운 분들 덕입니다.

　나를 성장시키고 지켜준 부모님, 문화재 조사에 첫 발을 내딛게 해주신 이융조 교수님, 근대사의 눈을 띄워주신 박걸순 교수님, 언제나 든든한 안내자이신 김영관 교수님, 근대 문화재사를 알려주신 최석영 박사님. 이 분들의 가르침으로 이 책이 만들어졌고, 서경문화사 김선경 대표님과 김소라 실장님의 도움으로 완성될 수 있었습니다. 감사합니다.

　내 일상을 함께 해주고 있는 가족과 동료들에게 고마움을 전하며, 나에게 영감과 힘을 주는 문숙, 유근, 수정에게 이 책을 바칩니다.

# 목차

contents

# I
# 머리말

## 1. 문화재와 사회적 인식

오래된 것들에는 힘이 있다. 시간이 쌓이면서 생긴 힘이다. 시간은 되돌릴 수도 바꿀 수도 없는 절대적 가치가 있다. 그렇기 때문에 누적되는 시간이 길수록 오래된 것들이 가지게 되는 힘은 강해진다. 기능은 같더라도 오래될수록 가치가 높아지는 골동품이 그렇다. 이렇게 시간의 힘은 오래된 것들에서 잘 드러난다. 오래된 것들은 기억의 촉매제이다. 그래서 기억을 증명하거나 선명하게 하며, 심지어는 기억의 방향을 제시하기도 한다. 오래된 것들이 어떻게 남아서 드러나느냐에 따라 우리는 그에 맞는 기억과 인식을 하게 된다.

세상에 무수하게 남아서 존재하는 오래된 것들 중 의미가 커서 따로 지키고 후세에 전해야 할 것을 유산遺産이라고 한다. 지금은 문화재文化財가 더 친숙한 단어다. 하지만 우리의 긴 역사 속에서 문화재라는 단어의 역사는 채 백년도 되지 않는다. 더구나 이 단어는 일본에서 유래했고, 일본과 우리나라에서만 유산을 부르는 공식 용어로 쓰는 말이다. 정부에서 이의 대체 단어로 '국가유산國家遺産'을 쓸 예정이라고 하니, 다행스럽게도 우리나라에서 문화재라는 단어는 생명을 다해가는 중이다.[1] 하지만 현재 우리나라에서 유산을 부르는 가장 강한 생

---

1) 문화재는 일본에서 유래한 단어이며, 일본 법을 따라 1962년 문화재보호법을 제정하면서 우리나라에서도 공식적으로 사용하였고, 이에 관한 문제는 수십 년 전부터

명력을 지닌 대표 단어는 문화재다. 여러 한계와 아쉬움에도 불구하고 현재 우리의 인식 속에는 유산의 대표 단어로서 문화재가 자리하고 있으므로 이 글에서는 이를 기본 단어로 쓰고자 한다.

문화재는 과거의 것들이지만, 현재의 우리에게 영향을 준다. 문화재에 대해 우리는 특별한 감정을 가진다. 우리 문화재의 세계유산 등재 소식에 자부심을 느끼고, 우리의 아픈 기억을 경시하는 외국 문화재의 세계유산 등재 소식에 분노를 느끼기도 한다. 그렇다면 우리의 삶은, 우리의 인식은 문화재에 영향을 받고 있는 것이다.

백 년 전에도 그랬다. 하지만 지금과는 달랐다.

> "그러나 미운 일본인은 동시에 고마운 일본인임을 생각하지 아니치 못할 것이다. 한가지, 그래, 꼭 한 가지 일본인을 향하여 고맙다고 할 일이 있다. 그는 다른 것이 아닌 「고적조사사업」이다. 모든 것이 다 마땅치 못한 가운데 꼭 한 가지 칭찬해줄 일이 고적의 탐구와 유물의 보존에 대하여 근대적이며 학술적인 노력을 하였음이다. 우리 자신으로 말하면 무안한 일이고 부끄러운 일이고 잔등이에 화롯불을 질러놓을 일이지만 조선 사람이 안하는 조선 일을 일본인으로 하는 것이기에 그 노력이 더욱 빛나는 것이다. 문화에는 국경이 없다 할지라도 – 학술에는 나와 남이 없다 할지라도 일본인의 손에 비로소 조선인 생명의 흔적이 밝혀진다 함은 어떻게 큰 민족적 수치인 것은 더 할 말 없는 바이다. 일본인의 발견과 밝혀냄의 공탑이 일척만 솟아오르면 조선인이 손상하고 깨뜨리고 훼손하고 버린 것의 수치스런 팻말이 일장씩이나 높아지는 것을 생각할 때에 몸에서 소름이 끼치지 아니할 수 없다.
>
> ... 주워가는 남이 있는 것은 버리는 내가 있기 때문이다. 일본인의 고적조사사업

---

줄곧 제기되었다. 이를 극복하는 차원에서 문화재청에서는 대체어로 '국가유산'을 사용하고자 추진하고 있다(2022.4.11. 문화재청 보도자료: '국가유산으로 60년 만에 정책 방향 대전환' / 2022.8.11. 국회 정책토론회: 국가유산체제 수립을 위한 정책토론회(주최: 국회의원 배현진, 국민의힘 정책위원회)). 인식은 언어를 기반으로 하고 언어는 사고(인식)에 영향을 준다는 점을 고려하면, 주체적 단어 선택은 의미가 크다.

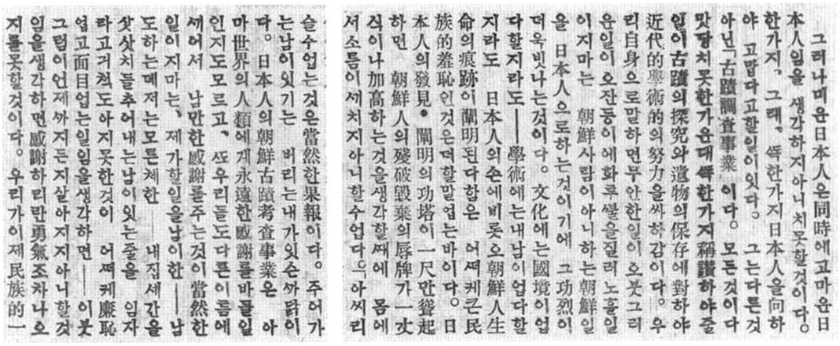
그러나미운日本人은同時에고마운日
本人임을 생각하지아니치못할것이다。
한가지、그래、ᄯᅡᆨ한가지日本人을向하
야 고맙다고할일이잇다。 그는다른것
아닌「古蹟調査事業」이다。 모든것이다
맛당치못한가운대ᄯᅡᆨ한가지稱讚하야줄
일이古蹟의探究와遺物의保存에對하야
近代的學術的의努力을ᄡᅡ하감이다。우
리自身으로말하면부안한일이오붓그러
운일이오잔둥이에화루ᄲᅮᆯ을질러노흘일
이지마는 朝鮮사람이아니하는朝鮮일
을 日本人으로하는것이기에 그功烈이
더욱빗나는것이다。文化에는國境이업
다할지라도——學術에는내남이업다할
지라도 日本人의손에비롯오朝鮮人生
命의痕跡이闡明된다함은 어ᄶᅥ케큰民
族的羞恥인것은더할말업는바이다。日
本人의發見‧闡明의功塔이一尺만聳起
하면 朝鮮人의殘破毀棄의辱牌가一丈
식이나加高하는것을생각할ᄯᅢ에 몸에
서소름이세치지아니할수업다。아씨리
슬수업는것은當然한果報이다。주어가
는남이잇기는 버리는내가잇슨ᄭᅡ닭이
다。日本人의朝鮮古蹟考査事業은 아
마世界의人類에게永遠한感謝를바들일
인지도모르고、ᄯᅩ우리들도다른이틈에
ᄭᅧ어서 남만한感謝를주는것이當然한
일이지마는、제가할일을남이한——남
도하는데저는모른체한——내집세간을
샅샅치들추어내는남이잇는줄을 임자
라고거척도아지못한것이 어ᄶᅥ케廉恥
업고面目업는일임을생각하면——이붓
그럽이언제ᄭᅡ지든지살아지지아니할것
임을생각하면感謝하리란勇氣조차나오
지를못할것이다。우리가이제民族的一

사진 1. 최남선의 「조선역사통속강화」 중 고적조사 관련 내용(『東明』 제6호)

은 아마 세계의 인류에게 영원한 감사를 받을 일일지도 모르겠고, 또 우리들도 다른 사람의 틈에 끼어서 남과 같은 감사를 주는 것이 당연한 일이지만 자기가 할 일을 남이 한 – 남도 하는 데 자신은 모른 체 한 – 내 집 세간을 샅샅이 들추어 내는 남이 있는 줄을 주인이라고 기척도 하지 못한 것이 어떻게 염치없고 면목 없는 일임을 생각하면 – 이 부끄러움이 언제까지든지 사라지지 아니할 것임을 생각하면 감사하리란 용기조차 나오지를 못할 것이다(필자 역).”2)

1922년 최남선이 한 말이다. 일제강점기에 일본인 주도로 진행된 ‘문화재’ 조사에 대한 한국 지식인의 인식을 보여주는 사례이다. 최남선은 그가 발행한 잡지 『동명東明』에서 조선인의 역사의식을 고취하기 위해 「조선역사통속강화朝鮮歷史通俗講話」를 연재하였는데, 일본인의 고적(문화재) 조사에 대해서는 극한의 칭찬을 하면서도 우리 스스로에 대해서는 비난과 수치스러움을 아끼지 않고 있다.

다음은 일제가 패망한 직후 일본 지식인이 우리나라 문화재에 대해 가졌던 인식이다.

2) 崔南善, 1922.10.8, 「朝鮮歷史通俗講話[4]」 『東明』 제6호, 11쪽.

"これのは日本人が朝鮮と朝鮮人とに殘した最良の贈物である"
'이것은 일본인이 조선과 조선인에게 남겨준 가장 좋은 선물이다(필자 역)'
(藤田亮策, 1951, 「朝鮮古文化財の保存」『朝鮮學報』, 262쪽)

일제강점기에 한국에서 활동했던 일본 관학자 후지타 료사쿠藤田亮策가 1951년에 한 말인데, 이 글에서 '이것'은 그의 논문 제목에 표현했듯, 일제가 조선에서 벌인 '문화재文化財의 보존'이다. 고적 조사와 관리 정책에 참여했던 일본인 학자 역시 일제강점기에 일본이 행했던 '문화재' 관련 정책들에 대한 역사적 의미를 대단히 긍정적으로 보고 있다.

일제강점기에 우리 문화재에 대한 조사와 보존이 시작되었다는 위와 같은 인식들은 해방 후에도 크게 부정되지 않고 오늘에 이르고 있다. 이는 문화재 분야의 식민지 근대화론[3]으로 볼 수 있다. 이 속에는 일본의 선정善政에 의해 한국의 문화재가 조사 · 보존되었다는 논리가 기본적으로 전제되어 있으며, 한국의 자생적이거나 주체적인 문화재 인식과 보존에 대한 부정否定 또한 내포하고 있다.

1945년 해방 후에도 일제강점기에 형성된 문화재 관리체계가 그대로 이어졌고, 1962년에 제정된 「문화재보호법文化財保護法」도 일본의 법을 모체로 하였으며, 그 줄기가 현재에 이르고 있다. 현재 문화재 제도의 원형原型이 일제강점기에 있으므로 일제강점기에 근대적 문화재 인식과 제도가 시작되었다고 보는 관점은 어찌 보면 타당하다. 그러나 이 논리가 진정으로 타당한가는 따져봐야 한다.

문화재 분야에서 식민지 근대화론의 인식은 타율성론他律性論에 기반한다. 타율성론은 한국에 주체성이 없었기 때문에 타자에 의한 행동이 정당했다는 논리이다. 이 타율성론을 극복하려면 주체성의 존재를 증명하면 된다. 따라서 한국의 문화재 인식과 대응에 주체성이 있었는지 여부는 문화재 분야의 식민지 근대화론을 극복하는 중요한 바탕이 될 수 있다.

---

3) 최석영은 후지타 료사쿠의 언급을 '식민지 근대화론'이라고 하였다(2015, 『일제의 조선 「식민지 고고학」과 식민지 이후』, 서강대학교출판부, 49쪽).

역사학을 예로 들어 설명하겠다. 우리나라 역사학이 일제의 식민 환경에 의존하여 발전했다고 믿는 사람은 많지 않다. 우리에게 주체적 역사 인식과 서술이 식민 이전과 그 중에도 있었음은 여러 사료를 통해 쉽게 증명된다. 근대 역사학에서 일본의 영향이 있었다 하더라도 우리나라 역사학의 주체성에 대한 역사적 근간이 흔들리지 않는 것과 같다. 더 구체적으로 말하면, 한국의 근대적 역사학이 일본인에 의해 출발했다고 해서 전통적 · 주체적 역사학을 부정할 수 없는 것과 마찬가지이다. 하야시 다이스케林泰輔의 『조선사朝鮮史』(1892)가 '최초의 근대적 통사로 대중적 조선사를 구축한' 사서이며,[4] 그 후의 근대 역사서가 이의 영향을 받았다고 해서 한국 역사학의 시작 시점을 근대 시기로 보지 않는 것과 같다. 역사학의 본질적인 관점에서 보면, 한국사에 대한 주체적인 인식과 서술은 이미 오래전부터 있었음은 어렵지 않게 알 수 있다. 다만 일제강점기에 즈음하여 일본 세력이 한국에 침투하였고, 한국사 서술에서도 그들의 인식 체계를 우리에게 강제하게 되는 불가피한 상황이 생긴 후, 이 상황을 적극적으로 극복하지 못하고 변용된 채 현재에 이르게 된 점이 문제인 것이다. 대내외적인 어려운 상황에도 불구하고 우리민족의 주체적인 역사 인식과 서술에 대한 노력이 식민 이전과 그 중에도 부단히 있었음은 중요한 사실이다.

이 글은 위와 같은 문제 인식과 사례에 착안하여 근대를 전후한 시기나 혹은 그 이전부터라도 문화재의 사회적 인식과 보존에 관한 일들에 주체성이 있었는가를 밝혀 문화재 분야의 식민지 근대화론을 극복하는 것이 주된 목적이다. 한국이 근대 전환기나 그 이전에 문화재를 주체적으로 인식하고 대응했거나 하려고 했다는 것이 증명된다면 문화재 분야에서 식민지 근대화론의 극복은 가능하다. 문화재 분야의 근대화가 일본이 아니었어도 우리 스스로 가능했음을 증명하고자 한다. 이와 연계하여 일본이라는 타자에 의해 발생한 문화재 인식의 변용이 가지는 의미도 밝히고자 한다.

---

4) 최혜주, 2010, 「근대 일본의 한국사관과 역사왜곡」『한국독립운동사연구』제35집, 독립기념관 한국독립운동사연구소, 288쪽.

그리고 이 글에서 추가적으로 시도하는 것은 문화재에 대한 사회적 인식의 근원이 일제강점기를 거슬러 올라 우리 역사의 어디까지 다다를 수 있는지와 현대 사회에 들어와서는 어떻게 변화했는지를 살펴보는 일이다. 다만 우리 역사의 전 기간을 통틀어 문화재 인식의 역사를 모두 충실히 고찰하면 좋겠지만, 오래 전으로 거슬러 올라갈수록 남아있는 자료의 양은 적어서 그 전모를 알기 어렵다. '인식'과 같은 비물질적 현상에 대해서는 더욱 그렇다. 이 글에서 문화재에 대한 사회적 인식의 근원에 관해 선사시대부터 살펴보겠지만, 오래된 시기일수록 고찰의 수준이 깊지 못하다는 한계를 가지고 시도한다는 점을 밝힌다.

## 2. 연구의 전제

문화재에 대한 사회적 인식은 그 개념적 기초와 방향을 어떻게 두느냐에 따라 서술 내용이 크게 달라질 수 있다. 그렇기 때문에 문화재 인식[5]의 역사를 알아보기에 앞서 다음과 같은 기초적 문제 몇 가지를 먼저 살펴보겠다.

1. 문화재는 본질적으로 무엇인가.
2. 문화재 인식을 역사적으로 살피는 것은 어떤 의미가 있는가.
3. 문화재를 뜻하는 대명사의 존재만을 문화재 인식 역사의 기준으로 봐야 하는가.
4. 과거의 인식은 어떻게 확인할 수 있는가.
5. 문화재 인식의 주체는 누구인가.

---

5)  이 글에서 '문화재 인식'은 '문화재에 대한 사회적 인식'을 뜻한다. 다시 말하면 개별 문화재에 대한 인지·선호·판단과 같은 일차원적이고 직접적이며 개인적인 인식이 아닌, 대명사적 존재로서 오래된 것들에 대한 총체적인 사회적 인지와 선택 등을 의미한다.

위 문제들을 하나씩 정리해 보겠다.

첫째, '문화재는 본질적으로 무엇인가'는 '문화재를 어떻게 정의할 것인가'이다. 인식은 언어에 기반하기 때문에 여기에서 다루는 언어가 어떤 의미를 가지고 있는가, 즉 어떻게 정의할 수 있는가를 알아야 한다는 뜻이다. 인식 대상을 구체적으로 특정해야 인식의 문제를 알아가는 방향을 혼선 없이 설정할 수 있다. 따라서 문화재에 대한 정의를 우선 시도한다.

문화재의 정의는 이미 다양한 형태로 존재한다. 국제적인 정의,[6] 국내법적 정의,[7]

---

6)  1964년 '문화재의 불법적인 반출입 및 소유권 양도의 금지와 예방수단에 관한 권고'에서 문화재는 다음과 같이 정의되었다.
　　'문화재'라 함은, 예술 작품 및 고고학, 원고, 책 및 기타 예술 역사 고고학 유산, 민족지 문서, 다양한 식물군 및 동물군 표본, 과학적인 수집품과 음악 자료를 포함한 책과 기록 등의 중요한 수집품 등을 포함하는, 국가의 문화유산에 중요성을 지니는 동산 및 부동산 문화재를 의미한다.
　　이후 수차례에 걸쳐 진행된 유네스코 각종 협약에서 문화재(cultural property)는 문화유산(cultural heritage)으로 그 용어가 바뀌었고(1972), 그 범주에는 자연유산(1972), 수중유산(2001), 디지털유산(2003), 무형유산(2003) 등이 포함되며 확장되는 경향을 보였다.
　　출처: 유네스코 한국위원회(https://www.unesco.or.kr)
7)  현행 문화재보호법에서 문화재는 다음과 같이 정의된다.
　　"문화재"란 인위적이거나 자연적으로 형성된 국가적 · 민족적 또는 세계적 유산으로서 역사적 · 예술적 · 학술적 또는 경관적 가치가 큰 다음 각 호의 것을 말한다.
　　<개정 2015. 3. 27., 2020. 12. 22.>
　　1. 유형문화재: 건조물, 전적(典籍: 글과 그림을 기록하여 묶은 책), 서적(書跡), 고문서, 회화, 조각, 공예품 등 유형의 문화적 소산으로서 역사적 · 예술적 또는 학술적 가치가 큰 것과 이에 준하는 고고자료(考古資料)
　　2. 무형문화재: 여러 세대에 걸쳐 전승되어 온 무형의 문화적 유산 중 다음 각 목의 어느 하나에 해당하는 것을 말한다.
　　　가. 전통적 공연 · 예술 / 나. 공예, 미술 등에 관한 전통기술 / 다. 한의약, 농경 · 어로 등에 관한 전통지식 / 라. 구전 전통 및 표현 / 마. 의식주 등 전통적 생활관습 / 바. 민간신앙 등 사회적 의식(儀式) / 사. 전통적 놀이 · 축제 및 기예 · 무예
　　3. 기념물: 다음 각 목에서 정하는 것
　　　가. 절터, 옛무덤, 조개무덤, 성터, 궁터, 가마터, 유물포함층 등의 사적지(史蹟地)

사전적 정의[8] 등이다. 각각의 정의는 나름 타당한 이유를 갖고 있지만, 문화재 인식의 역사를 알아보는 기준으로 삼기엔 다소 무리가 있다. 그렇기 때문에 이 글에서는 문화재의 본질적인 성격에 기초하여 통시적으로 다룰 수 있는 별도의 개념적 정의를 한다. 구체적 이유는 다음과 같다.

문화재 인식과 관련하여 그 기준을 글자 그대로 '문화재'로 한정하면 문화재 인식의 역사는 우리나라에서 법적 용어로 공식 등장한 1962년 이후만을 다루어야 한다. 그리고 우리가 좀 더 일반적으로 알고 있는 근대적 문화재 조사나 제도와 연계한다면 일제강점기 이후가 그 대상 시기가 된다. 이렇게 해도 백년 남짓 되는데, 길었던 우리나라의 역사 속에서 문화재 인식의 역사를 이렇게 짧게 한정하는 것이 타당한가라는 질문을 할 수 있다.

이를테면 '고적古蹟'이라는 용어의 사용 시기 문제이다. 일제강점기 직전이나 강점기 동안 문화재 조사나 제도적 보호 조치는 공식적으로 고적이라는 용어를 사용하여 진행되었다.[9] 그런데 이 고적이라는 용어는 우리나라에서는 조선 중기(적어도 1530년 이후)부터 거의 같은 의미로 사용되었고,[10] 전국 각지에 산재한 고

---

와 특별히 기념이 될 만한 시설물로서 역사적 · 학술적 가치가 큰 것 / 나. 경치 좋은 곳으로서 예술적 가치가 크고 경관이 뛰어난 것 / 다. 동물(그 서식지, 번식지, 도래지를 포함한다), 식물(그 자생지를 포함한다), 지형, 지질, 광물, 동굴, 생물학적 생성물 또는 특별한 자연현상으로서 역사적 · 경관적 또는 학술적 가치가 큰 것

4. 민속문화재: 의식주, 생업, 신앙, 연중행사 등에 관한 풍속이나 관습에 사용되는 의복, 기구, 가옥 등으로서 국민생활의 변화를 이해하는 데 반드시 필요한 것
출처: 법제처 국가법령정보센터(https://www.law.go.kr)

8) 표준국어대사전에서는 다음과 같이 정의된다.
문화-재(文化財) 「명사」 「1」 문화 활동에 의하여 창조된 가치가 뛰어난 사물.
출처: 국립국어원 표준국어대사전(https://stdict.korean.go.kr)

9) 일제강점기에 진행된 고적조사사업과 당시 제정된 고적 및 유물 보존규칙 등이 있으며, 당시 제작된 유명한 문화재 도록으로 조선고적도보가 있다.

10) 고적은 1370년 고려 민사평의 칠언시(『及菴詩集』 卷三, 詩), 조선왕조실록 세종 14년조(『世宗實錄』 57권, 世宗 14년 8월 26일, 壬子)와 성종 3년조(『成宗實錄』 15권,

적에 대한 기록도 조선시대 각종 지리지를 비롯한 사료에 무수히 등장한다.

이렇게 고적을 문화재와 본질적으로 같은 것으로 보고 문화재의 의미에 고적까지 추가하면 문화재 인식의 역사는 고적이라는 단어가 본격적으로 쓰인 16세기 이후부터로 봐야 하는데, 이 또한 그 이전 시기가 배제되는 것이 맞는가 하는 문제가 다시 생긴다. 16세기 이전에도 문화재나 고적과 같이 사회적으로나 국가적으로 보호되고 있던 오래된 유적과 유물들은 존재했었기 때문이다.[11]

표 1. 시기별 문화재를 지칭하는 대명사와 그 대상

| 시기 | 선사시대 | 역사시대 | 고려 | 조선 | 일제강점기 | 대한민국 |
|---|---|---|---|---|---|---|
| 대명사 (공식) | | | | 고적 | | 문화재 |
| 보호대상 (사례) | 고인돌 ●●● · · · · · · · · · · · · · · · · · · · · · · · ●●●●●●●●●●●●●●● | | | | | |
| | 첨성대 ●●●●●●●●●●●●●●●●●●●●●●●●●●●●●●●●● | | | | | |
| | 왕릉 ●●●●●●●●●●●●●●●●●●●●●●●●●●● | | | | | |

다시 시대를 내려와서 일제강점기를 보면, 이 시기에 문화재라는 단어는 공식적으로 쓰이지 않았지만, 문화재 행정체계가 없었다고 보지는 않는다. 지금부터 불과 30여 년 전만 해도 일제강점기의 유산인 '적산敵産가옥'은 문화재로 인식되지 않았다. 하지만 지금은 근대유산으로 인정되고 있다. 지금도 디지털 자료를 유산遺産이라고 인식하는 사람은 적지만, 유네스코에서는 2003년부터 이미 문화유산으로 인식하여 정의하고 있다. 이렇게 문화재의 정의는 변하며,

---

成宗 3년 2월 6일, 癸酉)에 등장하여 단어의 용례는 확인된다. 그러나 고적이 국가 차원에서 문화재를 지칭하는 대명사로 공식 채택된 것은 조선 세조 대인 1530년에 신증동국여지승람을 발간 배포하면서부터이다. 여기에는 이전 지리지에 없던 고적 (古蹟)조가 편성되었다. 이에 관한 자세한 사항은 다음 장에서 언급한다.

11) 신라시대에 만들어진 첨성대는 신라가 멸망한 후 그 실용성이 퇴색되었음에도 불구하고 그 이후에도 계속 존재했다. '사회적 보호'가 있었다고 볼 수 있다.

확장되는 경향이 있다.[12] 20여 년 전만 해도 조선의 내시나 궁녀의 무덤이 문화재가 되리라고 생각하는 사람은 적었다. 그런데 2002년 2월 25일 조선 내시와 궁녀들의 무덤이 국가 사적[13]으로 지정되었다.

이렇듯 다양하게 펼쳐지는 문화재 개념의 특성은 '역동성과 탄력성', '다중성 및 분산성'으로 설명된다.[14] 문화재의 의미가 확장되고 있는 사례는 이제 국내외에서 어렵지 않게 찾을 수 있다. 따라서 단순히 특정 용어의 사용 여부만으로 문화재 인식의 역사를 판단하기는 어렵다. 그래서 문화재의 본질적인 의미와 역사를 찾는 것이 중요하다. 이를테면 기표記標와 기의記意 중 기의에 착안하여 기표가 뭐라고 바뀌든 본질적으로 지속하는 의미(기의)를 따라가야 그 인식의 역사를 폭넓게 알 수 있는 것이다.

따라서 문화재 인식의 역사를 폭넓게 이해하려면 문화재라고 하던 고적이라고 하던 용어 자체의 존재 여부보다는 이들 용어의 본질적인 의미를 확인하고, 이 본질적인 의미의 역사를 찾는 것이 더 타당하다.[15] 그리고 문화재의 의미를 본질적으로 찾는 것은 앞서 말한 문화재 분야의 식민지 근대화론을 반론하는 시작이 될 수 있다. 그러나 너무 본질적인 부분에 천착하다 보면 논의의 대상이

---

12) Kate Clark, "From Regulation to Participation: Cultural Heritage, Sustainable Development and Citizenship." *In Forward Planning: The Functions of Cultural Heritage in a Changing Europe*, Council of Europe, 2000, pp.104, 112.

13) 사적 제440호 '서울 楚安山 墳墓群'

14) Tolina Loulanski. "Revising the Concept for Cultural Heritage: The Argument for a Functional Approach." *International Journal of Cultural Property*, International Cultural Property Society, 2006, pp.210, 211.

15) 이는 이념/관념사적 연구방법으로 볼 수 있다. 이념/관념사는 사후적 관점에서 이념/관념이라는 객관적 실재를 목적론적으로 재구성한 객관성 지향의 역사이다(나인호, 2011, 『개념사란 무엇인가』, 역사비평사, 38쪽). 이 글의 전체적 논지의 바탕은 문화재의 본질적 의미를 기초로 두는 것이지만, 개별 용어가 사용되던 각 시기를 보는 시각은 언어와 사회의 상호 영향 관계를 파악하는 개념사적 연구 방법도 취한다.

과도하게 확산되는 단점 또한 발생하므로 효율적 검토를 위해 두 가지의 정의를 시도한다. 하나는 '일반적 정의' 다른 하나는 '본질적 정의'이다.

현대를 기준으로 각국의 문화재 관련 정의문을 비교검토하면 다음과 같이 문화재의 정의에 관한 정리가 가능하며, 이에 기초하여 하나의 일반적 정의문과 구성요소가 도출된다.[16]

표 2. 현대 문화재의 특성과 정의문 구성

| 특성 | 가. 공시적으로, 국가를 주요 단위로 하는 특수성을 반영하는 범주가 정해지는 경향이 있다. | 나. 통시적으로, 시대상을 반영하며 그 범위가 확장되는 경향이 있다. | 다. 최초의 발생 목적과 관계없이 문화재라는 하나의 대명사(大名辭)적 개념에 속하게 된다. | 라. 가치를 기준으로 선별되며, 선별된 대상에는 긍정적 작용을 하는 소위 '자격'이 부여된다. | 마. 문화재 자체는 이데올로기가 아니지만, 이데올로기적으로 활용된다. |
|---|---|---|---|---|---|
| ↓ 핵심어 | 국가, 시대상 반영, 대명사, 가치, 선별, 자격, 이데올로기 | | | | |
| ↓ 문장요소 | 주체(누가) | 대상(무엇을) | 이유(왜) | 방법(어떻게) | |
| ↓ 정의 | 국가(집단) | 과거로부터 이어온 것 | 문화적 가치(이데올로기)를 반영 | 별도의 대명사적 개념으로 선별하고 보호 | |

- 문화재 구성요소: ① 국가의 인식 ② 문화적 가치 ③ 대명사적 개념
  ④ 특별한 보호
- 문화재의 일반적―般的 정의: 집단이 과거로부터 이어온 것을 자신의 문화적 가치를 반영하여 별도의 대명사적 개념으로 선별하고 보호하는 대상

본문에서는 위 일반적 정의에 따른 구성요소가 전근대시기에 얼마만큼의 수준으로 확인되는가를 따져 당시의 인식을 찾는 방법도 시도한다.

---

16) 오춘영, 2019, 「개념사적 관점에서 본 문화재 개념의 특성과 정의」 『호서사학회 학술발표회』, 호서사학회.

위 특성과 정의문은 현재 각국 법령의 문화재 정의문들을 비교 검토하여 만든 것으로, 현재의 시각에 기반한다. 여기에서 현재의 시각으로 과거를 본다는 문제가 제기될 수 있으나, 과거의 인식이 현재의 수준에 얼마나 수렴되는가를 보는 것은 그 자체로서 의미가 있다. 일반적으로 현재의 관점에서 과거를 보기 때문이다. 식민지 근대화론의 긍정이나 부정 역시 현재의 관점에서 과거를 다시 판단하는 것이다. 따라서 전근대 시기 문화재 인식의 검증에 현재의 시각을 활용하는 것 또한 그만큼의 의미가 있다.

위 일반적 정의와 구성요소는 현재의 시각으로 만든 현대적 정의라고 볼 수 있다. 하지만 이 글은 근현대시기를 포함하여 좀 더 근본적인 시각으로 시기를 올려 보는 고찰도 시도하므로 좀 더 확장적이며 본질적인 정의도 필요하다. 따라서 위 정의문 중 '별도의 대명사적 개념으로 선별하는' 발전적이며 근현대적인 특성을 제외하면 다음과 같은 본질적 정의가 가능하다.

• 문화재의 본질적本質的 정의: 집단이 과거로부터 이어온 것을 자신의 문화적 가치를 반영하여 중요하게 보호하는 대상

표 3. 문화재의 일반적 정의와 본질적 정의의 시점

| ? ← 본질적 정의 | ? ← 일반적 정의 / 구성요소 |
|---|---|
| 1530 / 1916 / 1933 / 1962 | |
| ← 과거 | 현재 → |

문화재 정의의 적용 시점은 '문화재'라는 단어의 공식 사용을 기준으로 할 경우 1962년이 되고, 근대적 보호제도 하에서 사용된 '고적'이라는 단어를 기준으로 하면 1916년이나 1933년이 되며, '고적'이라는 단어의 공식 사용을 기준으로 하면 1530년이 된다. 그리고 별도의 집합단수대명사라는 틀에서 벗어나 문화재의 본질적 내용을 포함하면 한참 전으로 거슬러 올라갈 수 있다. 이렇듯 문화재의 정의는 무엇을 기준으로 하느냐에 따라 그 적용 시점이 달라지기 때문에 그

기준을 정하는 일이 중요하다.

따라서 이 글에서 '일반적 정의'는 현재의 기준으로 본 문화재 인식이 과거의 어디까지 도달하는지 보는 기준으로 하며, '본질적 정의'는 문명 전체의 기간에서 본질적 문화재 인식이 과거 어디까지 도달하는지 보는 기준으로 한다.

둘째, 문화재 인식을 역사적으로 살펴보는 이유이다. 문화재는 시대를 막론하고 중요하게 인식되었다. 전 시대를 통틀어 그렇다고 볼 수 있다. 여기까지만 본다면 문화재 인식의 역사를 살피는 것에는 큰 의미가 없는 것처럼 보일 수도 있다. 그러나 문화재의 본질적 정의를 통하여 다시 보면 문화재가 시대에 따라 다른 형태로 인식되었음은 어렵지 않게 알 수 있다.

문화재의 본질적 정의는 '집단이 과거로부터 이어온 것을 자신의 문화적 가치를 반영하여 중요하게 보호하는 대상'이라고 하였다. 이 정의를 둘로 나누면 하나는 과거로부터 전해져온 것들이며 다른 하나는 사회적으로 중요한 것이다. 전자는 시대를 막론하고 공통적으로 존재했지만, 후자는 그렇지 않다. 사회적으로 중요한 것은 그 사회가 어떤 이념적 지향을 가지고 있는가에 따라서 다르게 존재한다. 일제강점기의 문화재 지정에는 제국주의 이념이 투영되었고, 조선의 고적에는 유교적 세계관이 투영되었다. 이렇게 각 시대의 지배세력에 따라 문화재의 양태가 변화했기 때문에 이의 변화를 역사적으로 살펴보는 일은 그 시대의 문화적 가치 지향을 읽는 일이며, 이것이 문화재 인식을 역사적으로 살펴보는 이유이다.

셋째, 문화재를 뜻하는 대명사의 존재만을 문화재 인식 역사의 기준으로 봐야 하는가에 관한 부분이다. 이는 위에서 언급한 문화재의 일반적 정의, 본질적 정의의 구분과도 관련된다.

현재는 문화재라는 단어가, 16세기부터 20세기 중반기까지는 고적이라는 단어가 문화재 인식의 존재를 곧바로 증명했다. 그리고 이 단어의 사용 형태를 살펴보면 당시에 문화재 인식이 어떤 양상이었는지 알 수 있다. 이 두 단어는 문화재를 뜻하고 집합단수대명사로서 인식 자체의 존재를 곧바로 증명하므로 문화재 인식의 존재 여부를 판가름하는 기준이 될 수 있다. 특히 일제강점기에 우리 민족이 주체적인 문화재 인식을 하고 있었다는 증거로서 활용될 수도 있는 중요한 기준이다. 이렇게 문화재를 뜻하는 집합단수대명사의 존재는 문화재 인식 존재 여부의 중요한 근거가 되지만, 문화재 인식의 역사를 단어의 존재 기간 내에 한정하는 한계가 있다. 단어가 없었다고 해서 관련한 인식이 없었다고 보기는 어렵다. 예를 들면, 미술이라는 단어가 없다고 해서 선사시대에 미술이 존재하지 않았다고 할 수 없는 것과 마찬가지이다.

단어는 인류 문화의 진보에 따라 발생한다. 문화재라는 집합단수대명사의 출현도 그렇다. 문화재가 근대에 생성된 단어라는 점을 상기한다면, 문화재와 관련되거나 유사한 단어의 생성은 근대성을 이루어낸 성과로 볼 수 있고, 이는 일제강점기 우리민족 스스로 문화재를 인식했다는 근거로 활용될 수도 있다. 다만 문화재를 뜻하는 대명사의 존재 여부가 해당 단어가 사회적으로 전문화되어 별도로 사용되었다거나 근대성을 가졌다는 근거는 될 수 있으나, 인식의 역사 전체를 아우르는 데는 한계가 있음도 유념해야 한다. 따라서 문화재를 뜻하는 대명사의 존재양태는 인식의 진보성이나 근대성을 증명하는 근거 정도로 활용하고자 한다.

넷째, 과거의 인식을 어떻게 확인할 수 있는가에 관한 문제이다. 현재는 설문 조사라는 과학적인 방법으로 일반적 인식의 객관적 실체에 접근할 수 있다. 그러나 과거에는 설문조사가 없었기 때문에 당대의 인식을 파악하는 일은 당시 생산된 자료에 의존할 수밖에 없는데, 이때 파악 가능한 정보는 자료의 양과 질에 비례한다. 과거에 생산된 모든 자료를 모두 분석할 수 있다면 인식의 객관적 실체에 가장 근접하겠지만, 이는 현실적으로 불가능에 가깝다. 그렇다면 과거의 자료 중 어떤 자료를 선택할 것인가의 문제가 남는다.

과거 사회에서 그 사회 구성원의 인식에 가장 큰 영향을 주는 것은 당시의 통치세력의 인식이다. 통치세력은 사회 대부분 제도와 생활규범을 가장 정점에서 통제하고 큰 영향을 미치는데, 여기에는 통치세력의 이념이나 인식이 반영되고, 그 방향이나 결과는 통치세력의 기록으로 남는다. 통치세력의 인식이 과거 당시의 가장 영향력 있는 주류 인식에 가장 근접하다고 볼 수 있으므로, 우선 통치세력의 자료를 인식 분석의 기본 대상으로 한다. 조선시대 이전은 가능한 자료와 기록을 참고하여 분석하고, 조선시대는 관찬 법전·실록·지리지 등을 분석하며, 대한제국기와 일제강점기는 법규·관보 등과 함께 통치조직과 대중의 인식이 반영되는 신문을 분석 대상으로 한다.

다섯째, 문화재 인식의 주체에 관한 부분이다. 우리는 스스로 문화재를 중요하게 여기고 있다고 생각할 수 있다. 그러나 중요한 문화재를 우리 스스로 선택하고 인식하였는가 아니면 사회나 국가가 선택한 것을 중요하다고 인식하였는가를 질문해보면 그 답을 어렵지 않게 알 수 있다.

문화재는 대부분의 경우에 역사 서술이나 미술작품 수집과 같은 문화적 활동들 보다 사회적(혹은 통치집단의) 선택이 그 존재의 계기에서 더 큰 역할을 한다. 역사서술이나 미술작품 수집은 개인적 차원에서 충분히 가능하고, 이 개인적 활동들이 사회적으로 인정될 수 있지만, 문화재 선택에 있어서는 개인적 활동이 사회적 혹은 국가적으로 그대로 인정되기는 쉽지 않다. 이렇게 되는 이유는 문화재의 정의 중 본질적 정의와 관련이 깊다. 사회적(혹은 통치집단의) 선택이 문화재 존재에 중요한 계기가 되기 때문이다. 따라서 이 글에서 문화재 인식의 주체는 국가로 대표되는 조직된 사회를 기준으로 보고자 한다.

이 글은 위와 같은 기초적 전제 위에서 문화재 인식의 역사를 시대 순으로 살펴보고 그 의미를 평가하는 방법으로 하겠다. 여기에서 다루는 주 대상은 개별 시대마다 존재했던 오래된 것들 중 사회적으로 중요하다고 본 것들(본질적 정의)로 하며, 그 인식의 주체는 당대의 주된 지배세력으로 보고자 한다. 다만, 자료가 비교적 잘 남아있는 일제강점기에는 당대 지배세력(조선총독부를 중심으로 한 일제)의 인식뿐만 아니라, 피지배세력(국내외의 주체적 민족 세력)의 인식도 가능한 확인하여 살펴보겠다.

근대 한국의 문화재 인식 변화와 영향 등에 관한 비교 고찰을 위해 일본이나 대만과 같은 당대 주변국의 상황도 같이 살펴보겠다. 일본은 한국보다 먼저 근대사회에 진입한 나라로, 근대화 이후 한국을 식민지화하면서 한국의 문화재 인식 형성에 절대적인 영향을 끼친 나라이다. 일본에 근대 이전부터 근대에 이르는 기간 동안 문화재와 관련하여 어떤 내적 현상과 변화가 있었는지를 살펴보겠다. 그리고 이 변화가 식민지 한국에 어떻게 영향을 주었는지 당시 문화재 정책을 주도한 조선총독부의 정책과 인식들을 살펴보고, 이에 대응한 한국인의 인식과 대응 등에 대해 살펴보겠다.

대만은 한국보다 먼저 일본의 식민지배가 시작된 곳으로, 한국의 근대제도사 분야에서 비교 대상으로 많이 연구되는 곳이다. 대만에는 일제강점기 문화재 인식과 변화 등에 대해서도 의미 있는 비교자료가 남아있다. 근대 이전에 대만에서는 문화재를 어떻게 인식하였는지에 대해 대만 연구자들의 관점을 근거로 살펴보고, 일제강점기에는 대만총독부의 문화재 정책이 어땠고, 한국과 어떻게 달랐으며, 그 비교사적 의미는 무엇인지 살피겠다.

글의 후반부에서는 앞서 살펴본 문화재 인식의 역사적 내용을 바탕으로 전근대 시기부터 일제강점기에 이르는 기간 동안 형성된 문화재 인식과 민족적 대응의 역사적 의미를 평가하고, 마지막 부분에서는 해방 후 문화재 인식의 변화상을 집합기억과 이데올로기적 관점에서 살펴보겠다.


# 3. 선행 연구


## 1) 한국

해방 이후 1970년대까지 우리나라에서 문화재 자체에 관한 연구는 거의 없었다. 물론 문화재의 주 내용을 구성하는 고고학이나 미술사학 등 그 대상에 관한 연구는 꾸준히 있었지만, 문화재 자체를 제도나 인식의 측면에서 진행한 연구는 확인되지 않는다. 개발과 민족문화 선양의 시대인 1960~1970년대에 문화재에 관한 근본적인 질문을 할 여유는 없었기 때문이다. 다음의 글이 이를 증명한다.

"말하자면 經濟成長과 國土開發이라는 施策앞에 自然環境이나 歷史的 文化環境은 조금 破壞되어도 어쩔 수 없다는 思考方式 아래 環境保全이나 文化財의 保護에 관하여는 外面하다 싶이 해 온 것이다."[17]

　　그런데 1979년 성산대교 건설로 인해 이미 사적으로 지정되어 있는 독립문을 이전해야 하는 상황이 발생했고, 사회적 논쟁이 되었다. 기존의 차로를 우회시키면서 제 자리를 지켰던 독립문이 이제는 교량 건설로 인해 제 자리를 옮겨야 했다. 1978년 1년간의 주요 기사 제목을 보면 그 양상이 드러난다.

표 4. 독립문 이전 관련 1978년 주요 언론 기사

| 날짜 | 기사제목 | 언론사 |
|---|---|---|
| 1.1. | 민족의 기개를 지켜보는 독립문 | 조선일보 |
| 3.18. | 수난의 독립문, 옮긴다 못옮긴다 결론 못내린 채 엉거주춤 | 동아일보 |
| 3.23. | 독립문 위로 고가차도 건설 | 동아일보 |
| 3.24. | 독립문 대립 1년 절충의 매듭 | 동아일보 |
| 3.28. | "경관 해친다" 문화재계 반발 | 조선일보 |
| 8.27. | 독립문을 위한 건의: 다리 밑에 처박아 둘 수는 없다(사설) | 조선일보 |
| 9.15. | 팔순된 박명의 독립문: 문화재 애호사상 선양은 민족의 자긍 | 경향신문 |
| 10.13. | 위축되는 독립문: 문화재 아껴야 | 매일경제 |
| 10.28. | 수난의 독립문: 차라리 이전 바람직 | 경향신문 |
| 11.2. | 이전과 존치 어느 쪽으로도 확실한 결정이 내려지지 않은 채 불안하게 서있는 독립문(사진) | 동아일보 |
| 11.8. | 독립문 이전 또 요청 | 경향신문 |
| 11.9. | 독립문과 민족정신 | 경향신문 |
| 11.11. | 독립문 이전문제 엉거주춤 언제까지 | 경향신문 |
| 12.23. | 끝내 옮겨지는 독립문: 문화재위 양보 - 현위치서 1백m | 조선일보 |

---

17) 吳世卓, 1982,「文化財保護法 硏究」, 檀國大學校 大學院 法學科 行政法專攻 博士 學位論文, 1쪽.

독립문 이전 사건을 계기로 촉발된 문화재에 대한 사회적 문제의식은 문화재 자체에 대한 근본적인 고민과 연구로 이어졌다.

맨 먼저 1982년 오세탁의 연구가 있었다.[18] 그는 독일의 영향을 받은 일본의 근대 법체계가 식민지 조선으로 이어졌다는 점을 근대 시기의 각종 법령과 역사적 사료들을 근거로 논증하였고, 한국 「문화재보호법」이 일제강점기 이래로 최근까지 일본법의 영향을 강하게 받았다는 점 또한 각종 사료와 법령 자료를 바탕으로 밝혔다. 그는 이 논문 발표 후 발표한 개별 논문들[19]에서도 일본의 「문화재보호법」을 우리가 답습하였다는 한국 「문화재보호법」의 역사적인 문제점을 지적하였다.

오세탁의 연구 이후로 일제강점기 문화재의 조사나 제도 등에 관한 연구가 여러 연구자에 의해 진행되었다. 이를 분야별로 나누어 살펴보면 다음과 같다.

먼저 고적 조사에 관한 연구이다. 고적 조사는 일제의 한국 강점 이전부터 일본인에 의해 진행된 조사로, 한국 전역에 걸쳐 광범위했던 이 조사는 후에 문화재 제도화나 지정의 바탕이 되었다. 이순자는 대한제국부터 일제강점기에 이르는 기간 동안 일본의 고적조사 사업을 중심으로 일본의 침략적 문화재 정책을 방대한 실증 자료를 근거로 드러내고 이 모든 것들이 일본의 조선에 대한 제국주의적 침탈의 일환이었음을 밝혀냈다.[20] 이기성은 일제강점기에 진행된 '금석병용기' 및 '석기시대'에 대한 조사와 인식에 대한 연구를 하여 당시 진행된 조사들이 '타율성론他律性論', '일선동조론日鮮同祖論'과 같은 제국주의적 식민사관을 증명하기 위한 도구로 사용되었음을 밝혔다.[21] 또한 일제강점기 초기 고도 지역

---

18) 吳世卓, 1982, 「文化財保護法 研究」, 檀國大學校 大學院 法學科 行政法專攻 博士 學位論文.

19) 오세탁, 1996, 「일제의 문화재 정책 -그 제도적 측면을 중심으로」『文化財』 29; 오세탁, 1997, 「문화재보호법과 그 문제점」『文化財』 30, 국립문화재연구소.

20) 이순자, 2009, 『일제강점기 고적조사사업 연구』, 景仁文化社.

21) 이기성, 2010, 「일제강점기 '금석병용기'에 대한 일고찰」『韓國上古史學報』 68, 한

에 대한 일본인들의 고적 조사 연구를 진행하여 그들에 의해 진행된 평양과 경주와 같은 고도 지역의 조사와 연구는 '낙랑문화의 확인', '신공황후의 신라정벌설 확인' 등과 같이 그들의 역사적 목적을 증명하는 방향으로 흘러갔다는 점을 밝혔다.[22] 또한 고적 조사의 배경에 대한 근본적인 고찰을 한 최석영은 일본 본토에서 형성된 고고학과 문화재에 관한 인식이 식민지 조선에서 정책적으로 시험되었고 그들의 의도에 따라 재단되었음을 고고학과 박물관 자료를 중심으로 드러내고,[23] 근대시기 일본이 제국주의를 등에 업고 동아시아 각지에서 고고학 및 인류학적 조사를 하였음을 번역서를 통해 밝혔다.[24]

다음으로 제도에 관한 연구이다. 오세탁의 연구 이후 2000년대 들어 많은 연구가 진행되었다. 먼저 이기성은 일제강점기 고적 조사의 제도적 장치로 조선총독부의 '고적조사위원회'와 「고적 및 유물 보존규칙古蹟及遺物保存規則」에 대해 당시의 문헌 자료를 바탕으로 실무적인 내용 위주로 검토를 하였고, 그 결과 문화재 정책 결정 구조에 영향을 줄 수 있는 조선인이 거의 없었고, 이는 일제의 문화재 제도가 일본의 의도대로 가게 될 수밖에 없었던 이유의 하나가 된다는 점을 확인하였다.[25] 이현일·이명희는 국립중앙박물관 조선총독부 문서 자료로 일제의 문화재 지정에 관한 행정적 체계를 연구하였는데, 이 과정에서 일제가 그들의 문화적 목적을 위해 우리의 문화재를 지정하기도 하였지만, 제국주의 침략전쟁을 위해 황해도의 '휴류산성鵂鶹山城'이라는 지정 문화재를 해제하기

국상고사학회; 이기성, 2010, 「일제강점기 '石器時代'의 조사와 인식」 『先史와 古代』 33, 한국고대학회.

22) 이기성, 2016, 「일제강점기 '古都'의 고적조사 -초기 고적조사를 중심으로-」 『역사와 담론』 7, 호서사학회.

23) 최석영, 2015, 『일제의 조선 「식민지 고고학」과 식민지 이후』, 서강대학교출판부.

24) 도리이류조 지음, 최석영 번역, 2007, 『인류학자와 일본의 식민지 통치』, 서경문화사.

25) 이기성, 2009, 「朝鮮總督府의 古蹟調査委員會와 古蹟及遺物保存規則 -일제강점기 고적 조사의 제도적 장치(1)」 『영남고고학』 51, 嶺南考古學會.

도 하였다는 점을 조선총독부 문서를 근거로 밝혀냈다는 점도 의미가 있다.[26] 오영찬은 고적의 제도화 과정을 연구하였는데,[27] 조선총독부가 본국(일본)에서 사용한 '사적史蹟'이라는 용어를 쓰지 않고 '고적古蹟'이라는 용어를 사용하여 본국과 차별을 둔 다른 형식의 근대 문화재 제도를 조선에 도입하였다고 하였다. 그리고 1916년 조선에 시행된 대표적 문화재 규정인 「고적 및 유물 보존규칙」이 보존과 보호보다는 식민지 조사의 일환으로 이루어진 고적조사를 뒷받침하였으며, 문화재의 해외 유출을 막는 데도 한계가 있었다고 하였다. 그리고 고적조사가 어떻게 조선총독부박물관과 연계되어 식민지의 문화정책을 뒷받침하였는지를 당시의 사료를 토대로 논증하였고, 조선총독부박물관을 중심으로 일제강점기에 문화재 행정이 진행되었다고 하였다. 김종수는 일제강점기 이후 1960년대까지 한국에서 벌어진 문화재 정책과 관련한 공식 조직과 법령 변화의 역사를 당시에 발간된 관보나 법령 자료 등 각종 공식 문서들을 근거로 상세히 서술하였다.[28] 이는 일제강점기 이후 한국 문화재 행정의 역사를 실증 가능한 기록물들을 토대로 하여 전반적으로 세밀하게 정리하였다는 데에 의미가 있다.

다음으로 일제강점기 일본 본토와 관련된 연구이다. 이성시는 한국에 대한 문화재 정책의 기본 체계를 일본 역사학의 우두머리인 구로이타 가쓰미黑板勝美(1874~1946)가 설계하였음을 밝혔다.[29] 구로이타는 1908~1910년에 구미 유학을 한 후 1912년 『사학잡지史學雜誌』에 「사적 · 유물에 관한 의견서」를 게재하여 사적과 유물에 관한 정의와 분류와 보존법을 제안하였는데, 이성시의 연구에서

26) 이현일 · 이명희, 2014, 「조선총독부박물관 공문서로 본 일제강점기 문화재 등록과 지정」 『美術資料』 85, 국립중앙박물관.

27) 오영찬, 2015, 「'古蹟'의 제도화; 조선총독부 문화재 정책의 성립」 『광복 70주년, 식민주의 청산과 문화재』, 국외소재문화재재단.

28) 金鐘洙, 2019, 「한국 문화재 제도 형성 연구」, 忠南大學校 大學院 國史學科 韓國史 專攻 博士學位論文.

29) 이성시, 2016, 「구로이타 가쓰미(黑板勝美)의 역사학 연구와 식민주의」 『식민주의 역사학과 제국』, 책과함께.

이 제안이 한국과 일본의 문화재 체계의 시작점이었다고 밝힌 점은 주목할 만하다. 김용철은 근대 시기 일본의 문화재 보호제도 변천 과정을 당시의 사회적인 사건들과 관련 법령의 변화상을 중심으로 고찰하였다.[30] 일본은 폐불훼석廢佛毀釋이라는 근대적인 혼란을 계기로 1871년 「고기구물보존방古器舊物保存方」을 공포하여 근대적 문화재 보호의 첫 발을 내디뎠고, 1897년에는 적극적인 보호정책을 표방한 「고사사보존법古社寺保存法」을 공포하였다고 한다. 1888년에는 세계박람회 준비 등을 계기로 대규모 고미술 조사 사업을 진행하였고, 1919년에는 천황가의 문화적 현창이라는 이데올로기적인 목적으로 「사적명승천연기념물보존법史跡名勝天然紀念物保存法」을 제정하였고, 1929년에는 「국보보존법国宝保存法」, 1933년에는 「중요미술품등의 보존에 관한 법률重要美術品等の保存に関する法律」 등을 제정하여 일본이 문화재보호법을 완성시켜 나갔음을 계기적 사건들과 연계하여 논증하였다.

마지막으로 최근에 진행된 문화재 '개념'에 관한 연구이다. 먼저 이현경은 '불편문화유산difficult heritage의 개념 및 역할에 대한 고찰'로 근대 문화유산을 중심으로 진행되는 기억에 관한 논쟁을 그 기초적 개념 설명과 함께 유럽과 동아시아의 사례를 연구하였다.[31] 불편문화유산은 현재 시점에서 국제 정치적 이슈로도 첨예하게 대립되고 있는 대상인데, 이를 두고 이분법적으로 다투기보다 인간으로서 가지는 본질적인 양심에 근거하여 인류 보편의 인권을 존중하는 일로 확장하여야 소모전을 줄일 수 있음을 강조했다. 우리나라에서 불편문화유산은 조선총독부 철거 당시의 국내적 논쟁, 일본 군함도 세계유산 등재와 관련한 국제적 문제 등으로 우리에게 익숙한 주제인데, 이를 학술적으로 재조명하고 본질적 대안을 제안하고 있다는 점에 의미가 있다. 다음으로 이현경·손오달·이

---

30) 김용철, 2017, 「근대 일본의 문화재 보호제도와 관련 법령」 『美術資料』 92, 국립중앙박물관.

31) 이현경, 2018, 「불편문화유산(difficult heritage)의 개념 및 역할에 대한 고찰」 『도시연구』 20, 도시사학회.

나연은 '한국의 문화재 개념 및 역할에 대한 역사적 고찰 및 비판'을 통해 일제 강점기 이후 문화재 개념과 인식의 변화가 정치사회적 변화와 맥락을 같이 했음을 규명했고, 문화재라는 단어가 가지는 재화로서의 의미의 한계를 지적하고 그 후속 대안으로 문화유산으로서의 의미를 강조했다.[32] 문화재 개념과 인식의 변화를 정치사회적 변화와 함께 살피고 그 대안을 제시했다는 점은 이전 연구에서 보이지 않았던 의미가 큰 연구이다.

## 2) 일본

일본은 한국보다 먼저 근대화에 성공한 나라로서, 이를 배경으로 동아시아 지역에 제국주의적인 침략을 하여 그들의 인식과 제도를 지배지역에 이식하였다. 문화재 분야에서도 그들은 우리보다 먼저 근대적 제도화를 진행하였고, 이는 그들이 우리의 땅에서 그들이 행한 조사와 제도화의 배경이 되었기 때문에 그들의 문화재에 관한 연구사를 검토하는 것은 비교 자료의 의미가 있다. 이와 관련하여 참고할 만한 대표적인 연구사례 몇 가지를 살펴보겠다.

문화재에 관한 일본인의 대표적인 연구로 한국에서 종종 인용되는 사례가 후지타 료사쿠藤田亮策의 「조선고적조사朝鮮古蹟調査」[33]이다. 후지타 료사쿠는 일제강점기 한국에서 고적 조사 활동을 활발히 하여 조선고적연구회의 위원 및 간사로 활동하고 경성제국대학 교수와 조선총독부박물관 주임을 하며 일제강점기 식민권력의 지배 담론 생산을 위한 업무에서 중요한 역할을 맡은 인물이다. 나아가 일제의 패망 후 일본에서 도쿄예술대학 교수와 일본 고고학회 초대 회장 등을 역임하고 일본의 평성궁을 비롯한 여러 발굴조사에서도 활동한 인물

---

32) 이현경·손오달·이나연, 2019, 「문화재에서 문화유산으로: 한국의 문화재 개념 및 역할에 대한 역사적 고찰 및 비판」『문화정책논총』33-3, 한국문화관광연구원.

33) 藤田亮策, 1963, 「朝鮮古蹟調査」『朝鮮學論考』, 藤田先生記念事業會.

이다.[34] 그가 「조선고적조사」라는 논문에서 일제강점기 일본이 한국 땅에서 진행했던 문화재 조사와 제도화의 일들을 긍정적으로 복기하는 내용의 글을 쓰면서 마지막에 "적어도 조선의 고적 조사보존사업이야말로 반도에 남긴 일본인이 가장 자랑할 만한 기념비의 하나라고 단언해도 꺼릴 것이 없다"[35]라는 표현을 한 사실은 유명하며, 이 글은 종종 한국 연구자들에게 인용되기도 한다. 그리고 이와 같은 후지타 료사쿠의 인식은 그가 1951년 저술한 글의 결론 부분에서도 '이것은 일본인이 조선과 조선인에게 남겨준 가장 좋은 선물이다'[36]라는 식의 표현으로 유사하게 등장한다. 이를 통해 조선고적조사사업에 관한 그의 식민지 근대화론적인 인식이 뿌리 깊음을 알 수 있다.

츠카모토 마나부塚本學는 일본에서 「문화재보호법文化財保護法」이 제정된 1950년 이후의 변화상을 중심으로 문화재 개념의 변천사를 서술하였다.[37] 일본에서 애초에 문화재는 예술적 가치를 중심으로 이해되어 역사학자들의 관심이 낮았다고 한다. 그러나 문화적 안목의 성장, 개발에 의한 보존의 요구 등 사회문화적인 변화가 나타남과 동시에 문헌 중심 사료 이외의 자료들에 대한 관심도 커져서 문화재 보존 운동도 일어났고, 「문화재보호법」의 정의도 광의의 문화유산으로 옮겨가고 있다고 하였다. 그리고 그는 문화재를 계승해야 할 문화의 산물로만 본다면, 반성의 학문으로서의 역사학과는 양립할 수 없다고 하였다. 역사에서 부정적인 의미를 포함하는 남겨진 유산들도 역시 시대상을 나타내므로 문화재라고 볼 수 있다고 한 것이다. 이러한 시각은 문화재가 이데올로기적인

---

34) 유중현, 2017, 「일제강점기 후지타료사쿠의 조선 고대문화 인식과 그 변화」 『한일관계사연구』 56, 한일관계사학회.

35) 최석영, 2015, 『일제의 조선 「식민지 고고학」과 식민지 이후』, 서강대학교출판부, 49쪽.

36) 藤田亮策, 1951, 「朝鮮古文化財の保存」 『朝鮮學報』, 262쪽.
　　"これのは日本人が朝鮮と朝鮮人とに殘した最良の贈物である"

37) 塚本學, 1991, 「文化財概念の変遷と史料」 『國立歴史民俗博物館研究報告』 35, 國立歴史民俗博物館.

영향을 받고 있음을 나타내는 것이며, 이를 탈피해야 한다는 주장 역시 이를 반증하는 것이다.

타가키 히로시高木博志는 '천황취임의례', '연중행사', '문화재'와 같은 것들이 일본의 근대 시기에 정치적 목적으로 천황제를 강화하기 위해 소위 '만들어진 전통'이라는 개념처럼 작위적으로 만들어진 표상들이라고 하였다.[38] 그의 연구는 문화재의 탄생에 대한 정치·사회적 배경을 당시의 문헌 사료들을 근거로 밝혔으며, 문화재에 대한 새로운 시각을 제시하였다는 의미가 있다.

모리모토 가츠오森本和男는 일본의 문화재 정책 도입 이후 현대까지 문화재가 일본 사회에서 어떤 역할을 하며 변화하였는지를 시대별로 고찰하였다.[39] 근대 사회로 진입하면서 폐불훼석廢佛毀釋, 식산흥업殖産興業 등 여러 계기적 사건들을 경험하고 전통의 훼손과 재발견이라는 상황을 겪으면서 일본의 문화재가 어떻게 제도화되고 일본 사회에 영향을 미쳤는지 분석하였다. 그리고 현대의 문화재 반환 문제, 군국주의 시절의 군사-평화 기념물, 정보화 사회에서의 문화재 문제 등에 대해서도 폭넓은 견해를 제시하였다. 문화재나 역사학 전공자가 아닌 사회경제학자가 일본 문화재의 역사에 관한 통사적인 글을 썼다는 점도 의미가 있다.

일본의 문화재 관련 연구 성과들을 보면 근대 이후의 문화재 관련 사회 현상을 중심으로 그 원인을 근대 이후의 자료에 근거해 파악하는 글이 주를 이루고 있으며, 문화재에 관한 개념은 근대 이후 이미 형성된 문화재 개념의 변화상을 다루는 수준으로 서술하고 있다. 그리고 그들이 우리 땅에서 행한 고적 조사는 그들의 시혜였다는 식민주의사관의 관점으로 서술하고 있다.

일본의 연구에서 문화재의 근본적인 의미가 무엇이며 이 의미가 전근대 시대와는 어떤 관계인지에 대한 연구는 보이지 않는다. 대부분의 연구에서는 일본

---

38) 高木博志, 1997, 『近代天皇制の文化史的研究』, 東京: 校倉書房.
39) 森本和男, 2010, 『文化財の社會史』, 彩流社.

문화재 인식의 시작과 발전을 메이지 시기에 일본 사회의 근대화가 진행됨에 따라 발생하는 여러 사회 현상들의 하나로 논하고 있다. 중앙집권적 정치 체제가 확립되고 근대화가 본격적으로 진행되던 메이지 시기의 이전 시기를 문화재에 관한 여러 사회 현상의 뿌리로 보는 시각은 최소한 문화재 분야에서는 보이지 않는다.

### 3) 대만

대만은 한국처럼 근대 시기에 일본의 지배를 받아 일본의 제도가 이식된 곳이었다. 따라서 대만은 동시기 한국을 연구하는 데에 비교할 만한 연구 가치가 있는 지역으로, 한국의 여러 분야에서 비교연구가 되고 있다.[40] 대만에서는 문화재를 문화자산文化資産으로 부르는데, 대만의 문화자산 연구에 관한 몇 가지 대표적 사례를 연구자 중심으로 보면 다음과 같다.

임일웅林一雄은 청대淸代의 대만에 이미 고적古蹟의 관념이 있었고, 이는 당시 발간된 지방지 내용 중 문인文人의 시詩에서 확인된다고 하였다.[41] 일제강점기에는 문화자산에 관한 구습조사舊慣調査 및 학술연구와 함께 문화자산 보존사업이 1922년에 제도화되고 1933년에 법제화되었다고 한다. 법제화 후 사적 등이 지정되고 관련 보존사업이 진행되었으나, 일본의 2차 대전 패망으로 중단되었다고 하였다. 전쟁 직후에는 사회적 혼란으로 문화자산 보존운동이 진행되지 못하였고, 1960년대에 이르러 민속학자와 역사학자들에 의해 문화자산 보존운동이 진행되었다고 한다. 1970년대에는 고적 보존운동이 향토운동의 하나가 되었고, 건축학계에서는 고적 조사와 수복修復을 하였다고 한다. 1981년에 제정

---

40) 오춘영, 2018, 「일제강점기 대만(臺灣)의 문화재 제도화 과정과 조선 비교」『文化財』 51-4, 255쪽.

41) 林一雄, 2011, 「臺灣文化資産保存歷程概要」『國立臺灣博物館學刊』 64(1), 國立臺灣博物館, 75~106쪽.

되고 1982년에 시행된 「문화자산보존법文化資產保存法」은 대만 문화자산 보존의 본격적인 시작을 알리는 계기가 되었다고 한다.

임일웅은 전반적으로 일제강점기 일본에 의해 진행된 문화재 조사와 보존사업을 부정적으로 보지 않고 대만 문화재사文化財史의 일환으로서 긍정적으로 받아들이고 있다.

왕세안王世安은 대만에서 지난 120년 동안의 문화재 관련 법 변화사를 다뤘다.[42] 대만에서 문화재 인식의 시작점을 청대淸代로 보는 것과 일제강점기 일본의 문화재 제도화에 관한 사항들을 긍정적으로 보는 면은 다른 연구자들과 유사하며, 중국 본토에서 국민당 정부가 가지고 있었던 「고물보존법古物保存法」에 대한 가치를 다른 연구자들보다 따로 상세하게 서술하였다. 특히 1945년 해방직후 대만이 '거제일본去除日本 회귀중국回歸中國' 정책을 강조하였고, 이는 문화재에도 반영되고 있다는 점을 서술하고 있는 점은 특기할 만하다.

대만의 문화재 관련 연구자들은 공통적으로 문화재 인식의 역사를 청대 정도로 보고 있으며, 일제강점기에 일본에 의해 실시된 조사와 제도화를 근대적 문화재 행정의 시작으로 보는 경향이 주를 이루고 있다. 그러나 청대의 문화재 인식이 현재의 관점에서 볼 때 어떻게 문화재의 범주에 포함될 수 있는가를 구체적인 인과관계로 설명하지 못한다는 한계가 있다.

## 4) 소결

이상에서 살펴본 한국과 일본, 대만의 연구들은 대부분 각국의 문화재 인식과 제도화가 근대 시기 일본에 의해 진행된 것으로 이해하고 있다.

대만의 경우 문화재 인식과 제도화를 청대淸代로 올려 보고 있는 반면, 한국과 일본에서는 이러한 경향이 뚜렷하게 보이지 않는다.

---

42) 王世安, 2016, 「臺灣有形歷史保存法制發展史(1895-2015): 從國家目標與權利保障之互動談起」, 國立臺灣大學法律學院法律學系 碩士學位論文.

문화재 인식의 역사를 청대로 올려 보고 있는 대만의 경우에도 한계가 있다. 대만에서는 문화재 인식의 역사를 청대로 올리기는 하였으나, 왜 그렇게 보아야 하는지 구체적인 인과관계를 근거로 한 설명은 부족하기 때문이다. 하지만 고적古蹟이나 「대명률大明律」을 예로 들어 문화재 인식의 역사를 전근대 시대로 올려 볼 수 있는 단서를 제공하고 있다는 점은 문화재 인식의 역사에서 의미가 있다.

한국에서는 전반적으로 일본에 의해 문화재 인식과 제도화가 시작된 것으로 이해하고 있다. 이런 시각이 생기게 된 원인은 현재 우리가 알고 있는 문화재 체계가 일제강점기에 시작된 체계와 상당히 닮아있기 때문이다. 현재 문화재를 분류하는 용어로 쓰이고 있는 국보, 보물, 사적, 명승, 천연기념물 등이 일제강점기에도 보물, 고적, 명승, 천연기념물로 지칭되어 지금과 상당히 유사하다는 것이 그 예이다. 이로 인해 한국 문화재 인식과 제도화의 시작을 일제강점기로 이해하는 것이다.

한국에서 진행된 문화재에 관한 연구는 1980년대 오세탁의 연구를 시작으로 많은 연구자에 의해 다방면으로 연구가 진행되었다. 주로 일제강점기를 중심으로 한 고적조사나 문화재 관련 제도의 변화 등에 관한 연구를 하여 많은 성과를 축적하였다.

최근에는 고고학사나 정책사, 개념이나 인식 등 문화재와 관련된 세부적인 분야에서 깊이 있는 연구들이 진행되어 문화재에 관한 기초적 연구의 폭이 확대되고 있는 경향이다. 그러나 근대시기나 그 이전 시기의 문화재 인식 상황에 대한 연구는 상대적으로 부족한 면이 있다. 이 글은 이 부족한 부분을 채워나가기 위한 시작이다.

# Ⅱ
# 전통사회의 문화재 인식

## 1. 한국

### 1) 선사시대

앞서 문화재의 본질적 정의를 '집단이 과거로부터 이어온 것을 자신의 문화적 가치를 반영하여 중요하게 보호하는 대상'이라고 했다. 이를 다시 풀어서 설명하면 긴 시간성을 가지고 존재하고 있으면서 사회적으로 선택된 것이라고 볼수 있다. 그렇다면 이렇게 오래된 것들에 대한 사회적 선택은 언제부터였을까. 앞의 정의문에 기초하여 '시간적 가치'와 '사회적 선택'이라는 두 가지 기준을 두고 살펴보겠다.

현재 남아있는 증거들을 바탕으로 문화재의 본질적 정의에 포함 가능한 대상 중 가장 오래된 것은 청동기시대에 만들어진 고인돌이라고 볼 수 있다. 먼 과거의 유적이나 유물들은 청동기시대의 고인돌뿐만 아니라 구석기시대부터 많이 존재하지만, 당시의 제작 동기와 이후의 사회적 보존행위라는 관점에서 보면이 둘 사이에는 차이가 있다.

구석기시대에 제작한 돌도끼는 고인돌처럼 지금도 존재하고 있는 선사시대의 대표적 유물이다. 이 돌도끼는 실생활에 사용하기 위한 목적으로 제작되었고, 사용 후 일반적인 폐기 과정을 거쳐 우리에게 발견되었다. 그런데 돌도끼 제작 당시나 사용 후에 이 유물에 대한 사회적 보존활동이 있었다는 증거는 현재없다. 따라서 구석기시대의 대표적 유물인 돌도끼에는 제작 당시나 그 이후에

사진 2. 강화 부근리 점골 고인돌(문화재청 2022)

위 두 기준에 충족하는 문화재적 성격이 있었다고 보기 어렵다.

그리고 우리나라에서는 뚜렷이 나타나지 않지만, 구석기시대의 유적으로 무덤과 동굴벽화, 암각화 등이 있다. 이들 또한 긴 시간성을 가지고 존재하는 것들이지만, 사회적으로 길게 남겨지기 위해 선택되고 보존활동이 있었다는 뚜렷한 증거는 보이지 않는다. 구석기시대의 무덤이나 동굴벽화, 암각화 등은 현재까지 나타난 자료들로 보면, 쉽게 눈에 띄지 않는 형태와 장소를 선택한 것들이 대부분이다.[43] 눈에 잘 띄지 않게 만들어진 것들에 대해 사회적 선택과 보존활동이 전제되어 있었다고 보기는 어렵다. 특히 우리나라에서 신석기시대부터 청동기시대에 걸쳐 만들어진 암각화들은 대부분 외부와 단절된 성격이 있는 장소에

---

43) 성당, 교회와 같은 종교적 신성성을 가지는 장소는 인간에 의해 건축되어 세속(俗)과 분리되는 성(聖)스러운 공간으로 만들어졌지만, 고대에는 자연에 의해 만들어진 독립된 공간을 찾아 여기에 신성성을 부여하여 종교적 행위를 하였다. 유럽의 구석기시대 동굴벽화나 우리나라의 반구대 암각화 등이 대표적이다.

만들어 졌다는 특징이 있다. 이 사례 역시 암각화가 사회적으로 보존되고 기념되기 위해 만들어졌다고 보기는 어렵다는 증거라고 본다. 암각화는 외부와 단절된 제의 장소이며, 제의 행위의 신성성을 이루기 위해 바위가 선택된 것이다.

이러한 양상은 대체적으로 신석기시대에도 이어지지만, 청동기시대부터는 그 양상이 달라진다. 지상에 분명하게 드러나며 경관을 변화시키는 거석기념물의 제작과 유지를 통해 시간의 가치를 가지고 존재하면서 사회에 영향을 주려는 움직임이 나타났다. 우리나라에서는 고인돌이 대표적이다.

거석기념물과 같은 상징적인 건축물의 조성 행위에 시간의 가치가 반영되었다고 보는 이유는 그들이 선택한 재료에 있다. 거석기념물이 만들어지던 당시 사람들이 다룬 재료는 짐승의 뼈, 가죽, 나무, 돌, 그리고 초보적 기술로 만든 청동기 등이다. 이중 가시성이 있는 거대한 기념물로 사용 가능한 재료는 나무와 돌이다. 가공 용이성으로 보자면 나무가 돌보다 훨씬 수월하지만, 그들은 돌을 선택했다. 나무건 돌이건 인간은 원하는 형태를 만들어낼 수 있는데, 돌은 나무보다 훨씬 다루기 어렵다. 그럼에도 불구하고 돌을 선택한 이유는 시간의 가치를 보여주는 불변성 때문이라고 설명할 수 있다.[44]

거대 기념물의 축조는 권력 통제의 효율성 측면에서도 설명할 수 있다. 지배권력은 피지배권력을 통제해야 하는데, 거대 기념물을 건축하고 존속시키는 행위는 당대 권력과 세습권력을 상징적으로 보여준다. 이는 피지배권력에게 그 힘을 일일이 증명할 필요가 없어지는 통치의 효율성을 가진다.[45]

그렇다면 우리나라에서는 왜 청동기시대에 거석기념물이 출현했을까. 단순히 생각하면 암석이라는 어려운 재료의 가공에 대한 인간 기술의 발달도 있겠지만, 당시 사회발전 과정 속에서 자연스럽게 거석기념물을 만들었다는 논리가 설득력 있다. 복합적인 사회조직의 발달과정에서 세계 전 지역에서 보이는 일

---

44) 미르치아엘리아데, 이재실 역, 1994, 『종교사 개론』 209, 226쪽.

45) Wilson, P., 1989, *The domestication of the human species*, New Haven: Yale University Press, pp.117~135.

관적 현상 중의 하나가 (거대한) 기념비적 구조물의 축조인데,[46] 우리나라에서도 그 현상이 일어났다는 것이다. 구체적으로 우리나라 호서지역의 경우, 청동기시대 전-중기 전환기는 사회정치적으로 부상하려는 국소집단 간의 경쟁이 고조되는 시기였다. 이 시기에 농경지 확보를 전제한 이념 조작의 전통적 기제로서 지석묘가 집중적으로 축조되었으며, 공간적으로도 급속하게 확산되었고, 이를 통해 경제적 기반의 통제, 노동력의 통제를 하게 되었고 이를 바탕으로 사회경제적 통제의 재원을 확대하게 되었다고 한다.[47] 거대 기념물이 사회 통제의 효율적 수단이 된 것이다.

앞에서 살펴본 바와 같이 선사시대의 유산 중 시간성과 사회적 중요성이 증명되는 대표적 대상은 고인돌이다. 대부분의 선사시대 유산은 그 자취가 남겨지지 않았고, 남기려는 사회적 행위도 없었다고 볼 수 있다. 그러나 고인돌은 남겨지기 위해 만들어진 기념물이며, 당연히 그 사회가 중요하게 여기며 보존했다고 볼 수 있다. 제작 과정과 그 이후의 활동들로 유추하여 보면, 고인돌은 청동기시대가 남긴 대표적인 문화재라고 볼 수 있다.

고인돌과 같이 제작 당시부터 문화재적 성격을 가지고 있었던 선사시대 유물들이 더 존재했었는지 여부에 대해서는 좀 더 심도 있는 고찰이 필요하지만, 현재로서는 고인돌이 가장 뚜렷한 사례라고 볼 수 있다.[48]

이렇게 시간의 가치를 가지는 거대 기념물의 조성과 사회적 보호활동은 묘제墓制라는 형태로 계승되어 역사시대 이후로 줄곧 이어졌다. 고구려와 백제의 적

---

46) 김범철, 2012, 「거석기념물과 사회정치적 발달에 대한 고고학적 이해 -남한지역 지석묘의 사회적 역할에 대한 이론화를 위하여」 『한국상고사학보』 제75호, 63쪽 (Trigger, 1990, 재인용).

47) 김범철, 2010, 「호서지역 지석묘의 사회경제적 기능」 『한국상고사학보』 제68호, 21쪽.

48) 청동기시대의 고인돌이 공동체의 '기념비'로서 현재 문화재의 한 형태로 분류할 수 있음은 하문식(2008)과 이성주(2012)의 연구를 인용한 이현경 · 손오달 · 이나연의 연구(2019, 「문화재에서 문화유산으로: 한국의 문화재 개념 및 역할에 대한 역사적 고찰 및 비판」 『문화정책논총』 제33-3호, 8쪽)에서도 인정되고 있다.

사진 3. 경주의 왕릉급 고분군(문화재청 2022)

사진 4. 세종 영릉(문화재청 2022)

석고분, 신라와 가야의 고총고분 등이 삼국시대부터 만들어졌으며, 이 지배세력 중심의 기념물적 거대분묘 문화는 고려와 조선으로 이어졌다.

　무덤은 기본적으로 시신을 매장하기 위한 구조물이다. 이는 구석기시대부터 확인된다. 사체의 단순한 매장 행위는 후대의 문화에 영향을 미치지 않으나, 고인돌이나 왕릉처럼 거대한 무덤을 조성하는 행위는 후대의 문화에 지속적으로 영향을 미친다. 거대 무덤이 당대의 정치 · 경제적 필요에 의해서만 제작되었다면 후대에 기나긴 기간 동안 남아 있기 어렵다. 거대 무덤의 제작에는 막대한 재료가 소요되는데, 옛 무덤의 재료들을 새 무덤에 재활용하지 않은 것은 재료 수급의 편이성이라는 필요보다는 이런 구조물들이 그 사회에 계속 남아 있어야 할 필요가 더 컸기 때문이다. 이렇게 남은 거대 무덤들은 과거의 영광이나 당대 권력의 정당성이 사람들에게 각인되는 효과를 지속한다. 현 사회의 필요에 의해 의도적으로 남겨지고 기억되는 옛 유적이라는 면과 대를 이은 존속과 가시성과 사회적 중요성 등 문화재의 핵심 요소들을 가지는 고대의 거대 무덤들은 현재의 문화재와 유사하며, 일종의 기념물[49]로도 볼 수 있다.


## 2) 삼국~고려

　고대古代부터 고려시대까지는 성문법成文法보다는 관습법慣習法에 근거한 국가 통치가 이루어졌다.[50] 유적이나 유물 등 문화재에 관한 국가 차원의 인식은 우선적으로 법전을 통해 살펴보는 것이 맞지만, 고려 이전 시기의 법전 관련 자료는 충분히 남아 있지 않으므로 각종 사서나 기록물 등을 통해 그 양상을 살펴봐야 한다. 사서나 기록물에서 문화재와 연관되는 단어는 유적遺蹟 · 고적古蹟 ·

---

49) 마이크 파커 피어슨 지음, 이희준 옮김, 2009, 『죽음의 고고학』, 사회평론아카데미, 360~361쪽.
50) 신복룡, 2010, 「『經國大典』을 통해서 본 조선왕조의 통치이념」『일감법학』17, 건국대학교 법학연구소.

유물遺物 등인데, 이를 유적遺蹟·고적古蹟과 유물遺物로 나누어 살펴보겠다.

## (1) 유적遺蹟과 고적古蹟

유적이나 고적은 역사의 증거물이다. 그렇기 때문에 역사 서술에서 유적이나 고적이 인용되는 것은 쉽게 예상할 수 있다. 그런데 고대에 편찬되었다고 하는 가야의 『개황력開皇曆』, 고구려의 『유기留記』, 백제의 『서기書記』, 신라의 『국사國史』와 같은 사서들은 현재 남아 있지 않고, 고려시대에 편찬된 『삼국사기三國史記』에는 유적遺蹟이나 고적古蹟이라는 단어가 사용되지 않았다.

단어의 사용이 인식의 시작이라고 직결시키기는 어려우나, 해당 단어가 있어야 당대 인식에 대한 유추가 수월하다. 보물寶物을 예로 들면, 귀중하게 여기는 물건은 예로부터 있었음을 어렵지 않게 추측할 수 있으나, 보물을 어떻게 생각했는지에 대해서는 그 단어의 사용 사례가 있어야 그 인식에 대한 해석이 쉬운 것과 마찬가지이다.

현재 확인 가능한 사료를 바탕으로 유적이나 고적에 대한 인식을 살펴보면 다음과 같다.

우선 『삼국유사三國遺事』(1281)에 의하면, 달리기 놀이의 기원이 신하가 수로왕에게 급히 소식을 전하던 옛 자취라고 한다. 유적이 옛 자취의 의미로 쓰였다.

“盖此昔留天·神鬼等望后之來, 急促告君之遺跡也.”[51](밑줄: 필자)

여기에서 유적은 현재와 같은 부동산 개념이 아닌, 옛날의 행위를 지칭하는 무형적 개념으로 사용되었다. 그런데 여기에서 유적이라는 용어는 가야伽耶시대 당대에 사용된 용어가 아니라 삼국유사의 편찬자 일연一然의 인식을 보여주는 것이다. 여기에서 주목할 점은 옛일이 현재에 특별히 기억되고 있다는 점이다.

---

51) 『三國遺事』 卷第二, 紀異第二, 駕洛國記.

다음으로 민사평閔思平이 1370년에 부여에서 회고하며 지었다고 하는 칠언시를 보겠다. 이 시 내용에는 '금와왕의 옛 자취가 허황한 듯하다'는 표현이 있다. 옛 자취를 고적으로 인식한 사례이다.

> "扶餘懷古
> 彼黍離□感歎長, 金蛙古迹似荒唐
> 大王浦月空秋夜, 政事岩花幾艶陽
> 今日兩三家素寞, 當時十萬戶懽康
> 興亡知是循環運, 何用停驂枉熱腸"[52](밑줄: 필자)

다음으로 1102년 고려 왕 숙종肅宗이 서경의 유적을 유람하였다는 『고려사高麗史』기록이 있다.

> "庚辰 王至梯淵岸, 命善泅禁軍五人, 尋舊梯基, 五人奏云, 去地十尺, 有梯基石."(밑줄: 필자)[53]

이 기사에서 주목할 부분은 두 가지이다. 우선 왕이 옛 사다리 터를 찾도록 하고, 땅을 열어 사다리 주춧돌을 찾았다는 부분이다. 현재의 시각에서 보면 '매장문화재 발굴' 행위로도 해석할 수 있다. 다음으로 주목할 부분은 유적으로서 '옛 터'에 대한 인식이 있었다는 점이다. 이 기사에서는 '유적遺蹟'이라는 단어가 직접적으로 사용되지는 않았으나, 문장의 전후맥락을 보면, 옛 터로서 유적에 대한 인식이 있었음은 충분히 유추 가능하다.

이 기사 이후로 『고려사』에는 유적과 관련된 표현이 다음과 같이 등장한다.

---

52) 『及菴詩集』卷三, 詩.
53) 『高麗史』卷十一, 世家 卷第十一, 肅宗 七年, 庚辰.

"叢石亭 ... 奉使東還, 至江陵, 登此亭, 覽四仙之迹, 臨望大海, 作是歌也"54)
(밑줄: 필자)

"... 而本勾高麗之所有也, 其古碑遺跡, 尚有存焉, 夫勾高麗失之於前 ..."55)
(밑줄: 필자)

위 기사는 총석정叢石亭이 국선이 노닐던 유적으로서, 여기의 적迹이 옛 터를
뜻하는 유적遺蹟의 의미로 쓰였음을 알 수 있다.

아래 기사는 고구려의 옛 비석이 유적으로 남아 있다는 내용이다. 고비古碑를
유적遺跡이라고 하였는데, 여기에서 유적은 앞서 본 것과 같이 옛 터라는 의미가
아니라 옛 기념물이라는 의미이다. 뜻하는 바는 약간 다르나, 공통적으로 현재
남아있는 옛 자취를 의미하고 있다.

또한 『고려사』의 서문序文에서도 유적遺蹟 사용의 예를 찾아 볼 수 있다.

"... 稽遺跡於前代, 僅能存筆削之公, 揭明鑑於後人, 期不沒善惡之實..."56)
(밑줄: 필자)

'전대의 유적을 상고하여 고려사를 서술한다'는 내용이다. 고려사의 서문에
서 말하는 사서의 편찬 지침에서 볼 수 있듯이, 전대의 유적에 대한 관심은 역사
서 편찬의 중요 근거가 된다는 점을 알 수 있다. 『고려사』에서 유적을 역사 인식
의 중요한 근거로 삼고 있다는 점은 문화재 인식의 역사에서 의미가 있다.

고려사가 편찬되던 15세기 중엽에는 유적이 옛 터 또는 옛 자취의 의미로 쓰
였음을 확인하였고, 이를 통해 이 시기에 유적에 대한 인식이 존재했었다고 할
수 있다. 적어도 왕조 차원에서 그 이전의 역사를 기술할 때 옛 자취로서 유적에

---

54) 『高麗史』卷七十一, 志 卷第二十五, 樂 二, 叢石亭.
55) 『高麗史』卷九十六, 列傳 卷第九, 諸臣, 尹瓘.
56) 『高麗史』, 進高麗史箋.

대한 인식은 존재했다는 것은 부정할 수 없으며, 문헌기록상으로도 유적과 상통하는 고적古蹟의 사용례는 고려시대부터 나타나고 있음을 확인하였다. 다음으로 유물遺物에 대한 인식 수준을 살펴보겠다.

(2) 유물遺物

남겨진 옛 물품으로서 유물遺物에 대한 관심과 수집활동은 고대부터 있었다. 신라 진평왕대 천사옥대天賜玉帶에 관한 이야기나 신라 신문왕대 만파식적萬波息笛에 관한 이야기는 적어도 6~7세기 신라시대부터는 예로부터 전해오는 특별히 소중한 물품에 대한 관심과 보관 행위가 있었고, 이는 정치권력의 문화적 행위 차원에서 존재했었음을 알 수 있다.

> "五年, 春正月, 金律告王曰, 臣往年奉使高麗, 麗王問臣曰, '聞新羅有王寶, 所謂丈六尊像 · 九層塔幷聖帶 也. 像 · 塔猶存, 不知聖帶今猶在耶.' 臣不能荅. 王聞之, 問羣臣曰, 聖帶是何寶物耶. 無能知者. 時有皇龍寺僧, 年過九十者曰, 子嘗聞之, 寶帶是眞平大王所服也. 歷代傳之, 藏在南庫. 王遂令開庫, 不能得見, 乃以別日齋祭, 然後見之. 其帶糚以金玉, 甚長, 非常人所可束也."[57](밑줄: 필자)

위 기록을 통해서 신라 왕실에서 '남고南庫'라는 별도의 유물 수장 공간이 있었고 여기에 왕조 대대로 전해져 오는 왕실의 보물을 보관 관리하고 있었음을 알 수 있다.

『삼국유사三國遺事』에도 왕실에서 운영한 유물 수장고로 볼 수 있는 '천존고天尊庫'가 있었음을 기록하고 있다.

> "... 駕還以其竹作笛藏扵月城天尊庫 ... 號万波息笛稱爲國寶 ..."[58](밑줄: 필자)

---

57) 『三國史記』卷第十二, 新羅本紀 第十二, 景明王, 五年春一月.

58) 『三國遺事』卷 第二, 紀異第二, 万波息笛.

고려시대에는 궁중을 중심으로 서화류 수장 문화가 더 발전하였는데, 12세기 이후 '청연각淸讌閣', '보문각寶文閣', '천장각天章閣' 등의 별도 전각을 건립하여 서화를 수장하였다는 점에서 이를 알 수 있다.[59] 중국과 교류하며 발전했던 고려의 완당玩賞과 수집문화는 조선의 서화 수장문화 발전의 배경이 되었다고 말할 수 있다.

고려 이전 시기를 서술하는 대표적 사서인 『삼국사기三國史記』와 『삼국유사』에 나타나는 문화재 인식을 보면, 『삼국사기』에서는 그 예가 많이 확인되지 않는데 비해, 『삼국유사』에서는 유적과 유물이 풍부하게 서술된다. 『삼국유사』에서는 보물寶物이라는 단어의 사용 예도 보이며, 권제삼卷第三 탑상塔像 편에서는 가섭불연좌석迦葉佛宴坐石, 요동성육왕탑遼東城育王塔, 금관성파사석탑金官城婆娑石塔, 고려영탑사高麗靈塔寺, 황룡사장육皇龍寺丈六, 황룡사구층탑皇龍寺九層塔, 황룡사종皇龍寺鍾, 분황사약사芬皇寺藥師, 봉덕사종奉德寺鍾, 영묘사장육靈妙寺丈六 등의 유적과 유물이 『삼국사기』에 비해 풍부하게 나타난다. 이 차이는 두 사서의 편찬 관점과 관계된다.

『삼국사기』는 유교적 사관에 입각하여 왕실 주도로 편찬된 관찬 사서이다. 유교적 사상이 배경이 되었기 때문에 보물과 같은 물질문화에는 거리를 두려는 인식이 있었다. 신라 경명왕景明王대 신라新羅 삼보三寶(장육존상丈六尊像, 구층탑九層塔, 성대聖帶) 기사의 뒤쪽에서 이를 논한 언급이 있다.

> "論曰. 古者坐明堂, 執傳國璽, 列九鼎, 其若帝王之盛事者也. 而韓公論之曰, 歸天人之心, 興大平之基, 決非三器之所能也. 竪三器而爲重者, 其誇者之詞耶. 況此新羅所謂三寶, 亦出於人爲之侈而已, 爲國家何須此耶. 孟子曰, 諸侯之寶三, 土地·人民·政事. 楚書曰, 楚國無以爲寶, 惟善以爲寶. 若此者行之於內, 足以善一國, 推之於外, 足以澤四海, 又何外物之足云哉. 太祖聞羅人之說而問之耳,

59) 黃晶淵, 2007, 「朝鮮時代 書畵收藏 硏究」, 韓國學中央硏究院 韓國學大學院 美術史學專攻 博士學位論文, 11~19쪽.

非以爲可尙者也."[60](밑줄: 필자)

위 내용은 '하늘과 사람의 마음을 얻고 태평의 기초를 만드는 것은 세 기물이 할 수 없고, ... 신라의 삼보도 인위적 사치에서 나온 것이다. ... 맹자는 제후의 삼보가 토지土地·인민人民·정사政事라고 하였고, 초서楚書에는 나라에는 보물 寶物이 없고 오직 선善만이 보물이라고 하였다. ...'는 언급을 하고 있다. 『삼국사기』 편찬자가 보물에 대한 부정적 인식 혹은 물질문화에 대해 거리를 두려는 인식을 하고 있음을 보여주는 사례이다.

반면 『삼국유사』는 사료를 폭넓게 수집하고 인용하여 한국의 역사를 적극적으로 해석하려 하였고, 불교를 중시하는 시각도 있었다. 이러한 시각이 배경이 되어 탑상편에 여러 유적과 유물을 싣게 되었다. 사관의 인식이 사서 편찬에서 문화재를 활용하는 수준에 차이를 만든 것이다.

## 3) 조선

### (1) 왕실

조선은 유교적 충효사상에 기반 한 왕조로서 왕실을 중심으로 한 문화재 인식이 이전 시기에 비해 강하게 나타나고 있다. 또한 조선은 왕실을 중심으로 많은 기록물을 남겼는데, 이 기록물을 통해 조선 왕실에서 문화재가 어떻게 인식되고 있었는가를 알 수 있다. 왕실에서 편찬한 기록물의 종류로는 국가 운영의 기본 틀을 보여주는 각종 법전法典과 왕의 행적을 기록한 실록實錄, 통치 지역의 지리적 상황을 파악할 수 있는 각종 지리지地理誌 등이 있다. 이러한 기록물들에서 왕릉王陵이나 고분古墳, 고적古蹟 등 문화재에 관한 조선의 인식을 살펴볼 수 있다. 이에 관한 왕실편찬 기록물들을 종류별로 보면 다음과 같다.

---

60) 『三國史記』, 新羅本紀 第十二, 景明王, 論.

① 『경국대전經國大典』

조선은 법령으로 운영되는 법치국가였고, 이 법령은 『경국대전經國大典』으로 대표되는 별도 법전의 편찬과 반포를 통해 조선 사회에 영향을 미쳤다. 그 내용에는 예치주의, 차별과 질서, 가족주의, 사대事大, 문민우위의 원칙과 같은 유교적 통치이념이 반영되어 있다.[61] 조선의 대표적 법전인 『경국대전』에 나타나는 문화재 인식은 다음과 같다.

우선 『경국대전』에서 현재의 '문화재'나 일제강점기에 문화재를 지칭하는 용어였던 '고적古蹟'과 같은 단어와 용례는 등장하지 않는다. 그러나 현재 문화재로 인식되고 있는 '왕릉', '조선왕실기록물', '절터', '고분'과 같은 대상물들을 그 인식의 대상으로 고려할 수 있고, 이 용어들이 『경국대전』에서 어떻게 인식되고 다루어지고 있는지 살펴보겠다.

> "寢廟 · 山陵 · 壇 · 墓, 每歲本曹, 同提調奉審啓聞.
> 諸山陵主山來脈薄石造排處, 或年久 · 雨水損毁成坎者, 觀察使竝審以啓.
> 每年正朝祭獻官, 奉審諸陵上雜木 · 雜草有無以啓.
> 每年寒食, 拔去諸陵上蓬艾 · 荊棘等雜木雜草.
> 宗廟玉 · 竹冊及誥命, 本署提調, 每年一度奉審.
> 歷代始祖及高麗太祖以下四位. 陵寢, 所在守令, 每年省視, 且禁田柴.
> 先王實錄, 每三年, 春秋館堂上官開審曝曬."[62]

위 내용은 조선 왕실에서 왕실의 능묘와 종묘의 관리에 관한 사항을 규정한 부분이다. 능 자체의 관리뿐만 아니라, 능 주변의 관리와 한식寒食과 같은 절기상 관리, 종묘의 옥책玉冊 · 죽책竹冊 · 고명誥命 등 봉안물에 관한 관리, 역대 시조 및 고려 태조 이하 네 왕의 능침 관리, 선왕의 실록 관리 등 조선 왕실의 역사

---

61) 신복룡, 2010, 「『經國大典』을 통해서 본 조선왕조의 통치이념」 『일감법학』 17, 건국대학교 법학연구소.

62) 『經國大典』, 禮典, 奉審.

적 정통성을 증명하는 상징물들에 대한 관리를 세세하게 규정하고 있다.

"墳墓, 定限禁耕牧"[63]

분묘는 한계를 정해 경작과 목축을 금지한다는 내용이다. 구체적으로 당시 사회의 계급별로도 그 한계를 규정하고 있는데, 종친 1품은 사방 100보, 2품은 90보, 문관과 무관은 종친에서 10보씩 감[64]하는 등 분묘의 한계에서도 조선이 왕실과 관리 중심의 계급사회였음을 알 수 있다.

"凡寺社, 勿新創, 唯重修古基者, 告兩宗, 報本曹, 啓聞"[65](밑줄: 필자)

사사寺社는 새로 창건할 수 없으며, 다만 옛 터에 새로 짓는 것은 선禪 · 교敎 양종兩宗에 신고하고 본조本曹에 보고한 후 왕에게 아뢰는 절차를 거쳐 허락한다는 내용이다. 사찰의 창건은 상당히 제한적이라는 점과, 사찰의 중수 대상지로 옛 터는 인정한다는 점에서 조선의 불교와 그 유적에 대한 인식을 알 수 있다. 조선은 불교를 배척하고 유교를 통치이념으로 채택한 유교국가였기 때문에 숭유억불 정책을 폈고, 이러한 상황이 법전에서도 드러나고 있다.

"葬用古塚者, 依發塚律論 許發塚者及葬師同"[66]

옛 무덤을 장지로 사용하는 자는 발총률發塚律에 의거해서 논죄하고, 이를 허용한 자 및 장지를 정한 장사葬師도 같이 논죄한다는 내용이다. 옛 무덤에 대한

---

63) 『經國大典』, 禮典, 喪葬.
64) 『大典通編』, 禮典, 喪葬, 墳墓定限.
65) 『經國大典』, 禮典, 寺社.
66) 『經國大典』, 刑典, 禁制.

조선 사회의 인식, 즉 보호 의식을 알 수 있는 대목이다.

『경국대전』은 조선 왕실관련 능묘들(침묘寢廟·산릉山陵·단묘壇墓)에 대해 별도의 보호 및 관리를 규정하고 있고, 조선의 능묘뿐만 아니라 고려 이전의 능묘들(역대시조歷代始祖 및 고려태조이하사위高麗太祖以下四位)에 대해서도 별도의 보호 및 관리를 규정하고 있다. 왕의 무덤이 조선이나 고려라는 서로 다른 왕조를 막론하고 국가 차원에서 중요하게 다루어지고 있음을 알 수 있다.

조선의 왕릉들은 조선 사회에서 과거의 유산으로 머물러 있기보다는 현실사회를 구성하고 지탱하는 하나의 중요한 요소였다. 조선의 왕릉과 그 주인공은 지나간 시간의 유산들이지만, 제사라는 의식을 통해 조선 사회의 살아있는 권력과 직결되고 있었다. 그러나 그 이전 왕조의 왕릉과 같은 유산들은 조선왕조 입장에서 필수적 보호대상은 아니었고 당시 권력과 직결되지도 않았다. 고려 이전의 왕릉은 단지 과거의 유산일 뿐이었다. 조선은 그 이전 왕조로부터 많은 유산을 받았다. 그 안에는 수많은 사찰과 경전도 있었다. 그럼에도 불구하고 과거 왕조의 유산 중 특별히 왕릉을 택하여 제도적 보호의 틀에 포함시킨 것은 머리말에서 언급한 문화재 선정의 문화 이데올로기적 특성을 반영하는 것이라고 볼 수 있다. 충효忠孝라는 유교적 문화이데올로기가 선대 왕조 왕릉의 보호를 통해 조선사회에서 구현된 것이다.

또한 왕실의 중요 기록물인 실록實錄은 열람閱覽용 도서라기보다는 보존保存용 유물遺物임을 3년마다 포쇄曝曬한다는 부분에서 알 수 있다. 실록이 책의 본래 기능인 읽히기 위한 것이 아니라 영구히 보존되어야 하는 유물로서 관리되어야 하는 것에 더 무게를 두었다는 점에 주목할 필요가 있으며, 이는 문화재의 인식이라는 면에서 참고할 만하다. 실제로 조선은 실록을 영구히 보존관리하기 위해 각 지방에 사고史庫를 따로 두고 그 목록인 형지안形止案을 작성하여 보존 관리 했다.[67] 유물을 수장고에 따로 두고 별도의 목록을 작성하여 관리한다는

---

67) 金貞美, 2015, 「朝鮮時代 形止案 硏究」, 韓國學中央硏究院 韓國學大學院 古文獻 管理學專攻 博士學位論文.

면에서 조선의 실록 관리는 현재의 동산문화재 관리체계와 유사하다.

　유적으로서 사찰의 옛 터에 대한 인식 또는 인정을 의미하는 규정에서는 삼국시대 이래로 전해 내려오던 전통적 불교문화의 인정과 함께 조선의 숭유억불 정책을 읽을 수 있다. 불교 관련 유적에 대해서는 숭유억불 정책상 불교 관련 옛 터의 상징성을 인정하는 수준에서 인식되고 제도화되었음이 앞 조문에서 드러나고 있다. 유교적 통치라는 국가의 이데올로기가 유적의 인식과 선별에 차별적으로 적용되고 있음을 알 수 있다.

　앞의 사례들은 조선에서 왕릉이나 왕실기록물과 같은 왕실 상징물들을 보호 관리하는 것들과 무덤이나 절터 등 유적으로 볼 수 있는 것들에 대한 보호를 규정하는 법령의 내용들이다. 이런 보호 대상들은 조선에서 '과거로부터 이어온 것을 자신의 문화적 가치를 반영하여 중요하게 보호하는 대상', 즉 본질적 정의의 문화재에 포함하여 인식할 수 있다. '문화재'나 '고적'과 같이 별도의 집합단수 대명사로 지칭하지는 않았으나, 조선 사회에서 문화적으로 오래되고 가치있어 따로 보호하는 대상들은 존재하고 있었음이 확인된다.

　『경국대전』의 인식 사례를 보면, 국가 차원에서 문화재를 현재와 같이 별도의 개념으로 집합단수 대명사화하여 인식하지는 않았으나, 내용적으로는 '충효忠孝'와 같은 국가의 통치 이데올로기를 반영하는 옛 것에 대한 선별과 보호 조치가 있었음은 확인이 가능하다.[68]

　조선의 법전에 나타난 문화재 관련 조항들을 현재의 문화재 제도라는 관점에서 본다면 왕릉과 같은 대상물의 보호를 문화재 인식에 따른 보호였다고 직결하여 보기는 어렵다고 볼 수도 있다. 그러나 옛것에 대한 선별적 인식과 보호 제도라는 문화재의 본질적 특성을 고려하고, 현재의 문화재와 같은 별도의 대

---

68) 왕실을 중심으로 운영되는 왕조국가의 문화적 이데올로기를 강화하기 위한 상징물들, 예를 들면 왕릉이나 왕실 기록물 등과 같은 대상들에 대해서는 다른 건축물이나 기록물들보다 더 특별한 보호조치가 있었음이 『經國大典』의 다른 조항들에서 확인된다.

명사적 개념이 적용되지 않았다는 점을 제외하면, 머리말에서 정리한 문화재 일반적 정의의 대부분 요소를 충족하고 있으며, 본질적 정의를 모두 충족하고 있다고 볼 수 있다. 왕조의 정통성을 실현하기 위해 옛 것을 선별하고 제도적으로 보호한 조선 법전의 사례는 문화재 인식과 관리의 전근대적 사례 또는 본질적 정의에 수렴되는 사례로 볼 수 있다.

### ②『조선왕조실록朝鮮王朝實錄』

조선은 왕실을 중심으로 운영되던 국가였고, 조선의 왕실은 왕실이 행했던 일들에 대해『조선왕조실록』,『승정원일기承政院日記』 등으로 대표되는 아주 상세한 기록물들을 남겼다. 이 왕실 기록물들에서 당대의 인식에 대한 단서들을 찾아낼 수 있는데, 여기에서는 문화재와 연관되어 가장 근접하다고 판단한 '고적古蹟'에 대한 인식 사례들을『조선왕조실록』을 중심으로 살펴보겠다.『조선왕조실록』에는 고적 관련 기사가 20여 건 나오는데, 그중 참고할 만한 것은 다음과 같다.

> "吏曹判書許稠啓. 前大提學李行, 今承召來京, 懲其壻金訓之事, 乞骸居江陰者有日. 今其孫李孜爲讓寧大君之壻, 恐有後患, 復欲退歸江陰. 欲問古跡, 無如此老, 請留京城. 上曰. 其留之."[69](밑줄: 필자)

위 기사는 세종世宗 14년(1432)에 이조 판서 허조許稠가 전 대제학 이행李行을 서울에 머물러 두게 할 것을 아뢰는 내용이다. 이 기사에서 허조는 이행의 처지를 설명하면서 고적古跡을 묻기에 이행만 한 사람이 없으니 서울에 머물러 두기를 간청하고 있다. 여기에서 고적은 이행이 알고 있는 옛 일을 의미한다. 고적이 지금과 같은 '옛 터'가 아니라 '옛 일'의 의미로 쓰였음을 알 수 있다.

---

69)『世宗實錄』57권, 世宗 14년 8월 26일, 壬子.

"黃海道觀察使李芮馳啓曰. 臣因前下諭, 訪問文化縣古老人前司直崔池,前殿直
崔得江, 得三聖堂事跡, 條錄以聞.... 一, 關西勝覽載文化縣古跡云. '九月山下聖
堂里, 有小甑山, 有桓因, 檀雄, 檀君 三聖祠. 九月山頂有四王寺, 古之星宿醮禮
處. ... 禮曹據此啓. 百姓皆謂. 三聖堂移設于平壤府, 不致祭, 其後惡病乃興. 是
雖怪誕, 無稽之說, 然古記. 檀君入阿斯達山, 化爲神. 卽今本道文化縣 九月山
其廟存焉, 且前此降香致祭. 請從民願, 依平壤 檀君廟例, 每年春秋降香祝行祭.
從之."[70](밑줄: 필자)

위 기사는 성종成宗 3년(1472)에 황해도黃海道 관찰사觀察使 이예李芮가 조정에
삼성당三聖堂의 사적事跡을 기록하여 올리는 내용 중 일부이다. 이예가 삼성당의
사적을 얻어 그 내용을 설명하는데, 『관서승람關西勝覽』에 단군檀君의 유적이 문
화현文化縣 고적古跡으로 기재되어 있다는 점을 설명하고 있다. 또한 이예가 단
군의 유적에 제를 올리지 않아 문제가 있으니 단군묘에 제사를 지내게 해달라
는 건의 내용과 조정에서 이 건의를 따랐다는 내용도 있다.

이 기사에서 확인되는 것은 황해도에서 단군의 유적을 중요하게 여기고 있다
는 점과 중요하다고 여긴 유적을 '고적'으로 지칭하였다는 점, 그리고 이 고적의
가치를 왕실에서 인정하여 제사를 지내게 했다는 점이다.

적어도 15세기 중엽에는 조선에서 고적이 지금과 같은 옛 유적으로 인식되었
고, 이 고적의 중요성을 국가에서 받아들였다는 점은 문화재 인식의 역사에서
의미를 가진다.

"下生員金澤等疏于禮曹, 仍傳. 扁額,書籍等事, 一依臨皐書院例. 其疏略曰.
崔冲, 奮自西服, 慨然以誘掖後進, 爲己任. 麗史稱海東孔子, 而東方學校之設,
由冲始.
謚曰文憲, 則可爲後學之模範者, 而荒祠蕪沒於首陽之麓, 尚無後進依歸景仰之
所, 則吾東人之不好古也甚矣.

---

70) 『成宗實錄』15권, 成宗 3년 2월 6일, 癸酉.

歲在己酉秋, 監司臣周世鵬, 受命來宣, 簿書之暇, <u>咨訪古蹟</u>, 得其祠於榛莽中, 披草萊而禮拜, 歎其阨陋 ..."71)(밑줄: 필자)

위 기사는 명종明宗 10년(1555)에 임금이 수양서원에 편액과 서적을 임고서원臨皋書院의 예대로 내리라고 전교하는 내용 중 일부이다. 임금의 전교 계기가 된 생원生員 김택金澤 등의 상소 중에 주세붕周世鵬이 여가에 고적古蹟을 자방咨訪(탐방)하다가 최충崔冲의 사당을 발견하고 그 누추함에 한탄하였다는 내용이 있다.

이 기사에서 확인되는 것은 우선 고적의 탐방이 당시 양반층의 여가문화로 여겨질 만큼 일반적이었다는 점이다. 그리고 고적 탐방 중 발견한 사당이 쇠락하여 문제 제기를 하고 있는데, 이 부분에서는 사당이 옛 유적의 의미를 가지는 고적으로 등치되는 인식이 나타나고 있다.

16세기 중엽 조선에서 고적의 인식과 여가문화로의 활용이 있었다는 점, 그리고 당시 사회에서 문화적으로 의미가 있다고 판단 한 고적은 현재와 유사한 복원정비가 왕실 차원에서 이루어졌다는 점 등이 주목되는데, 이 체계는 현재의 문화재 인식 → 정비 → 활용 체계와 유사하다.

"講書院啓稟. 王世孫小學之講已畢, 以大學繼之, <u>而取史略冊子, 量其行數, 討論古蹟</u>. 上曰. 大學除釋除註, 不務多, 休日臨講前, 或讀小學."72)(밑줄: 필자)

위 기사는 영조英祖 36년(1760)에 강서원講書院에서 왕세손이 『소학小學』을 마쳤기에 『대학大學』을 시작하겠다고 올리는 내용이다. 이 기사에서는 고적의 또 다른 의미가 나타난다. 기사 내용 중에 강서원에서 '『사략史略』 책자도 가져가서 그 줄 수를 세서 고적古蹟을 토론하겠습니다'라는 내용이 있다. 여기에서 고적은 옛 일을 의미한다.

---

71) 『明宗實錄』 18권, 명종 10년 2월 25일, 庚寅.
72) 『英祖實錄』 95권, 영조 36년 6월 21일, 癸巳.

이 기사의 작성 시기인 18세기 중엽은 조선에서 지리지地理誌 발행이 많이 있었고, 그 안에 고적조도 따로 편성될 만큼 고적에 대한 인식이 일반화 되어가는 때였다. 특히 영조는 지리지 편찬에 적극적이었다. 영조 33년(1757)에는 각 도에 읍지를 만들어 올리라 명했고, 이를 수합하여 영조 41년(1765)에는 전국 종합 지리지인 『여지도서興地圖書』를 편찬하였다. 물론 그 안에는 '고적'도 하나의 항목으로 포함되어 있다. 이렇듯 이 기사가 작성되던 영조 36년(1760)은 고적에 대해 일반화된 개념을 가지고 있을 환경이 충분한 때였다. 하지만 이 기사에서 알 수 있듯이 고적은 단순히 옛 터가 아닌 옛 일도 의미하는 단어로 더 확장적으로 도 쓰였음을 알 수 있다.

> "詣養志堂奉安. 以璿源殿有修理之役, 將移定是堂也. 召見右議政徐命善, 戶曹判書具允鈺. 上曰. 明日, 即移安擇日, 故今日爲修掃來此, 而有古蹟之可示者, 故召卿等矣. 此有三櫃子奉安者, 二櫃, 則皇朝列朝御筆, 御製及賜與之物. 一櫃, 即我朝列聖御筆及遺蹟. 卿等進前奉覽也. 仍命內侍, 奉三櫃子, 令諸臣就見櫃中. 出一寶匣, 即皇明所賜玉寶. 又出一帕, 即皇明所賜蟒龍衣. 其餘三四帕, 即御製, 御筆也. 上曰. 王寶及蟒衣, 即傳來寶藏之物也. 年久而蟒衣猶不色渝, 誠異哉."73)(밑줄: 필자)

위 기사는 정조 2년(1778)에 정조가 서명선 등에게 황조 열조와 조정 열성의 어필 유적 등을 관람시키는 내용을 담고 있다. 여기에서는 다음과 같은 정조의 언급이 주목할 만하다.

> "내일은 곧 옮겨 봉안하기로 택일을 한 날이어서 오늘 청소하기 위해 여기 왔는데, 경들에게 보여 줄 고적(古蹟)이 있어서 불렀다. 여기에 봉안되어 있는 세 개의 상자가 있는데, 두 상자의 것은 황조열조(皇朝列朝)의 어필과 어제 및 전해주신 물건이고, 한 상자의 것은 곧 우리 조정 대대 여러 임금들의 어필과 유적(遺

---

73) 『正祖實錄』 5권, 정조 2년, 2월 8일, 己亥.

蹟)이니, 경들은 앞으로 다가와 받들어 보거라."

정조는 내시에게 명하여 세 개의 상자를 가져와 신하들에게 보였는데, 그 안에 보갑寶匣, 옥보玉寶, 망룡의蟒龍衣, 어제御製, 어필御筆 등이 있었다. 정조는 옥보와 망룡의를 보물로 간직하고 있는 물건이라고 하였다.

위의 기사가 보여주는 사실은 조선 왕실에서 선왕들의 유물을 별도의 보관 상자에 따로 소중히 보관하였다는 점과 이것을 보물寶物로 인식하였고, 이들을 통틀어 고적古蹟이라고 지칭하였다는 점이다. 여기에서 고적은 현재의 유물, 즉 동산문화재와 같은 의미로 쓰였다. 문화재의 하위분류, 이를 포괄하는 집합단수대명사의 적용 사례 등 고적 의미의 다양한 사례가 여기에서도 확인된다.

> "教曰. 今番幸行時, 路由西洞口, 始覺之, 紅箭門咫尺未滿十步處下馬者, 卽各陵未有之例也. … 則今見嶺頂高峰, 有民塚, 嶺底亦有浮石之痕, 主峰外山火田犯耕, 輦路見將有煨柴作薈之跡. 此皆地方官不能嚴加禁斷之致, 嶺上禁葬, 嶺底浮石, 各別嚴禁, 火田一體禁斷. 此後道伯巡行, 必審視其犯禁與否, 毋或如前踈忽. 本陵造泡寺, 事面異於各陵, 年久弊積, 收拾爲難云. <u>古蹟與古事, 果何如, 則豈或任其頹圮</u>. 申飭道臣, 從速修葺, 僧弊亦爲釐正."[74](밑줄: 필자)

위 기사는 정조 16년(1792)에 정조가 광릉 주변에서 지켜야 할 예의를 전교하는 내용이다. 이 기사에서 정조는 왕실의 무덤이 법령으로 엄히 관리되는 대상인데, 백성들이 화전火田을 일구고 돌을 캐내는 등 관리가 제대로 되지 않아 이런 일들을 엄히 금하게 하라는 지시를 하고 있다. 또한 정조는 고적古蹟과 고사古事는 매우 중요한데 무너지도록 방치하여 이를 질책하였고 신하들에게 수리하게 하는 지시도 하고 있다.

이 기사에서 고적은 현재 일반적으로 알고 있는 유적의 의미이며, 특히 왕릉

---

74) 『正祖實錄』 35권, 정조 16년 9월 11일, 丁未.

을 뜻하였다. 뒤에서 더 언급하겠지만, 왕릉은 조선 왕실에서 법으로 엄히 관리하는 대상이었다. 고적으로 표현되는 왕릉은 조선왕실에서 중요한 관리대상이었으며, 훼손을 금하고 변형 시 수리를 하게하는 과정을 거쳤다. 왕릉을 고적으로 부른 점과 '보호-관리-수리' 체계는 문화재 인식과 관리 면에서 좋은 비교사례가 된다.

> "知中樞府事洪良浩上箚, 進 興王肇乘 四編曰.
> 洪惟我東方有國, 粤自邃古, 檀君首出, 箕子東來. 自玆以降, 分爲三韓, 散爲九夷, 及至羅, 麗, 始得混一, 而其敎則儒釋相半, 其俗則華戎交雜. ... 惟此盛蹟, 或見於稗官野乘, 而未有刊行之信書, 只憑口耳之相傳, 臣竊恨之. 迺於曩歲, 待罪北塞, 遍覽山川, 興王古蹟, 無不目寓而身履, 如到豐沛之鄕, 親聞大風之謠, 緬焉興感, 顧無以鋪張揚厲也.
> ... 旣以裒成三編, 然後附以北方古蹟之昭著流傳者, 各載列朝記述發揮之辭, 下及詞臣揄揚贊頌之語. 摠爲四編, 名之曰 興王肇乘. ..."[75](밑줄: 필자)

위 기사는 정조 23년(1799)에 지중추부사知中樞府事 홍양호洪良浩가 왕에게 『흥왕조승興王肇乘』 4편을 올리는 내용이다. 홍양호가 『흥왕조승』을 올리면서 하는 말 중 단군 이래 삼한三韓-신라新羅-고려高麗의 역사를 언급하면서 북방 변경에서 왕업을 일으킨 고적을 답사하였다는 내용과 전해들은 북쪽지방의 고적을 덧붙여 열조의 공적을 기술하였다는 내용이 주목할 만하다.

홍양호는 조선의 관리로서 조선 역사의 기원이 되는 지역에 대한 답사를 하였고, 그 유적들을 고적으로 지칭하였다. 조선의 관리에게 조선왕조에 중요한 옛 유적이 고적으로 인식되고 있음을 보여주는 사례이다.

> "詣德興大院君祠宇, 行酌獻禮, 召見判敦寧李彦植, 水原判官李爔. 上曰. 列聖朝, 皆爲展拜, 而酌獻, 則自先朝始行, 予又繼述而行禮, 尤切愴慕之心矣. 內外

---

子孫參班者, 幾人耶. 承旨宋知濂曰. 儒生擧案, 爲七十六矣. 上曰. 此處有何古蹟耶 彦植曰. 內庭石柱, 卽宣廟讀書書齋, 前柱後階上黃楊木, 是大院君手植, 叢竹, 是宣廟手植矣. 上曰. 誠稀貴之事也. ...”76)(밑줄: 필자)

위 기사는 순조 7년(1807)에 왕이 덕흥대원군德興大院君의 사당에 작헌례酌獻禮하고 이언식李彦植과 이희李爔를 만나는 내용이다.

내용 중 주목할 것은 왕이 '이곳에 어떤 고적古蹟이 있는가'라고 물었고, 이에 대해 신하들은 '내정內庭의 돌기둥은 곧 선묘宣廟께서 독서하시던 서재書齋이고, 앞 기둥 뒤의 계단에 있는 황장목黃楊木은 대원군께옵서 손수 심으신 것이며, 총죽叢竹은 선묘께서 손수 심으신 것입니다'라고 한 부분이다.

위 기사에서 알 수 있는 것은 우선 왕이 고적에 대해 이미 일반적 인식을 하고 있었다는 점이다. 왕은 '이곳에 어떤 고적이 있는가'라고 물었다. 일반적인 고적 인식의 바탕 위에 이 지역의 고적을 따로 묻는 것이기 때문에 당시 왕에게는 고적에 대한 인식이 이미 형성되어 있었다고 볼 수 있다.

다음으로 알 수 있는 것은 고적의 내용에 관한 부분이다. 왕의 질문에 대해 신하들은 돌기둥만 남은 유적과 수목을 고적이라며 답하고 있다. 왕실 차원에서 특별한 의미가 있는 옛 터와 수목들이 고적이라는 단어의 내용으로 설명되고 있는 것이다. 조선 후기에도 고적이 옛 유적을 지칭하는 의미로 계속 쓰이고 있었음을 알 수 있다.

### ③『지리지地理誌』

#### 가. 지리지地理誌와 고적古蹟

조선을 비롯한 동아시아에서 지리지地理誌는 단순한 지리 문물의 소개를 넘어 당시 지배세력의 세계관을 나타내는 중요 자료로 기능하였다. 그렇기 때문에 지리지는 왕실과 같은 지배세력의 정점에서 편찬과 배포가 주도되었다. 조선

---

76)『純祖實錄』10권, 순조 7년 10월 22일, 庚寅.

의 경우도 마찬가지였다. 조선 왕실에서 발간하고 배포한 지리지를 통해 당시 조선의 자연환경, 인문환경, 특산물, 역사유적 등 다양한 지역에 관한 사항 등과 함께 당대 사람들이 인지했던 문화재에 대한 인식의 단면 또한 엿볼 수 있다.

조선 지리지 편찬문화의 기원이 되는 중국에서는 고대로부터 각종 사서의 편찬문화와 함께 지리지도 그 중요 구성 항목으로 변화 발전하였고,[77] 이러한 지리지 편찬문화는 조선에도 영향을 미쳐 그 기본적인 서술체계가 중국의 예를 따르게 되었다.

『한서漢書』 지리지地理誌 이후로 중국 역대 각종 사서의 지리지에는 명승名勝과 고적古蹟 항목이 설정되어 있다. 이 구성의 틀은 『한서』 지리지 이후로 『속한서續漢書』 군국지郡國志, 『송사宋史』 지리지地理誌, 『명사明史』 지리지地理誌 등 역대 정사正史의 각종 지리지에 계승되었고, '고적古蹟'은 지리지의 여러 항목 중 하나의 주요 항목으로 자리 잡게 된다.[78]

조선의 경우에도 크게 다르지 않았다. 1454년 편찬된 『세종실록世宗實錄』 지리지地理誌는 전국을 도道 · 부府 · 목牧별로 구분하여 각 도 · 부 · 목에 관한 지리적 사항을 수록하였다. '고적古蹟'이라는 항목 분류를 별도로 두진 않았으나, 개별 부목의 서술 내용에 고적에 관련된 사항을 수록하여 옛 유적에 주목하였다.[79] 그런데 1530년 조선왕실 주도로 편찬된 『신증동국여지승람新增東國輿地勝覽』에는 각 군현지에 '고적古蹟' 항목을 처음으로 설정하여 각 지방에 소재한 고적에 관한 내용들을 기술하였다. 이는 명明의 대표적인 통지인 『대명일통지大明

---

77) 조영래, 2012, 「중국역사지리 문헌의 목록학적 분류와 그 기원의 연구 -正史의 「地理誌」와 「四庫全書總目提要」「史部」의 地理類를 중심으로-」 『書誌學研究』 52, 한국서지학회.

78) 조영래, 2012, 「중국역사지리 문헌의 목록학적 분류와 그 기원의 연구 -正史의 「地理誌」와 「四庫全書總目提要」「史部」의 地理類를 중심으로-」 『書誌學研究』 52, 한국서지학회, 164~167쪽.

79) 경주부의 경우 그 내용에 '신라 시조 혁거세왕 능', '대대각간 김유신 묘', '첨성대'와 같은 유적들을 수록하였다.

一統志』를 참고한 것인데, 이『대명일통지大明一統志』의 예에 따라 '고적古蹟' 편목이 신설되었다.[80]

『신증동국여지승람』은『세종실록』지리지에 비해 세조世祖의 정치적 목적이 강하게 반영되었고,[81] 그 중에서도 문화적 내용을 크게 강조하였다. 예속禮俗 부분을 보면, 다른 지리지에서는 항목이 8개였던 것이『신증동국여지승람』은 18개로 자세하게 수록되었다.[82]

여기에서는 앞서 언급했듯 '고적古蹟' 항목이 신설된 것이 특징적인데, 고적에 관한 내용은 이전의『세종실록』지리지에 이미 실려 있었으나, 이『신증동국여지승람』에서 별도의 항목으로 편성하여 보다 상세히 수록하였다는 점이 주목할 만하다. 다시 말하면 조선 전기에 고적古蹟은 유적遺蹟으로서 이미 인식하여 지리지에 기술되기는 하였으나 별도의 항목으로 까지는 편성되지 않은 반면, 『신증동국여지승람』에 이르러서는『대명일통지』의 예에 따라 별도의 항목으로 편성하여 그 중요성을 강조했다는 점이 중요하다. 이『신증동국여지승람』의 체제와 내용이 조선 후기의 지리지에도 중요한 기준이 되었으므로, 이 시기부터 개항 이후까지 조선 사회의 '고적古蹟'에 대한 인식도 이 수준에서 크게 벗어나지 않았다.

『신증동국여지승람』에서는 이전 시기의『세종실록』지리지에 비해 그 항목과 내용이 상당히 풍부해졌다. 이는 명明 지리지의 영향과 조선의 통치지역을 상세히 파악하고자 한 조선왕조의 의지가 반영된 결과로 보인다. 앞서 설명했듯,『대명일통지』의 영향을 받은『신증동국여지승람』에서는 고적 항목이 별도의 항목으로 편성되어 수록되었다. 그러나 조선 사회에서『신증동국여지승람』발간 이전에 '고적古蹟'에 대해 전혀 주목하지 못하였던 것은 아니다. 다음의 기록들에서도 확인된다.

---

80) 이태진, 1979,「『東國輿地勝覽』편찬의 歷史的 性格」『진단학보』46·47, 255쪽.
81) 서인원, 1999,「동국여지승람의 편찬 체제와 역사적 성격」『실학사상연구』12.
82) 서인원, 1999,「동국여지승람의 편찬 체제와 역사적 성격」『실학사상연구』12, 240쪽.

『朝鮮王朝實錄』
"黃海道觀察使李芮馳啓曰. ... 一, 關西勝覽載文化縣古跡云. 九月山下聖堂里, 有小甑山, 有桓因, 檀雄, 檀君 三聖祠 九月山頂有四王寺, 古之星宿醮禮處."[83] (밑줄: 필자)

『東文選』
"公幼好讀書. 宏達博雅. 志大多奇策. 載笈尋名山古蹟. 無所不到."[84](밑줄: 필자)

『漂海錄』
"三賢祠在蘇公隄第三橋下. 乃白文公, 林和靖, 蘇文忠公祠. 已上古蹟. 皆顧壁所與臣說話."[85](밑줄: 필자)


첫 번째 『조선왕조실록朝鮮王朝實錄』 기사는 성종 3년(1472)에 황해도 관찰사 이예李芮가 삼성당의 사적事跡을 기록하여 올리는 내용인데, 단군의 삼성당이 건립되어간 과정이 『관서승람關西勝覽』에 구월산九月山, 성당리聖堂里, 소증산小甑山 등 지명을 비정하며 문화현文化縣 고적古跡으로 기재되고 있음을 설명하고 있다. 15세기에 단군의 유적을 고적으로 인지하고 있다는 점에서 의미가 있다.

다음 『동문선東文選』 기사는 공公이 어려서부터 글 읽기를 좋아하며 뜻이 크고 기이하며, 명산고적名山古蹟을 찾아다녔다는 내용이다. 여기에서 고적은 명산과 함께 선비가 다녀도 좋은 여행 대상지로 서술되고 있으며, 이러한 고적 답사는 책 읽기와 같은 덕목으로 인식되고 있다. 고적이 15세기 조선 사회에서 하나의 문화 향유 대상으로 인식되고 있다는 점은 현재 문화재 향유와 유사하다.

마지막 『표해록漂海錄』 기사는 삼현사三賢祠의 유래와 위치를 설명하며 이 삼현사를 고적으로 인식하고 기록하고 있는 내용이다. 이 역시 15세기 당시 고적

---

83) 『朝鮮王朝實錄』, 成宗 三年, 二月六日, 癸酉.

84) 『東文選』 卷之一百二十一, 碑銘.

85) 『漂海錄』, 錦南先生漂海錄卷之二, 戊申二月.

이 옛 유적으로 인식되고 있었음을 보여주는 사례이다.

앞의 고적에 대한 존재와 그 기능에 대한 기술에도 불구하고, 고적에 대한 관심의 본격적 수입과 확산은 『신증동국여지승람新增東國輿地勝覽』이 편찬 보급된 후인 16세기 중기 이후에 크게 진행되었다. 『조선왕조실록』 등 왕실기록물에서는 고적古蹟의 사용례가 적게 나타나며, 고전 번역서나 원문에서도 16세기 초까지의 기록은 거의 보이지 않는다. 『조선왕조실록』을 기준으로, 유사한 개념을 가지고 있는 유적遺蹟의 사용례를 비교해보면 이러한 상황이 좀 더 잘 드러난다.

고적古蹟은 『조선왕조실록』에서 16회 검색되는데,[86] 이 중 2회가 『신증동국여지승람』 발간 이전에 사용되었다. 다음으로 유적遺蹟은 『조선왕조실록』에서 15회 검색되는데, 이 중 5회가 『신증동국여지승람』 발간 이전에 사용되었다. 『신증동국여지승람』 발간연도인 1530년을 기준으로 그 전시기의 사용 비율은 보면 고적은 12.5%, 유적은 세 배에 가까운 33.3%이다.

『신증동국여지승람新增東國輿地勝覽』이 발간된 1530년 이전에는 고적이 유적보다 적게 쓰였음이 앞의 사례에서 확인된다. 1530년 이전의 고적 내용도 고적에 관한 일반적인 내용인 역사적 자취가 아닌 경우도 있다. 다음의 사례에서 확인된다.

> "吏曹判書許稠啓. 前大提學李行, 今承召來京, 懲其瑁金訓之事, 乞骸居江陰者有日. 今其孫李孜爲讓寧大君之壻, 恐有後患, 復欲退歸江陰. 欲問古跡, 無如此老, 請留京城. 上曰. 其留之." [87](밑줄: 필자)

세종 14년(1432) 8월 26일에 이조판서 허조許稠가 전 대제학 이행李行을 서울에 머물게 청하면서 옛 일(古跡)을 묻는 것에 대해 언급하고 있다.

앞의 사례는 고적이 '옛 일'을 가리키고 있음을 알 수 있다. 일제강점기 이후

---

86) 한국사데이터베이스(http://db.history.go.kr).
87) 『世宗實錄』 世宗 14년 8월 26일, 壬子.

고적은 '옛 유적'에 한정되어 쓰이지만, 조선 세종시대에는 고적이 옛 일을 가리키기도 하였음이 확인된다. 고적의 의미가 유적으로서 아직 정형화되지 않은 시기의 사용 예이다.

또한 좀 더 앞선 시기의 역사서들을 검토해 보면, 조선 초에 편찬된 『고려사高麗史』에는 고적古蹟이라는 단어의 사용례가 보이지 않으나, 유적遺蹟이라는 단어의 사용례가 2회 나타나며, 고려시대에 편찬된 『삼국사기三國史記』에는 고적古蹟과 유적遺蹟 모두 사용되지 않았다.[88] 1530년 이전에 고적이라는 단어는 거의 사용되지 않은 것으로 보인다.

『조선왕조실록朝鮮王朝實錄』의 경우처럼 조선시대에 편찬된 각종 문집文集을 보아도 이런 경향이 확인된다.

고적古蹟은 '한국문집총간'에서 14회 검색되는데,[89] 이 중 3회가 『신증동국여지승람』 발간 이전에 사용되었다. 다음으로 유적遺蹟은 '한국문집총간'에서 27회 검색되는데, 이 중 10회가 『신증동국여지승람』 발간 이전에 사용되었다. 『신증동국여지승람』 발간연도인 1530년을 기준으로 그 전시기의 사용 비율은 보면 고적은 21%, 유적은 두 배에 가까운 37%이다.

'한국문집총간'에도 『신증동국여지승람』이 발간된 1530년 이전에는 고적이 유적보다 적게 쓰였음이 확인된다.

앞서 검토한 『신증동국여지승람』 발간 이전과 발간을 전후한 사례들을 보면, 『신증동국여지승람』이 발간된 1530년 이전의 조선 사회에서 『신증동국여지승람』에서와 같이 고적에 나타난 관심이 중국의 경우와 같이 일반적으로 있었다

---

88) 한국사데이터베이스(http://db.history.go.kr).

89) 총 1,123건의 古蹟 검색결과 중 임란 이전을 기준으로 같은 문집이 복수로 검색된 연도는 제외하였고, 같은 연도라도 다른 문집이면 포함함; 총 2,480건의 遺蹟 검색결과 중 임란 이전을 기준으로 같은 문집이 복수로 검색된 연도는 제외하였고, 같은 연도라도 다른 문집이면 포함함(한국고전번역원(http://db.itkc.or.kr) > 한국문집총간).

고 보기는 어렵다.

다음의 표에서도 고적古蹟이라는 단어의 사용이 1530년 이후에 본격화되고 있음이 확인된다. 그러나 유적 또한 1530년 이후에 사용 횟수가 늘어난다. 고적이나 유적이라는 단어의 사용 횟수 증가는 1530년 이후 서적 발간 양의 증가에 기인한 것으로 보인다. 그리고 16세기 말 임진왜란을 기점으로는 고적이나 유적의 사용 횟수가 급격히 감소한 후 다시 증가하는 추세를 보인다. 이는 전쟁과 회복으로 인한 서적 발간의 감소와 증가에 따른 것으로 보인다.

정리하자면, '고적'이라는 단어의 사용은 1530년 이전에도 있었으나 미미하였고, 1530년 이후 '유적'의 사용 횟수 증가와 함께 '고적'의 사용 횟수도 증가하는 추세이다.

표 5. 1530년 기준 100년 전후 고적 · 유적 사용 횟수

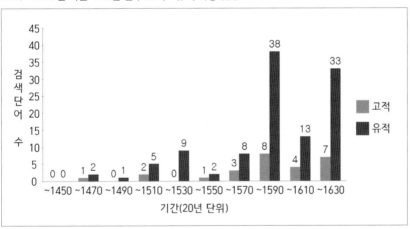

앞에서 살펴본 상황들로 보아 고적古蹟이라는 단어는 1530년 『신증동국여지승람』의 편찬과 확산 이후로 조선 사회에 본격적으로 나타나고 있다고 볼 수 있다.

『신증동국여지승람』을 계기로 고적에 대한 관심이 확산되기 시작한 이후에는 지방을 포함한 조선 전 사회에서 이를 적극 받아들였다. 다음과 같은 지방지

와 문집에서 '기사명'으로 그 사용예가 확인된다.[90]

표 6. '한국문집' 중 기사명 '고적(古蹟)' 검색 결과(문체 '詩' 제외)

| 번호 | 서명 | 권차 | 문체 | 기사명 | 저/편/필자 | 연도 |
|---|---|---|---|---|---|---|
| 1 | 武陵雜稿 | 武陵雜稿 卷之七〇原集 | 記 | 豊基古跡記 | 周世鵬 | 1564 |
| 2 | 簡易集 | 簡易文集卷之六 | 分津錄 | 漫賦. 次杜咏懷 古跡韻 | 崔岦 | 1631 |
| 3 | 簡易集 | 簡易文集卷之六 | 分津錄 | 卽事. 次杜咏懷 古跡韻 | 崔岦 | 1631 |
| 4 | 陽村集 | 陽村先生文集 卷之六 | 奉使錄 | 宿登州蓬萊驛. 詠懷古迹 | 權近 | 1674 |
| 5 | 壺谷集 | 壺谷集卷之十二 | 燕行錄 | 永平府尋古跡 | 南龍翼 | 1695 |
| 6 | 藥圃遺稿 | 藥圃先生遺槀 卷之四 | 松都雜詠 | 次五山松都古迹 | 李海壽 | 1727 |
| 7 | 記言 | 記言卷之三十七 | 陟州記事 | 誌古蹟 | 許穆 | 1772 |
| 8 | 記言 | 記言別集卷之九 | 記 | 良醢洞古蹟記 | 許穆 | 1772 |
| 9 | 竹泉集 | 竹泉集卷之六 | 記 | 毘瑟山湧泉寺 古蹟記 | 金鎭圭 | 1773 |
| 10 | 濯溪集 | 濯溪集卷之七 | 雜著 | 家庭古蹟 | 金相進 | 1828 |
| 11 | 耳溪集 | 耳溪集卷七 | 詩〇燕雲 續詠 | 憶鎭江古蹟 | 洪良浩 | 1843 |
| 12 | 耳溪集 | 耳溪外集卷十二 | 北塞記畧 | 北關古蹟記 | 洪良浩 | 1843 |
| 13 | 靑莊館全書 | 靑莊館全書 卷之六十九 | 寒竹堂涉筆 [下] | 嚴川古蹟 | 李德懋 | 1900 |

---

90) 1910년까지 기사명 '古蹟' 검색결과 53건 중 문체가 '시(詩)'인 40건을 제외한 결과
이다. '시(詩)' 또한 기사명으로 처음 등장하는 시기가 1572년(『漁村集』 중 沈彦光의
'龜城古跡')으로, 1530년 이후이다.

앞의 사례와 같이 1530년 이전에는 '기사명'으로 '고적古蹟'이 확인되지 않는다. 이로 보아 1530년 이전 조선의 지식인들은 고적에 대한 관심은 있었을 수 있으나, 이를 별도의 항목으로 두어 인식하는 단계까지는 나아가지 않은 것으로 보인다. 1530년을 기준으로, 그 이전에는 각종 문집에 고적을 별도 항목으로 둔 사례가 확인되지 않으나, 그 이후에는 고적을 별도 항목으로 둔 예들이 확인된다.

따라서, 조선에서 고적에 대한 적극적 관심과 별도의 항목화로의 발전은 1530년 이후로 보아도 좋다.

이러한 상황의 실제 사례를 현재의 경상북도 안동安東 지역을 기준으로 살펴보겠다. 안동은 전통적 역사문화도시로서 고적이 다른 지역에 비해 풍부한 지역이다. 그리고 『세종실록』 지리지와 『신증동국여지승람』과 같은 조선의 대표적 지리지에 기술되는 지역이면서도 조선 중기 대표적 지방지의 하나인 『영가지永嘉誌』에도 기술되어 조선시대 고적 인식의 변화상을 잘 살펴볼 수 있는 지역이다.

### 나. 『세종실록世宗實錄』 지리지地理誌 중 안동安東의 고적

"... <u>邑石城</u>. 周回五百二十八步, 內有井泉十八. 清涼山石城. 在才山縣西二十一里. 距本府七十一里. 周回二千二百七十九步, 高險. 內有井泉七, 小溪二, 又有軍倉. 映湖樓 在府治南, 俯臨大川. 高麗 恭愍王登覽, 大書映湖樓三字, 以爲扁額. 筆力遒健, 觀者敬仰. ..."[91](밑줄: 필자)

『세종실록』 지리지의 안동安東편 후미에는 읍석성邑石城, 청량산석성清涼山石城, 영호루映湖樓 등 고적에 관한 항목들을 서술하고 있으며, 성城과 루樓의 규모와 위치를 구체적으로 설명하고 있다. 특히 영호루映湖樓에서는 고려 공민왕恭愍王이 편액을 썼다는 이야기를 더불어 서술하고 있다. 왕 중심의 사고를 하고 있

---

91) 『世宗實錄』 地理誌, 慶尙道, 安東大都護府.

는 조선 지식층의 인식을 보여주는 예이다.

『세종실록』지리지에는『신증동국여지승람』등 16세기 이후의 지리지에서 보이는 고적 관련 별도의 항목은 보이지 않는다. 이는 고적을 별도로 묶어 하나의 집합단수 대명사로 묶어 보려고 하는 인식이 아직 나타나지 않았기 때문이다.

그러나 지리지 내용 중 성城이나 누정樓亭 등과 같이 이후에 고적 항목에 편입되는 내용들이 있는 것으로 보아, 당시 오래된 것에 대한 관심은 있었던 반면, 이를 집합단수 대명사화하여 별도로 묶어 인식하는 단계로까지는 나아가지 않았음을 알 수 있다. 사실 중국에서는『한서漢書』지리지 이후로 각종 지리지에서 고적 항목이 줄곧 기재되어 있었으므로 중국과 교류한 조선의 지식인들이 고적 개념의 존재 자체를 모르지는 않았을 가능성은 크다.

"城郭
邑城 石築周二千九百四十七尺高八尺...
樓亭
觀風樓 在府城內 ... 映湖樓 在府南五里 ... 慕恩樓 在府西五里 ... 鄕射堂 在府城西 ... 射廳 在府城內 ... 迎春亭 在府東五里 ... 迎恩亭 在府北五里 ... 新增 望湖樓 在客館東 ... 三龜亭 在豊山縣西六里 ... 環水亭 在奈城縣西 ... 歸來亭 在府東三里 ...
古跡
日谿縣 金富軾云 本熱兮縣 或云 泥兮 新羅景德王 改日谿屬古昌今來靜 蓼村部曲 在府東三十五里 河壤部曲 新陽部曲 在豊山縣 召羅部曲 在春陽縣 越入奉化縣 東村 吐谷部曲 在奈城縣北 淸涼山古城 石築周一千三百五十尺 內有七井 二溪今廢."[92](밑줄: 필자)

위 기사는『신증동국여지승람』중 안동安東의 고적과 관련된 내용들이다.

---

92)『新增東國輿地勝覽』제24권, 慶尙道, 安東大都護府.

『신증동국여지승람』의 안동 관련 내용을 보면『세종실록』지리지에서는 '읍성邑城'과 '청량산석성淸涼山石城'이 같이 서술된 데 비해,『신증동국여지승람』에서는 '청량산석성淸涼山石城'의 '석石'을 시기적으로 오래되었다는 뜻의 접두사 '고古-'로 바꾸어 '청량산고성淸涼山古城'으로 하고, 이를 새로 만든 고적 항목에 편입하여 현존하는 읍성과 따로 분류하였다. 고적에 대한 관심과 함께 그 대상들을 나름의 기준에 따라 분류하고 지리지에 수록하는 상황이 확인된다.

### 다.『지방지地方誌』중 안동安東의 고적

다음은 고적에 대한 관심의 확산이 지방지地方誌에서 어떻게 수용 또는 반영되었는지 살펴보겠다.『신증동국여지승람』의 발간 후 얼마 지나지 않은 1608년에 저술된 조선 중기의 대표적 지방지 중 하나이며 역사유적이 비교적 많은 안동安東을 대상으로 한『영가지永嘉誌』를 대상으로 살펴보겠다.[93]『영가지』는 지방지 중 비교적 오래되고 상세한 기록이라는 점에서 사료적 가치가 크며, 안동지역의 문화재를 연구하는 데 있어서 기초자료로도 중요하게 활용되는 책이다.[94]

---

93)『永嘉誌』보다 앞선 시기인 1587년에 출판된 지방지로『함주(현재의 咸安郡)지(咸州誌)』가 있다. 현재 남아있는 가장 이른 시기의 지방지로 여겨지고 있으며, 그 내용 중 '古蹟'편이 별도의 항목으로 되어 있어 고적의 개념이 처음 적용된 조선의 지방지로 보아도 무방하다.『함주지』의 고적 편에는 다음의 내용들이 수록되어 있다(咸安郡誌編纂委員會, 1990,『咸安郡誌(咸州誌·漆原邑誌)』, 咸安郡); 현무현(玄武縣), 본산부곡(本山部曲), 감물곡부곡(甘勿谷部曲), 간곡소(杆曲所), 지곡소(知曲所), 추자곡소(楸子谷所), 비리곡소(比吏曲所), 손죽소(損竹所), 방어산산성(防禦山山城), 포덕산산성(飽德山山城), 가야국구허(伽倻國舊墟), 동지산석성(冬只山石城), 성점산성(城岾山城), 고국유지(古國遺址), 남제학서당(南提學書堂), 고총(古塚), 고현유지(古縣遺址), 심암사(深巖寺), 수우방목(水牛放牧); 다만, 이 글은 안동(安東)을 기준으로 한 고적(古蹟)의 변화상을 살피는 것이 주 내용이기 때문에 이를 검토할 지방지로『永嘉誌』를 선택하였다.

94) 임세권은『永嘉誌』의 학술적 가치를 논하였고(임세권, 2016, 「영가지, 안동의 가장 오래된 종합 인문지리지」『안동학연구』15), 신용철은『永嘉誌』중 古塔 항목을 따로 분석하여 그 학술적 가치를 논하였다(신용철, 2009, 「『永嘉誌』를 통해 본 安東

총 8권으로 구성되어 있는데, 각 권의 항목은 다음과 같이 구성된다.[95]

표 7. 『永嘉誌』 각 권별 수록 항목

| 권 | 항목 |
|---|---|
| 1 | 沿革, 邑號, 各縣沿革, 疆域, 鎭管, 界首官所屬, 官員, 形勝, 風俗, 各里, 戶口 |
| 2 | 山川, 土品, 土産 |
| 3 | 館宇, 樓亭, 城郭 |
| 4 | 鄕校, 壇廟, 書院, 書堂 |
| 5 | 鄕射堂, 軍器, 驛院, 烽燧, 道路, 堤堰, 灌漑, 津渡, 橋梁, 池塘, 林藪, 匠店, 場市 |
| 6 | 古跡, 佛宇, 古塔, 名宦, 任官 |
| 7 | 姓氏, 人物, 流寓, 寓居, 善行, 閨行, 見行, 孝子, 烈女 |
| 8 | 塚墓, 叢談不謄 |

『영가지』 각 권의 구성 항목을 보면, 제6권에서 고적古蹟을 별도 항목으로 둔 것은 물론이고, 고탑古塔도 별도 항목으로 두어 편찬자가 시기적으로 오래된 것을 별도 대상으로서 주목하고 분류하여 기술하고 있음이 확인된다. 『신증동국여지승람』에서 새롭게 반영된 '고적古蹟'에 대한 개념이 지방지에 반영된 사례이다.

『영가지』 중 고적 편에는 모두 79개의 내용이 있는데, 이 내용은 다음과 같이 구성된다.

[왕 관련 항목]
映湖金額, 恭愍王이 직접 쓴 敎旨, 恭愍王이 本府에 머물렀을 때 내려준 물건들, 權太師가 남긴 유물들

[독특한 상징물, 유적 등 관련 항목]
南門 밖 쇠기둥, 長明燈, 梵氏洞 石佛, 古上衙, 古二衙, 鐵扉門, 三疊石, 冒冠石,

<hr />

佛塔의 전승과 그 의의」 『미술사학연구』, 한국미술사학회).

95) 慶尙北道 · 安東郡, 1991, 『國譯 永嘉誌』, 安東郡.

二疊石, 狗形石, 獅形石, 廣巖石, 棟柱石, 樓門古鐘, 嶺南塚, 勿也의 金, 嘉灘의 金, 大寺洞의 長明燈, 三角墓, 可丘싸움터

[절터 항목]
臨河寺, 法林寺, 法興寺, 法龍寺, 法藏寺, 林皮寺, 富泉寺, 太陽寺, 千林寺, 法尙寺, 石增寺, 順天寺, 栢巖寺, 斗星寺, 五百寺, 元林關寺, 大寺, 化林寺, 福林寺, 永興寺, 南淵寺, 梨興寺, 長安寺, 化人寺, 硯寺, 巨岾山寺, 岳心寺, 元通寺, 安心寺, 聖齋庵, 資福寺, 禪院寺, 彌屹寺, 高山寺, 龍泉寺, 道林庵, 安養寺, 臥石寺, 白雲菴, 慕老洞寺, 銀鳳寺

[성터 항목]
城隍堂土城, 羊腸城, 鶴駕山城, 天燈山城, 開目山城, 豊岳山城, 吉安石城, 皆丹石城, 小川石城, 大山城, 羅崎城, 淸涼山城, 乃城山城, 皆丹土城[96]

『영가지』 고적古蹟편을 검토하기에 앞서 우선 봐야 할 것은 앞에서 살펴본 『신증동국여지승람』에 수록된 안동의 고적에 관한 내용이다. 모두 6건이며, 내용은 다음과 같다.

蓼村部曲, 河壤部曲, 新陽部曲, 召羅部曲, 吐谷部曲, 淸涼山古城

『영가지』와 『신증동국여지승람』에 수록된 고적의 내용을 비교해보면, 『영가지』의 저술자는 『신증동국여지승람』을 참고하여 『영가지』의 고적 편을 기획했으나, 『신증동국여지승람』의 내용을 그대로 따르지는 않은 것으로 보인다. 영가지의 고적 편에서 『신증동국여지승람』의 내용을 계승한 것은 청량산성淸涼山城 1건 뿐이다.

---

96) 영가지 고적 항목의 수록 내용은 인용 서적의 내용에 따라 그대로 기재하였으나, 4 가지 분류('왕 관련', '독특한 상징물, 유적 등 관련', '절터', '성터')는 필자가 임의로 구분한 것이다(慶尙北道 · 安東郡, 1991, 『國譯 永嘉誌』, 安東郡).

『영가지』의 저술자는 안동지역 고적의 수록 내용을 신증동국여지승람의 6건에서 79건으로 대폭 증가시킨 것뿐만 아니라 그 내용 또한 『신증동국여지승람』과는 다르게 나름의 기준을 갖고 있었던 것으로 보인다.

『영가지』의 고적 내용 중 우선 특징적인 것은 고적의 79건 내용이 무작위로 있는 것이 아니며, 일정한 분류에 따라 순서대로 기재되었다는 점이다. 앞의 79건 수록 내용은 『영가지』 원전의 순서를 그대로 따른 것인데, 이를 중간에서 나누어 보면 위와 같이 하위 단위로 분류가 가능함을 알 수 있다. 그리고 그 구성 내용은 부동산 문화재가 대부분을 차지하고 있지만, 금액金額, 교지敎旨, 물건, 고종古鐘과 같이 현대적 개념으로 말하면 동산 문화재와 같은 것들도 포함하고 있다. 동산과 부동산 문화재를 불문하고 가치가 있으며 시기적으로 오래된 것들을 고적古蹟이라는 집합단수대명사 아래에 포함시키고 있다.

『영가지』를 저술한 사람이 고적에 대한 관심뿐만 아니라 그 안에서 나름의 세부 분류를 하고 있음도 확인된다. 그리고 그 배치 순서에 조선의 통치 이데올로기가 반영되었음 역시 확인된다. 유교국가였던 조선에서 저술자는 '왕'과 관련된 유적이나 유물을 우선 고려하여 고적 내용의 맨 앞쪽에 배치하였다. 다음으로는 '독특한 상징물이나 유적'과 같은 것들을 배치하고 '절터'는 세 번째에, '성터'는 네 번째에 배치하였다.

절터는 고적 전체 79건 중 41건이나 수록되어 있어 고적 내용의 절반 이상을 차지한다. 유교 통치이념의 중요도에 따라 절터의 배치는 뒤쪽으로 되었지만, 불교가 조선사회에서 차지하고 있던 기층문화로서의 비중과 인식의 수준을 나타내는 사례라고 본다.

마지막으로 『영가지』의 고적 내용 중 특징적인 것은 모두 가치가 있으며 시기적으로 오래된 것들을 수록하였지만, 이 시기에 옛 것을 의미하던 접두사 '古-'는 모두 붙이지 않았다는 점이다. '청량산성淸涼山城'의 예를 들면 직전시기 『신증동국여지승람』에서는 '청량산고성淸涼山古城'이라고 하였으나, 영가지에서는 '청량산성淸涼山城'으로 하였다. 영가지 고적 편에서 반 이상을 차지하는 절터들도 그 내용에는 터만 남아있다고 수록하고 있으나, 모두 '古'를 붙이지 않았다.

이 항목의 제목인 '고적'에 이미 '옛 것'이라는 의미가 담겨 있어 그 내용에 중복적으로 붙일 필요가 없다는 판단을 저술자가 했음을 유추할 수 있다. 당시 사용된 고적이라는 단어에 옛 것이라는 시간적 의미가 분명히 포함되어 있었다고 볼 수 있다.

『영가지』의 고적古蹟 항목 다음에는 불우佛宇 항목이 있는데, 여기에는 당시 현존하던 사찰들이 68건 수록되어 있다. 불우 항목 다음은 고탑古塔인데, 성격이 유사한 '고적'과 '고탑' 사이에 '불우'를 배치한 것은 『영가지』의 저술자가 당시 사찰을 현존 사찰과 구분하여 시기적으로 오래된 것들은 따로 분류하여 파악했음을 알 수 있다.

불우의 내용은 다음과 같이 구성된다.

> 西嶽寺, 東嶽寺, 玄沙寺, 南興寺, 駱駝寺, 遺才寺, 城山寺, 佛堂寺, 燕飛院佛寺, 開目寺.
> 鳳停寺, 廣興寺, 白眼房寺, 艾蓮寺, 碧房寺, 藍林庵, 滿月庵, 白雲庵, 聖齋庵, 福林寺.
> 陵洞寺, 沙亡寺, 水晶寺, 居仁寺, 鳳棲庵, 嘉水庵, 玉山寺, 鳳棲庵, 硯寺, 黃山寺.
> 東林寺, 仙刹, 米麪寺, 南水庵, 三百庵, 月巖寺, 中臺寺, 袈裟寺, 甘水庵, 鷲棲寺.
> 棲碧寺, 竹薇寺, 介乃寺, 白蓮庵, 白雲庵, 滿月庵, 元曉庵, 夢想庵, 普賢庵, 文殊庵.
> 眞佛庵, 蓮臺寺, 別室, 中臺庵, 普門庵, 上大乘庵, 致遠庵, 克一庵, 安中庵, 上淸梁庵..
> 下淸梁庵, 古龍穴庵, 擎日庵, 東庵, 西庵, 慈悲庵, 古道庵, 淨水庵.[97]

고적의 내용만큼이나 『영가지』에서 특징적인 것은 별도 항목으로 고탑古塔이 있다는 점이다. 이는 기본적으로 안동 지역에 고탑이 많기도 한 것이 그 주요 이유이겠으나, 고탑을 고적과 별도의 존재와 가치로 본 『영가지』 저술자의 인식도 그 이유로 작용했다. 『영가지』에 수록된 수많은 절과 절터, 고탑들은 『영가지』

---

97) 慶尙北道·安東郡, 1991, 『國譯 永嘉誌』, 安東郡.

저술자가 불교 및 관련 유적에 대한 관심 수준을 드러내주는 지점이다.

고탑의 항목은 다음과 같이 구성되며, 총 17건이 수록되어 있다.

> 法興寺塼塔, 法林寺塼塔, 臨河寺塼塔, 別尾洞塔, 富泉石塔, 林皮寺石塔, 月川
> 塼塔, 圓堂塔, 柏桂塔, 勝先塔, 一直三塔, 下里塔, 佛空塔, 院空塔, 禪院寺塔,
> 彌屹寺塔, 春陽石塔.[98]

고적, 불우, 고탑이 수록된 권6의 뒤쪽 2개 항목은 '명환名宦', '임관任官'이다. 이는 안동 출신이거나 안동에 부임한 역대 관리를 정리해 모은 것이다. 그런데, 17세기 초의 원본에는 18세기 말의 교정본과 달리 임관 다음에 '성씨姓氏'가 붙었었고, 이 성씨가 교정본에서 뒤쪽 권7로 옮겨졌다.[99]

이 점은 편찬자의 인식이 교정 과정에서 반영된 결과로 보인다. 성씨 항목은 그 뒤 권7의 인물 관련 항목들과 연관성이 더 깊어 권6에서 권7로 옮겼고, 명환과 임관은 고적 관련 항목들과 연관성이 더 깊어 권6에 그대로 두었다고 볼 수 있다. 이것은 지역 정체성을 구성하는 내용들에 대한 편찬자의 인식을 증명하는 부분이다. 지역 정체성이라는 측면에서 본다면, 고적이나 고탑처럼 명환과 임관도 안동의 정체성을 나타내는 시기적으로 오래된 것이었다고 편찬자가 판단한 것이다.

#### ④ 유물遺物

다음으로 고적과는 다른 문화재 분류인 유물遺物에 대한 조선의 인식에 대해 간단히 알아보겠다. 조선은 왕실 중심으로 운영된 국가였고, 왕실 문화가 조선 문화를 주도하였으므로 조선왕실의 유물 인식을 중심으로 알아보겠다. 조선왕실이 인식한 유물 중 대표적인 것은 서화류書畫類이다. 이 서화류는 소유와 감상

---

98) 慶尙北道 · 安東郡, 1991, 『國譯 永嘉誌』, 安東郡.

99) 安東郡, 1991, 『國譯 永嘉誌』, 安東郡, 22쪽.

의 차원에서 고려 이후로 이어져 온 왕실 또는 귀족의 문화였다.

조선 전기에는 조선의 문화권력을 주도한 왕실을 중심으로 서화 수집 및 감상 문화가 발전하였는데, 조선 후기에는 경제적 성장과 함께 사회적 비중도 커진 사족士族과 중인中人 계층도 서화 수집을 통해 조선 사회에서 문화적 지위를 높였다.

조선 왕실의 서화수장書畫收藏은 국가의 문화적 역량을 뒷받침하고 유교적 문치를 표방한 통치체제를 강화하는 방편으로 매우 중요시되었으며, 이러한 배경 아래에서 이루어진 궁중의 서화수장 문화는 왕족들의 서화애호 차원에서 나아가 왕실 존엄을 유지하고 권한을 표방하는 고도의 문화적 정책이었다[100]고 한다.

조선 왕실의 서화는 50여 곳에 이르는 수장처에 보관되었고, 18세기부터는 그 목록이 작성된 것이 확인된다.[101] 별도의 수장 공간과 목록화는 지금의 동산 문화재에 대한 기본적 관리체계와 크게 다르지 않다고 볼 수 있다.

조선 왕실에서 수집·관리한 서화를 문화재로 본다면, 조선의 서화 수장문화 역시 문화재를 통해 통치 권력의 문화이데올로기를 공고하게 한 사례라고 볼 수 있다.

또한 조선의 서화수장 문화를 머리말에서 정리한 문화재 요소에 비추어 보면, 별도의 대명사적 개념으로 인식되지 않은 것을 제외하고, 서화에 대해 과거로부터 이어온 것을 조선의 문화적 가치를 반영하여 선별하고 공식적으로 보호·관리했다고 볼 수 있으므로 지금의 문화재와 같은 인식과 관리가 상당한 수준에서 진행되었다고 볼 수 있다.

19세기에 이르러서는 조선 사회에서 청대 고증학考證學의 영향으로 고동기古

---

100) 黃晶淵, 2007, 「朝鮮時代 書畫收藏 硏究」, 韓國學中央硏究院 韓國學大學院 美術史學專攻 博士學位論文, 511쪽.

101) 黃晶淵, 2007, 「朝鮮時代 書畫收藏 硏究」, 韓國學中央硏究院 韓國學大學院 美術史學專攻 博士學位論文, 512~513쪽.

銅器 수집문화도 확산되었는데, 이러한 조선 후기 고동기·고서화 수집 및 감상 문화가 근대 시기로 이어졌다. 대표적인 인물로 청과 교류한 역관 오경석의 아들 오세창을 들 수 있다. 오세창이 근대 시기에 한국 서화 수집 및 감상 계에서 독보적인 위치를 차지하고 있었음은 잘 알려져 있다.

서화나 골동품뿐만 아니라 도자기도 조선 후기에는 수집과 감상의 대상이었다. 조선 후기에 도자기는 완물玩物의 대상이었고, 도자기의 소유를 위해 재화를 투자하는 문화가 확산되어 그 기종도 분재용 화분으로까지 확산되었다.[102]

## (2) 실학자

조선왕실이 주도한 문화재 인식이나 정책과는 별도로, 조선 문화를 이끌어 간 또 하나의 축인 사대부들의 문화재 인식을 보겠다. 특히 청 고증학考證學의 영향으로 역사 해석 방법에 새로운 시각을 나타냈던 조선 후기 실학자들의 문화재 인식에 관한 사항을 검토하여 이들의 문화재 인식이 어느 정도 수준으로 있었는지, 그리고 이들의 인식이 후대에 어떤 문화재 인식의 토대가 될 수 있었는지 보겠다.

실학자들은 다양한 분야에서 고증학적 지식의 지평을 넓혔고, 이런 성과들은 현재 여러 분야 학문의 전사前史로 언급되기도 한다. 문화재와 관련한 각 학문의 전사라는 시각에서 조선 후기 실학자들의 인식 사례를 고적, 금석학, 고고학으로 나누어 살펴보겠다.

### ① 고적古蹟

1530년 『신증동국여지승람新增東國輿地勝覽』 편찬을 계기로 고적에 대한 새로운 인식이 조선 사회에 확산되었다. 『신증동국여지승람』과 같은 관찬 지리지뿐만 아니라, 『영가지永嘉誌』와 같이 양반 계층이 펴낸 사찬 지리지에서도 고적이

---

102) 장남원, 2012, 「물질문화 관점으로 본 조선후기 玩物 陶瓷」 『美術史學報』 39.

별도 항목으로 설정되어 각 지역 문화재에 대한 나름의 분류와 시각을 나타내고 있음을 확인하였다. 이후로 고적은 조선시대에 편찬된 거의 대부분 지리지에서 표준적인 하나의 항목으로 설정되어 서술되었다.

조선 후기 실학자들은 청 고증학의 영향으로 역사나 지리 등 학문 분야에서 기존 해석에 실증적 검증이라는 새로운 방법을 더하여 역사나 지리에 대한 주체적 인식과 해석이라는 방향 전환을 이끌었다. 이들이 방법론으로 채용한 실증적 검증에는 문헌뿐만 아니라 고적과 같이 실체적으로 존재하는 역사의 증거물들도 상당히 유효하게 활용되었다. 그렇다면 조선 실학자들이 고적을 어떻게 인식하여 역사서에 활용하였는지를 『동사강목東史綱目』의 사례로 알아보겠다.

역사서인 『동사강목』은 지리지의 경우처럼 고적을 별도 항목으로 설정하지 않았다. 다음의 세 가지 사례와 같이 『동사강목』에서는 고적이나 유물을 부록의 여러 항목에서 역사 해석의 보조적 수단으로 활용하고 있다.

"輿地勝覽 江東縣古迹 縣西三里 有大塚 周四百十尺 俗傳檀君塚 此出諺說 故不從."[103](밑줄: 필자)

실학자 안정복이 지은 『동사강목』에 단군의 무덤을 설명하는 내용이 위와 같이 등장한다. 여지승람輿地勝覽 강동현고적江東縣古迹조에, '고을 서쪽 3리에 큰 무덤이 있으니 주위가 4백 10척인데 속설에 단군총檀君塚이라 전해진다'고 하는데, 이는 언설諺說에서 나왔기 때문에 따르지 않는다는 내용이다.

위 사례는 역사의 증거물로 지리지의 고적을 참고하였으나, 이는 단지 전해오는 전설에 불과한 '언설'에서 나온 것이므로 역사의 검증에는 활용하지 않는다는 편찬자의 고증학적인 인식을 나타내고 있다. 역사의 검증 수단으로서 고적에 대해 인식과 인용을 구분하고 있다.

---

103) 『東史綱目』, 附錄, 上卷, 上, 考異, 檀君塚.

"遺事檀君御國 … 御國千五百年之說 誕不足辨矣 且箕子仁聖 豈有冒占人國之
理 其誣聖甚矣 … 麗志文化縣 庄庄坪 世傳檀君所都 卽唐莊京之誤 勝覽赤云基
址尙存 此出於世俗之傳 幷不取."104)(밑줄: 필자)

위 내용은 단군이 기자箕子를 피하여 장당경藏唐京으로 옮기는 내용을 설명하
고 있다. 그 내용 중 단군이 1천 5백 년 동안 나라를 통치했다는 말은 허황하여
분별할 수 없고, 기자는 어진 성인이라 남의 나라를 모점冒占할 리 없으며 성인
을 모독함이 심하다고 하였다. 그리고 동국여지승람에 그 터가 남아있다고 하
나, 이는 세속의 전설에서 나왔으므로 모두 취하지 않는다고 하였다.

위 사례 또한 앞의 '단군의 무덤'처럼 전설에서 나온 것은 검증 수단으로 활
용하지 않는다는 편찬자의 선택적 인식과 인용을 보여주고 있다. 여기에 더하여
기자를 성인聖人으로 추앙하는 편찬자의 사대적 인식이 역사적 사실의 검증에
영향을 주고 있음도 확인된다. 이러한 경향은 다음의 사례에서 더 분명하게 확
인된다.

"麗志 平壤古城一 箕子所築 興覽 平壤外城 在唐浦上 石築周八千二百尺 土築
一萬二百五尺 高三十尺 世傳箕子所築 不知是否 麗太祖五年 始築西都在城 疑
卽此城
按 年代久遠 雖不知此城必爲箕子所築 而歷代固箕子舊築而修治之 亦不異矣
箕子東來 雖無南面之樂 當時九夷交亂 敎化未柭 則豈無固國禦暴之道乎 令從
麗志."105)(밑줄: 필자)

위 내용은 『고려사高麗史』 지리지에, '평양平壤에 고성古城 하나가 있으니 기자
箕子가 쌓은 것이다' 하였고, 여지승람輿地勝覽에는, '평양의 외성外城이 당포唐浦
위에 있어 석축이 주위가 8천 2백 척, 토축이 1만 2백 5척에 그 높이가 모두 30

---

104) 『東史綱目』, 附錄, 上卷, 上, 考異, 檀君避箕子移藏唐京.
105) 『東史綱目』, 附錄, 上卷, 上, 考異, 箕子築城.

척으로 기자가 쌓았다고 전해지나 사실인지는 알 수 없고, 고려 태조 5년(922)에 처음 서도西都에 재성在城을 쌓았는데 아마 이것인 듯하다'라고 하였다는 내용이다.

또한 '살펴보건대, 연대가 오래되어 이 성이 반드시 기자가 쌓은 그것인지는 알 수 없지만, 역대로 기자의 구축舊築에 따라서 수리하는 것 또한 이상하지 않으며, 기자가 조선에 와서 비록 남면南面의 즐거움은 없었으나, 당시 구이九夷가 교란하여 교화를 펴지 못하였으니 어찌 나라를 굳건하게 하고 어려운 적을 방어하는 방책이야 없었겠는가? 하여 『고려사高麗史』 지리지를 따른다'는 내용이다.

평양에 있는 고성古城 또한 앞의 사례들처럼 언설 혹은 전설임에도 불구하고 그 중심 인물이 기자인 경우에는 단군의 경우와 달리 역사 해석에 적극적으로 인용을 하고 있다. 단군과 기자에 대한 차별적 인식이 역사의 증거물로서 고적의 인용에 영향을 주고 있다.

『동사강목東史綱目』 지리고地理考에서는 지역별 역사를 다루고 있으나, 고적은 별도의 항목으로 따로 편성되지 않았다. 다만, 부록 하권에 '부附 고적古蹟'이 있는데, 이는 '발해국 군현고' 뒤에 배치하여 다음의 예와 같이 발해국에 대한 설명을 보완하는 내용이다.

> "渤海城 在今 遼陽州城 東北, …
> 釣魚臺 在 遼陽州城 南 三十里, …
> 東牟山 今 承德縣 東 二十里 …
>
> …
>
> 忽汗城 唐開元初 以大祚 … 忽汗河之東 渤海上京 卽今永吉州 則其地可以想知."[106]

『동사강목』의 사례에서 고적은 역사 해석의 검증 수단으로 인식되기는 하였으나, 적극적으로 인용되지는 않았다. 그리고 고적의 인용 여부를 나누는 판단

---

106) 『東史綱目』 地理考, 附 古蹟.

기준에서 단군과 기자를 차별하는 인식이 있었음을 확인하였다.

지리지地理誌와 같이 고적을 별도 항목으로 분류하여 수록하는 인식은 『동사강목』뿐만 아니라, 『동국지리지東國地理誌』나 『아방강역고我邦疆域考』와 같은 지리지, 『성호사설星湖僿說』이나 『오주연문장전산고五洲衍文長箋散稿』와 같은 백과사전류, 『아언각비雅言覺非』와 같은 어휘사전, 『목민심서牧民心書』와 같은 지방관의 행정지침서에서도 확인되지 않고 있다.

사회의 여러 분야에서 개혁적·주체적 인식을 펼친 조선 후기 실학자들이었지만, 이들 인식의 지평에서 고적은 별도의 항목으로 분류하여 서술할 만큼 적극적으로 활용되지는 않았다.

② 금석학金石學

조선 후기 고증학적 역사학의 대표적 사례로 금석학金石學이 있다. 실학자들은 비석碑石을 현존하는 역사의 증거물로 인식하여 역사 해석에 적극 활용하였다. 자주 언급되는 사례로 '징흥왕순수비眞興王巡狩碑(황초령비黃草嶺碑)'에 대한 실학자들의 인식이다. 진흥왕순수비를 근거로 한백겸韓百謙은 동옥저 지역이 한때 신라의 영역이었을 것으로 생각하였고, 신경준申景濬은 이 비석으로 단천端川 이남이 신라의 영토가 되었음을 알 수 있다고 하였다.[107] 그런데, 모든 실학자들이 옛 비석을 역사 해석의 증거로 적극 활용하지는 않았다. 다음의 사례에서 금석학에 관한 실학자들의 다른 인식이 확인된다.

> "有東史地志書言 咸興黃草嶺及端川 有巡狩碑 則沃沮赤有時爲新羅所奪有者矣 眞興王巡狩定界碑 在咸興府北草坊院 碑文略曰 .. 然而不見正史 今不取而著于此 以廣異聞."[108](밑줄: 필자)

---

107) 조인성, 2011, 「실학자들의 한국고대사 연구의 의의 -김정희의 진흥왕 순수비 연구를 중심으로-」 『한국고대사연구』 62, 한국고대사학회, 9~10쪽.

108) 『東史綱目』, 附錄, 上卷, 上, 考異, 新羅眞興王定界碑.

위 기사는 안정복의『동사강목東史綱目』에서 진흥왕순수비에 대해 고찰하는 내용인데, 그 위치와 유래와 의미를 자세히 설명하면서도 마지막에는 정사正史에 보이지 않아 취하지 않는다고 하였다.

> "眞興碑一顯於朗善之世. 一顯於兪文翼公之世. … 大槩此碑非徒爲我東金石之祖. 新羅封疆. 以國乘攷之. 纔及於比列忽. 卽安邊 不因此碑. 何以更知其遠及於黃艸嶺耶. <u>金石之有勝於史乘如是.</u> 古人所以寶重金石. 豈止於一古物而已耶."[109](밑줄: 필자)

위 기사는 김정희의『완당전집阮堂全集』에서 마찬가지로 진흥왕순수비에 대해 고찰하는 내용이다. 그런데 김정희는 안정복과 같이 진흥왕순수비의 현상과 유래, 역사적 의미 등에 대해 자세히 설명하면서도 그 의미를 '금석이 국사보다 낫다'고 평가하여 진흥왕순수비의 역사적 가치에 대해서는 안정복과 상반된 시각을 보이고 있다.

비석으로 나타난 역사의 증거물에 대해 적극적 해석 태도를 보인 김정희였지만, 이런 역사의 연구 문화는 이후로 제대로 계승되지 않았다는 한계가 있다. 김정희의 금석학이 오경석(『삼한금석록三韓金石錄』), 오세창 부자로 이어졌다고도 하지만 오경석의 연구 성과는 김정희에 미치지 못한 듯하며, 오세창은 서예와 감식에 치우친 감이 있다고 한다.[110]

### ③ 고고학考古學

고고학은 매장문화재를 역사 해석에 활용하는 현대적 학문이다. 고고학의 전사로도 언급되는 조선 후기 실학자들의 매장문화재에 대한 인식 사례를 보면

---

109)『阮堂全集』제3권, 書牘, 三十二.

110) 조인성, 2011,「실학자들의 한국고대사 연구의 의의 -김정희의 진흥왕 순수비 연구를 중심으로-」『한국고대사연구』62, 한국고대사학회, 20쪽.

다음과 같다.

우선 김정희의 신라 진흥왕릉眞興王陵 위치 비정이다. 김정희는 서악동에 있는 신라 왕릉들에 대한 현지답사와 문헌검토를 통하여 진흥왕릉에 대한 고증을 하였는데, 이는 현재 고고학의 지표조사와 같은 연구 방법이다.[111]

다음으로 선사시대의 석기 유물에 대한 관찰기록이다. 이익은 『성호사설星湖僿說』에서 뇌부雷斧를 벼락 맞은 돌이나 유성으로 해석하였고, 이규경은 『오주연문장전산고五洲衍文長箋散稿』에서 돌화살촉을 싸리나무나 신우대에 끼워 사용하는 것으로 인식하였다.[112]

그리고 비록 칠언 시문의 형식이기는 하지만, 김정희의 매장문화재에 대한 인식과 접근태도를 알 수 있는 자료가 『완당전집阮堂全集』에 다음과 같이 나타난다.

> "石斧石鏃. 每出於靑海之土城. 土人以土城爲肅愼古蹟. 作此.
> 荊梁舊貢皆貢砮. 禹時以石爲兵無. 肅愼石砮盖仍禹. 禹砮遂無傳中土. 距末左戈處處得. 未覿愕作羊告石. 孔子之世亦無之. 有隼帶砮人不知. 此事荒渺最難證. 帶砮何以飛遠爲. 盖馬山南一千里. 樂浪眞番互非是. 山川圖記摠無徵. 又沿稱之肅愼氏. 大抵石斧並石鏃. 尋常得於靑海曲. 斧乃似是異鱐形. 鏃若分明出魚服. 石性銛利當金剛. 石紋作作暈古綠. 有三百枚或充貢. 充貢而已非作用. 渤海大氏尹侍中. 未聞此斧此鏃收戰功. 可笑當時烏雅束. 雉羽葫蘆兒戲同. 此斧此鏃斷爲肅愼物. 更想東夷能大弓. 土城舊蹟殊未定.
> 得此孤訂猶强通. 石不自言又不款. 耶賴山色空濛濛. 長爪疾書亦不錯. 長平箭頭古血紅.
> 勝似朝天麒麟石. 江光如練訛朱蒙."[113](밑줄: 필자)

석부石斧와 석촉石鏃과 같은 석기 유물들이 토성土城에서 나오는데, 토인들이

---

111) 채미하, 2011, 「실학자들의 新羅史 연구 방법과 그 해석」『한국고대사연구』62, 한국고대사학회, 170쪽.

112) 池健吉, 2016, 『한국고고학백년사』, 열화당, 17~18쪽.

113) 『阮堂全集』제9권, 詩, 石砮詩.

그 토성을 숙신肅慎의 고적古蹟으로 여긴다는 내용을 소개하는 시이다. 시의 내용에서 석기 유물들의 형태와 출토 상황에 대한 설명, 출토 유물의 시대에 대한 역사적 고찰 등이 있는데, 이는 현재의 고고학적 연구 과정과 상당히 닮아있다. 또한 이 유물들이 숙신의 유물이 아닐 수 있음을 여러 역사적 사실과 관찰한 결과들로 논증하고 있다. 매장문화재에 대한 김정희의 비판적·주체적 해석이 드러나는 사례이다. 매장문화재에 대한 김정희의 선구자적 인식이 학문적으로 계승되지 못해 고고학의 내재적 발전 기회가 사라졌다는 언급[114]은 앞에서 본 금석문의 사례처럼 김정희의 학문적 수준과 당시 실학의 한계를 나타낸다.

### (3) 조선의 인식과 한계

앞서 조선의 왕실과 실학자 계층에서 문화재로 볼 수 있는 고적이나 유적, 유물 등에 대해 어떤 인식을 가지고 있는지 살펴보았다. 이를 머리말에서 제시한 문화재 정의 요소를 기준으로 다시 보면 다음과 같이 정리된다. 다만, 그 첫 번째인 국가의 인식은 앞의 법전과 지리지 등의 사례에서 확인하였으므로 생략한다.

먼저 문화적 가치에 대한 인식이다. 조선의 문화적 가치에는 조선이라는 국가 운영의 기본 이념이 반영되어 있다. 그것은 충효정신에 입각한 유교적 가치의 강조와 불교에 대한 억제정책이다. 이러한 사항들이 조선인들이 '문화재'에 대해 가졌던 관심 수준에 어떻게 반영되었는지 살펴보면 다음과 같다.

먼저 왕권王權의 강조에 관한 부분이다. 조선이 국가적으로 보호하고 관리해

---

114) 이에 대해 이선복은 다음과 같이 언급하고 있다.
　　'이러한 추사의 활동을 생각할 때, 만약 그의 학문이 꾸준히 맥을 이어나갔다면 19세기 말엽의 조선에서도 중국과 마찬가지로 고대 문화유산을 연구하는 접근법과 관계되어 무언가 나름대로의 틀이 만들어질 여지가 있지 않았을까 하는 생각이 들며 … 1856년 파란 많은 일생을 마감한 그에게는 자신의 학문적 관심사를 체계화할 수 있는 여유는 없었으며, 고고학과 관계된다고 할 수 있는 여하의 활동의 맥도 그의 사후 완전히 끊어졌다.'(이선복, 2005, 『고고학 이야기』, 뿌리와 이파리, 28~29쪽)

야 할 '중요한 옛것'을 정하는 데 가장 우선순위에 둔 가치는 왕권의 강조라고 본다. 능陵 · 원園 · 묘墓로 구분되는 왕가王家의 무덤이나 왕의 글씨, 왕의 초상화 등 왕과 관련된 유적과 유물들을 우선적 보호대상에 두었음을 『경국대전經國大典』과 같이 조선 전 기간 동안 적용되었던 법전을 통해 확인하였다.

왕가의 무덤의 경우에는 '역대시조歷代始祖 및 고려高麗 태조이하太祖以下 사위四位의 능침陵寢은 소재지所在地의 수령守令이 매년每年 돌아보고 또 밭을 일구거나 나무하는 것을 금禁한다(『경국대전』, 제례祭禮, 봉심奉審)'는 내용과 같이 고려高麗나 그 이전 왕조의 왕릉들도 보호와 관리 대상에 두어 왕의 권위를 강조하였다. 그런데 '역대시조 및 고려 태조이하 사위의 능을 관리한다'는 내용이 1707년 반포된 『전록통고典錄通考』와 1785년에 반포된 『대전통편大典通編』까지는 『경국대전』에 이어 유지되고 있으나, 1865년 반포된 『대전회통大典會通』에는 빠져있다. 이는 조선 말기에 옛 왕조의 무덤들에 대해 가졌던 조선왕실의 인식 또는 가치판단이 변하였음을 나타내는 지점이다.

그리고 역대 왕들과 관련된 물건들(어제御製 · 어필御筆 · 어화御畵 · 고명顧命 · 유고遺誥 · 밀교密敎와 선보璿譜 · 세보世譜 · 보장寶章 · 인장印章 · 보감寶鑑 · 장狀 · 지誌)을 모아두는 별도의 공간으로 '봉모당奉謨堂'과 '규장각奎章閣'이 있었는데, '중요한 옛 유물'의 '별도 수장 공간'이라는 면에서 현재 박물관의 기능과 통하는 측면이 있다.

국가 통치의 기본 이념이라는 면에서 보면 불교적 이념을 추구했던 고려와 달리 조선은 유교적 국가였다. 이러한 국가의 이념이 문화재 인식에 드러난다. 왕의 권위에 대해서는 조선왕조 거의 대부분 기간에 걸쳐 이전 왕조의 것들도 존중하고 보호하였지만, 불교 관련 유적에 대해서는 전혀 다른 입장을 취한다. 조선은 왕과 관련된 유적이나 유물에 대해서는 세세하게 보호 관리하는 규정을 법전에 두고 있지만, 불교관련 유적이나 유물에 대해서는 특별한 언급이 없다. 다만 절의 새로운 창건은 원칙적으로 금지하나, 옛 절터에 대해서는 그 정통성을 인정하여 그 자리에서 중창하는 것을 허용하는 정도에 그치고 있다. 왕실과 관련된 것은 부동산과 동산을 막론하고 세세한 보호관리 규정을 두고 있는 것이 확인되고 있으나, 불교 관련 유적 · 유물에 대해서는 옛 절터를 인정하는 수준에 머물러 있다.

불교 유적·유물에 대한 관심이 우선순위에서 밀리는 것은 조선의 법전뿐만 아니라, 지리지와 같은 분류의 서적들에서도 확인된다. 경상북도 안동安東을 기준으로, 『세종실록世宗實錄』 지리지, 『신증동국여지승람新增東國輿地勝覽』, 『영가지永嘉誌』의 내용을 비교해보면 다음과 같다.

표 8. 조선 각종 지리지의 안동지역 고적 중 불교 관련 내용

| 서명 | 古蹟 중 佛敎 관련 내용 |
|---|---|
| 『世宗實錄』 地理誌 | 성(城) 2건, 루(樓) 1건뿐이며, 불교 관련 내용 없음 |
| 『新增東國輿地勝覽』 | 부곡(部曲) 5건, 성(城) 1건뿐이며, 불교 관련 내용 없음 |
| 『永嘉誌』 | 고적 79건 중 절터가 41건이나 수록되어 있어 비중이 높으나, 서술 순서에서는 왕과 관련된 것들, 독특한 상징물, 유적 등과 같은 것들의 뒤에 배치되었음 |

왕실 주도로 편찬된 『세종실록』 지리지나 『신증동국여지승람』에는 불교관련 내용이 거의 없는 반면, 지방지인 『영가지』에는 불교관련 내용이 많이 수록되어 있으나 서술 우선순위에서는 왕실에 관련된 것들이나 일반적이거나 독특한 상징물에도 의도적으로 밀리고 있음이 편집 내용에서 확인된다. 이는 조선 사회에서 불교가 가졌던 사회적 지위나 가치가 조선의 지리지에도 반영되어 있음이 확인되는 사례들이다. 다만 지방지인 영가지의 경우를 보면, 불교 관련 유적이 상당히 많은 분량으로 서술되고 있어 지역 사회에서는 불교가 가지는 위치가 적지 않았음을 알 수 있다.

다음으로 대명사大名辭적 개념으로 인식하는 부분에 대해 살펴보겠다. 현재 우리 사회에서 문화재로 지칭되는 것들 가운데 '소중한 옛것들'에 관한 많은 내용이 담기고 있는 것처럼, 조선 사회에서도 현재의 문화재와 같은 별도의 집합 단수 대명사적 개념이 존재했는지, 존재했다면 어떤 양상이었는지에 대해 앞서 살펴본 사례들에 비추어 검토하고자 한다.

우선 주목되는 것은 고적古蹟이라는 개념이다. 공식 영역에서 고적에 대하여

처음 관심을 나타낸 것은 중국의 『한서漢書』 지리지이다. 『한서漢書』 지리지에 고적 조를 따로 설정하여 고적에 대한 내용을 설명한 이래 『송사宋史』, 『명사明史』 등 중국의 역대 사서 지리지에도 고적이 기술되기 시작하였다. 이와 같이 중국에서는 오래전부터 고적에 대한 개념이 별도로 정리되어 지리지를 통해 사회 통념화 되었다. 그렇다면 중국의 영향을 지속적으로 받았던 조선에서도 고적에 대한 개념을 오래전부터 알고 있었을 가능성이 높다.

그러나 1530년 편찬된 『신증동국여지승람』 발간 이전에는 공식 영역에서 고적이라는 개념이 거의 등장하지 않는다. 고려시대나 조선 초 발간된 『삼국사기三國史記』나 『고려사高麗史』와 같은 사서에는 고적이라는 항목이 나오지 않으며, 이 외의 다른 서적들에서도 거의 드물게 보이거나 일반적인 고적의 의미와는 전혀 다른 뜻으로 쓰이기도 하는 것을 앞의 사례에서 확인하였다.

그런데 1530년 『신증동국여지승람』에 고적 편을 따로 수록한 이후에는 조선의 각종 서적에 고적이라는 단어의 용례가 자주 등장하며, 그 뜻도 현재와 유사하게 쓰이고 있음을 앞의 여러 사례에서 확인하였다. 이는 중국 지리지를 전범으로 하여 조선의 상황을 정리하고자 한 세조의 의지가 있었기 때문이다. 이렇게 조선에 존재하고 있던 유적·유물들이 고적이라는 별도의 대명사로 불리게 되면서 이후 각종 지리지에 별도 항목으로 계속 수록되게 되었고, 이런 고적에 대한 인식 체계는 일제강점기까지 영향을 이어갔다.

특히 『신증동국여지승람』 고적 편에 수록된 내용들은 현재의 사적史蹟보다 훨씬 더 넓은 범위의 '문화재'들을 포함하고 있다. 안동安東 편의 경우에는 부곡部曲과 성城으로만 6건으로 소략하게 나오지만, 경주慶州 편의 경우에는 71건으로 상당히 많은 '동산 문화재'와 '부동산 문화재'를 다음과 같이 수록하고 있다.

> 辰韓六部, 楊山蘿井, 閼英井, 金城井, 雛羅井, 始林, 金城, 月城, 滿月城, 明活城, 南山城, 關門城, 永昌宮, 瑤石宮, 黃鶴樓, 琴松亭, 鮑石亭, 瞻星臺, 九聖臺, 阿珍浦, 書出池, 雁鴨池, 星浮山, 余那山, 鳳生巖, 月明巷, 悅朴嶺, 萬波息笛, 玉笛, 玉帶, 井田, 四節遊宅, 財買谷, 日精橋, 月精橋, 鬼橋, 白雲梁, 上書莊, 奉

德寺鍾, 曇巖寺, 天官寺, 黃龍寺, 迦葉宴坐石, 四天王寺, 奉聖寺, 永興寺, 興輪寺, 神元寺, 昌林寺, 南山寺, 朱巖寺持麥石, 坤元寺北淵, 王家藪, 臨關郡, 商城郡, 東安郡, 音汁火縣, 約章縣, 東畿停, 南畿停, 西畿停, 北畿停, 莫耶停, 省法伊部曲, 八助部曲, 大庖部曲 · 大昌部曲, 南安谷部曲, 根谷部曲, 桃界部曲 · 虎鳴部曲, 虎村部曲, 下西知木柵. [115]

앞의 사례를 보면, 『신증동국여지승람』의 고적은 현재의 '문화재'와 같이 여러 형태의 개별 '문화재'를 포함하는 집합단수 대명사적인 용법으로 쓰였다고 보아도 무리가 없다.

그리고 1608년 저술된 지방지인 『영가지』의 경우에도 고적이 현재의 문화재와 같은 집합단수 대명사로 쓰였음을 앞에서 확인하였다. 『영가지』의 고적 조안에는 왕의 유물, 고위관리의 유물, 석불, 고종古鐘과 같은 '동산 문화재'와 절터, 옛 무덤, 싸움터, 성곽 등의 부동산 문화재가 다양하게 포함되어 있다. 이러한 내용들만 놓고 본다면 당시 『영가지』의 저술자가 정리한 고적의 개념 역시 현재의 '문화재' 개념 범위와 크게 다르지 않았다.

결론적으로, 『신증동국여지승람』과 『영가지』의 사례를 보면, 1530년 이후 조선 사회에서 고적은 현재의 '문화재'처럼 당시 사회에서 '역사적으로 의미 있는 옛 것들'을 포함하는 집합단수 대명사로 사용되었음을 알 수 있다.

참고로 고적과 함께 현재의 문화재와 유사한 의미의 집합단수 대명사로 쓰였는지 여부에 대해 검토할 수 있는 단어로 명승, 유적, 유물, 보물 등이 있다. 그런데 이 단어들은 현재와 유사한 의미로 쓰인 경우도 있기는 하지만, 고적의 경우처럼 『지리지地理誌』에서 하나의 항목을 차지할 정도로 따로 분류되고 여러 세부항목을 포함하여 설명되지 않았기 때문에 이 단어들이 공식적인 영역에서 고적의 수준처럼 문화재를 뜻하는 집합단수 대명사로 쓰였다고 보기는 어렵다.

마지막으로 대상물을 특별한 보호물로 인식하고 선별하는 부분을 살펴보겠

---

115) 『新增東國輿地勝覽』 제21권, 慶尙道, 慶州府, 古蹟.

다. 문화재를 선별하고 보호하는 활동은 국가의 영역인데, 국가의 활동은 국가의 정책 방향에 따라 결정되며, 국가의 정책 방향은 국가의 이념에 따라 결정되므로 조선에서 '문화재'를 선별하고 보호하는 활동 역시 조선의 이념에 따라 결정된다.

앞서 살펴본 조선 왕조에서 관심을 보인 시기적으로 오래된 것들은 '왕실 상징물'이나 '고적'과 같은 것들이었다. 그런데 조선 사회에서 그러한 대상들 중 국가 주도로 '보호' 정책이 펼쳐진 것들은 왕실 상징물들이었다. 이는 조선 '왕실'이 곧 '국가'였기 때문이다. '선별'의 관점에서는 앞서 살펴본 바와 같이 지리지의 고적 조를 통해 국가의 관심과 활동이 확인되나, 공식적 '보호' 활동 측면에서 '고적'은 국가의 공식적 활동이 잘 확인되지 않는다. 다만 '왕실 상징물'들에만 상세한 보호 대상과 그 활동이 있었음이 법전에 수록되어 확인된다.

정리하자면, 왕실이 곧 국가였고 유교적 통치이념을 가지고 있었기 때문에 조선에서는 왕실 상징물들에 대해서만 국가의 보호활동이 공식적으로 행해졌다고 볼 수 있다. 국가의 보호를 받은 중요한 옛 것들은 왕실 상징물에 한해서였고, 그 이유는 조선이 유교 통치이념을 가지고 있는 왕조국가였기 때문이다. 국가의 자원이 크게 투자되지 않으며 인식의 수준을 나타내는 '선별'이라는 부분에서는 고적도 그 관심 대상에 포함되었으나, 선별에 비해 국가자원이 크게 투자되는 '보호'에는 고적이 제외되고 왕실 상징물들만 남았다.

국가적 차원에서 진행한 '중요하게 여긴 오래된 것'들에 대한 선별과 보호라는 활동을 보면, 일본에서도 이런 상황이 비슷하게 나타난다. 메이지明治 시기에 일본 왕실의 상징물들이 우선적으로 보호대상이 되었다. 일본은 이러한 활동들을 기초로 하여 근대시기에 왕실을 중심으로 문화재 정책을 수립하기 시작했다.

그렇다면 고적이라는 개념 하에서는 그에 대한 '보호' 활동이 전혀 없었을까. 조선의 법전에서는 확인이 되지 않지만, 민간 영역에서는 고적에 포함된 대상물에 대한 보호활동이 있었음이 연구에 의해 밝혀졌다. 안동의 지방지인 『영가지』 고적 편에 수록된 '누문고종樓門古鐘'이 그 지역에서 상당히 중요한 보호대상으

로 되어 있었다.[116)]

결론적으로, '문화재'를 선별하고 보호하는 활동은 조선시대에도 전반적으로 행해지고 있었다고 보아도 무방할 만큼 이에 관한 기록이 왕실 기록물이나 지방지 등 여러 기록물에서 확인된다. 문화재 정의의 마지막 요소인 인식 대상에 대한 '선별과 보호 활동'은 조선시대에도 존재하고 있었다고 볼 수 있다.

이상에서 조선시대의 문화재 인식에 관한 여러 사항들을 살펴봤다. 이를 문화재의 각 정의 요소별로 다시 요약하여 정리하면 다음과 같다.

첫째, '국가의 인식'이다. 왕실과 사대부 계층에서 당시 유적과 유물 가운데 왕실 상징물들과 고적에 관심이 있었음을 각종 법전이나 지리지에서 확인하였다.

둘째, '문화적 가치'이다. 각종 기록물의 내용이나 기재 순서를 보면 '왕실 상징물'이 우선적인 관심과 보호 대상이었으며, 불교와 관련해서는 법전에는 거의 드러나지 않고 지리지에서도 우선 기재 순위에서 밀리는 것을 확인하였다. 유교적 왕조국가라는 조선의 통치체계가 국가의 문화재적 가치 선정 및 순서에 반영된 결과이다.

셋째, '대명사적 개념'이다. 왕릉이나 왕의 각종 유물들로 각기 존재하는 '왕실 상징물'들에 대해서는 별도의 대명사적 개념이 보이지 않았으나, '고적'은 지금의 문화재와 같은 집합단수 대명사로서 기능하였음을 『신증동국여지승람』과 같은 관찬官撰 지리지나 『영가지』와 같은 사찬私撰 지리지에서 확인하였다.

넷째, '특별한 보호'이다. 문화재적 대상에 대한 선별은 '왕실 상징물'과 '고적' 모두에서 확인되나, 보호활동은 국가(왕실) 차원에서 보면 '왕실 상징물'에 한해서 뚜렷하게 보이며, '고적'에서는 잘 나타나지 않는다. 보호활동에 국가의 자원이 크게 투입되기 때문이다. 다만, 지방의 민간에서는 고적에 대한 자체적인 보호활동 역시 있었음이 기록물에서 확인된다.

결론적으로 조선시대의 유적이나 유물에 대한 관심과 활동에 관련해서는 지

---

116) 임세권, 2016, 「영가지, 안동의 가장 오래된 종합 인문지리지」, 『안동학』 15, 27~28쪽.

금의 문화재 인식과 활동 체계만큼 뚜렷이 있었다고 말할 수는 없으나, 조선시대에도 기초적이고 전사前史적인 문화재에 대한 인식과 보호 활동이 있었음은 각종 기록물에서 확인된다.

현대적 문화재 요소가 왕실상징물과 고적 모두에서 부합되게 나온다면 조선시대에도 현재와 유사한 문화재 인식이 있었다고 할 수 있다. 그러나 왕실 상징물은 대명사적 개념으로 표현되지 않았고, 고적은 국가의 특별한 보호를 받지 않았다.

지금까지의 고찰 결과, 한국의 근대적 문화재 인식과 보호는 최소한 조선시대 16세기 이후에 그 싹이 트고 있었다고 볼 수 있다. 한국에서 '문화재' 인식과 보호에 대한 본격적인 정책은 일제강점상황 하에서 '문화재'에 대한 식민지 지배적 관리와 해석을 위해 시작되었다고 인식되어 온 경향이 일반적인데, 이는 새로운 시각에서 볼 필요가 있다.

역사학의 경우를 예로 들면, 일반적으로 한국 근대 이전의 역사학이 역사학의 역사에서 부정되지 않는 것과 같은 논리이다. 역사서가 현재와 같은 형태로 서술되지 않았다고 해서 조선시대에 역사에 대한 인식과 관련한 활동이 없었다고 보기는 어려운 것과 같다.

조선시대의 문화재 인식과 관련 활동은 지금의 체계와 다른 점이 많다. 하지만 이는 문화재의 인식과 보호활동 등 '방법'에서 오는 차이의 문제이다. 일제강점기 이후 현재까지 지속되고 있는 방법을 그 전에 가지지 않았다고 해서 조선시대에 문화재에 대한 기본적인 관심과 활동이 없었다고 보기는 어렵다.

사실 공공의 영역에서 '문화재'라는 집합단수 대명사의 출현은 일본의 경우 1950년이며, 한국은 1962년이다. 이전에는 '고적古蹟', '사적史蹟', '보물寶物' 등 각기 다른 형태로 분산되어 존재하고 관리되고 있었다. 고적은 그 이전부터 이미 동아시아에서 공통적으로 가지고 있던 개념이었다. 하지만 20세기 전반기에 문화재 관련 인식과 활동이 없었다고 부정하는 사람은 일본에도, 한국에도 없다.

뒤에서 다루겠지만, 20세기 초 일본이 우리 땅에서 시작한 고적 조사와 제도화는 전에 없던 선진 제도를 전파한 게 아니라, 중국·한국·일본 등 동아시아

지역에서 이미 전통적으로 인식하고 있었던 고적 인식 체계에 바탕을 둔 것이라고 볼 수 있다. 이미 동아시아 지역에서 유적들을 고적으로 보는 공통적 인식 바탕 위에 식민 지배자의 시각이 더해져 새롭게 정리된 것이다. 그리고 이런 고적이나 유물에 대한 전통적 인식들은 조선 말기 계몽지식인들에게 이어져 주체적 문화재 인식과 전파를 시도하는 바탕이 되었다.

### 4) 개항~대한제국

## (1) 개항기

### ① 왕실과 지식인

### 가. 개항기 조선 왕실의 인식

1876년 개항을 계기로 조선은 외국의 근대문물과 본격적으로 접하기 시작하였다. 개항 이후 근대화(東道西器)를 표방하며 1897년 출발했던 대한제국大韓帝國 직전까지 다소 혼란스러웠을 20여 년의 기간 동안 조선왕실이 조선의 문화재에 대해 보인 관심에 대해 살펴보겠다. '문화재文化財'라는 단어는 제2차 세계대전 이후 1940년대 후반에 유네스코의 Cultural Property에 대한 번역어로서 등장하였으므로, 이와 유사개념으로 일제강점기 이전에 주로 쓰였던 고적古蹟 · 고물古物 · 명승名勝과 같은 단어를 기준으로 하여 고종시대의 상황을 공식 기록한 『승정원일기承政院日記』고종高宗 편에 어떤 언급들이 있는가를 살펴보았다.

### ㄱ. 고적古蹟

『승정원일기』중 고종 편에는 '고적古蹟' 검색어로 총 6건의 기록이 나오는데, 이 중 개항 이후의 기록은 다음의 2건이다.

> "丙子十一月初四日申時, 上御乾清宮....
> 上曰, 太祖朝所御玉圈子, 宣祖朝所御環刀, 竝未救得, 甚慨惜而亦甚愴感矣. 炳

學曰, 舊傳之未及救出, 不任嘆惜矣. 裕元曰, 安知不更爲推尋於曾所奉藏處乎
上曰, <u>列聖朝御筆</u>, 一無救得, 內藏書冊, 亦無餘存者矣. 書冊則未知內閣, 各有
一副矣. 裕元曰, 內閣書籍之藏於皆有窩, 聖意所在矣. 上曰, <u>古蹟之多因失火而
不保者</u>, 自古然矣, 甚可歎也. 裕元曰, 不爲移御, 則重建, 爲時急矣. 上曰, 戶曹
未上下, 爲百萬兩, 則今何以經紀重建乎 最應曰, 大內回祿, 荐出於三數年之頃,
必有根因而然, 臣意則毋論宦官宮女掖屬及把守軍卒, 嚴查得情, 斷不可已, 故
敢達矣. 上曰, 當有處分矣. 出擧條 上曰, 史官就座. 仍命大臣先退. 又命退, 諸
臣以次退出."117)(밑줄: 필자)

위 기사는 고종 13년(1876)에 왕이 건청궁乾淸宮에서 시원임時原任 대신 등을
인견引見할 때 행 도승지都承旨 이명응李明應 등이 입시하여 대내에 화재가 났던
일에 대해 논의하였다는 내용이다. 이 중 고종이 태조조太祖朝에 사용하였던 옥
권자玉圈子와 선조조宣祖朝에 사용하였던 환도環刀, 열성조列聖朝의 어필御筆 등을
모두 구하지 못해 애석해하는 내용이 있는데, 이는 선조의 유물들을 조선왕실
에서 특별히 보관 관리하고 있었음을 알 수 있는 대목이다. 또한 '고적古蹟이 다
수 실화失火로 인하여 보존되지 못하는 것은 옛 부터 그러하였다'는 고종의 언급
이 있는데, 앞의 내용들을 보면 고종이 언급한 고적은 화재로 소실된 유물遺物
들을 의미했으며, 유물들의 보관행위 또한 옛 부터 있었음을 알 수 있다.

위 기사에서는 당시 조선 왕실에서 왕실의 상징물들에 대해 현재의 문화재처
럼 보존대상으로서 가치를 높게 두는 인식을 하고 있었고, 이에 따라 이 왕실 상
징물들을 따로 보관 관리 하고 있었다는 점을 알 수 있다. 다만 이 기사에서 고
적은 지금과 같은 부동산이 아닌 동산문화재로도 인식되었음이 앞의 사례와 같
이 왕실상징물들을 고적으로 지칭하는 부분에서 확인된다.

"黃海道儒生李源夏等疏曰, 伏以興王之邦, 誕聖之地, 建殿崇奉之禮, 卽惟我國
全州之慶基殿, 永興之濬源殿, 松京之穆淸殿, 咸興之本宮, 而海州與四府, 所重

---

117) 『承政院日記』, 高宗 13년 丙子, 11월 4일, 辛酉.

特異者, <u>太祖大王 · 宣祖大王 · 元宗大王 · 仁祖大王四聖祖古蹟</u>, 自在於一州邑地誌, 國乘斑斑可考, 而仁祖湯沐之邑, 尤有所重, 庚寅年, 臣等以建殿薦享之意, 奉章叫閤, 于今四年, … "[118](밑줄: 필자)

위 기사는 고종 30년(1893)에 황해도 유생 이원하李爰夏 등이 해주海州에 전殿을 지어 성조의 영령을 봉안하는 일을 속히 행하기를 청하는 상소에 관한 내용이다. 여기에서 황해도 유생들은 해주에 태조대왕太祖大王, 선조대왕宣祖大王, 원종대왕元宗大王, 인조대왕仁祖大王 등 네 왕의 고적이 한 고을에 있다고 하였다. 또한 유생들은 이 고적들이 지리지와 역사에 등장하므로 소중한 것들이라는 인식을 하고 있다. 그러므로 왕실에서 이곳에 전殿을 세워야 한다는 주장을 펴고 있다.

위 기사에서는 왕실과 관련된 중요 유적을 고적으로 인식하고 있고, 이러한 인식들은 지리지나 역사서에 이미 서술되고 있었으며, 따라서 국가적으로 중요하게 취급 및 관리되어야 한다는 조선사회 주류층의 인식을 나타내고 있다. 고적을 국가에서 관리해야 한다는 인식과 그 대상이 왕실과 관련된 것들임을 이 기사에서 알 수 있다.

이는 전통적으로 고적의 인식과 관리에 국가(왕실)의 역할이 있다는 인식을 하고 있었음을 알 수 있는 대목이다.

결론적으로, 『승정원일기』 고종 편에 등장하는 고적古蹟은 유적遺蹟과 유물遺物 모두를 의미했고, 왕조의 정통성과 관련한 고적에 대한 관심은 그 전부터 이어져오던 것이었음을 알 수 있다. 이는 앞서 살펴본 『조선왕조실록朝鮮王朝實錄』과 같은 기록물에서도 쉽게 확인된다.

ㄴ. 고물古物

『승정원일기』 중 고종 편에는 고물古物 검색어로 총 2건의 기록이 나오는데,

---

118) 『承政院日記』, 高宗 30년, 11월 27일, 乙巳.

내용은 다음과 같다.

> "禁中多有不用之古印信, 古亦多造印信也. 裕元曰, 此是古物也, 今雖無用, 善
> 爲典守, 誠美事也."[119](밑줄: 필자)

위 기사는 고종 11년(1874)에 고종이 인신(도장, 印章)에 관한 언급을 하는 내용
이다. 예전에 쓰던 인신들이 궁궐 안에 많이 있다는 고종의 말과 이에 대해 옛날
물건이어서 비록 사용하지 않더라고 잘 보관하는 것이 진실로 아름다운 일이라
는 신하 이유원의 말이 있다.

사용하지 않는 물건이라도 옛날 물건이니 잘 보관해야 한다는 인식을 위 기
사에서 볼 수 있다. 용도 폐기된 옛 물건을 잘 보관하는 것이 잘하는 일이라는
조선의 인식이다. 지금의 문화재 역시 용도 폐기된 옛 물건 중 소중한 것을 보관
관리 하는 것이므로 이 기사는 문화재 인식의 관점에서 비교 대상이 된다.

> "上仍步詣碑閣奉審訖. 上曰, 此陵碑石, 甚豐且好, 蓋古物元多好者矣. 舜澤曰,
> 古物誠多好者, 而石亦隨年代而品有不同矣. 上曰, 石工之巧拙, 亦隨年代而不
> 同也. 舜澤曰, 近者綏陵碑石則甚好矣."[120](밑줄: 필자)

앞의 기사는 고종 30년(1893)에 고종이 수릉綏陵에 제사 지내기 위해 행차할
때 신하들과 나눈 대화의 일부이다.

고종이 '이 능의 비석은 보기 좋은데, 고물은 원래 대부분 좋다'는 말을 하였
고, 신하 심순택沈舜澤이 동의하는 말을 한다. 여기에서 고물은 능의 비석을 의
미한다. 비석을 고물, 즉 문화재로 인식한 사례이다.

---

119) 『承政院日記』, 高宗 11년, 6월 20일.
120) 『承政院日記』, 高宗 30년, 8월 28일.

ㄷ. 명승名勝

명승은 『승정원일기』 고종 편에서 검색되지 않는다. 범위를 확장하여 조선왕조실록 전체에서 6건과 『승정원일기』 전체에서 1건이 검색되는데, 각각 태종(1404년) · 선조(1583년) · 영조(1744년) · 정조(1785년, 2회) · 순조(1812년, 이상 조선왕조실록) · 영조(1727년, 『승정원일기承政院日記』) 편에 각 1회씩 나타난다. 그 내용은 현재처럼 아름다운 경치가 있는 곳을 가리키는 뜻으로, 명승에 관해서는 현재와 유사하게 '주위 환경이 아름다운 경관'으로 인식을 하고 있었음을 알 수 있다.

이상의 자료를 검토하면, 개항 이후에도 조선왕실은 고적古蹟 · 고물古物 · 명승名勝과 같은 문화재 관련 개념어들에 대해 그 전 시기와 비교하여 별다른 인식의 차이를 보이지 않았고, 이에 따라 이전 시기와 특별히 다른 정책을 펴지도 않았다.

조선과 비슷한 시기, 일본에서 메이지明治정부 수립 이후 고적이나 명승의 보존 운동이 일어나고 관련된 규정이나 지침이 발효되던 상황과는 대조적이다. 일본은 본격적인 근대화와 함께 진행된 천황제 강화, 만국박람회 참여와 같은 상황을 계기로 고적 · 고물 · 명승과 같은 대상들에 대해 지배세력의 차원에서 적극적인 보존조치를 하게 된다. 그러나 조선에서는 일본처럼 옛 것에 대한 재발견 움직임이 거의 없었다.

이는 조선과 일본의 지배구조 변화의 차이에 기인한다고 볼 수 있다. 조선은 동학운동이나 갑신정변과 같은 개혁운동이 있기는 하였지만, 500년 가까이 이어오던 왕조정치 체제를 흔들 만큼은 아니었으며, 여러 사회 개혁 움직임에도 조선의 체제는 비교적 굳건히 이어져 전반적인 사회개혁은 쉽게 이루어지지 않았다.

반면 일본은 기존의 봉건정치 체제를 천황중심의 왕정체제로 변화시키면서 여러 사회개혁을 단행했는데, 이 과정에서 천황 중심의 내셔널리즘이 발흥하였고, 관련하여 전통의 재발견이나 창조와 같은 일들이 일어나 일본의 문화재가 근대적 체계를 갖추어 나가는 출발점이 되었다. 이런 점이 조선의 경우와 다르다. 통치의 정점에서 전통을 재발견할 필요가 있었기 때문에 일본은 새로운 문화재 인식과 제도화가 가능했다.

## 나. 개항기 외국에 파견된 관리의 인식

개항 후 조선왕실은 근대문물을 배우거나 외교활동을 위해 젊은 학자나 관리들을 외국으로 보냈다. 이렇게 외국으로 나간 조선의 학자나 관리들은 자신이 보고 듣거나 수집한 자료를 바탕으로 여러 견문록을 남겼다. 이 견문록들 중 문화재와 관련지어 검토해 볼 수 있는 사례들은 박물관에 관한 언급들이며, 그 내용을 각 인물이 남긴 기록으로 보면 다음과 같다.

### ㄱ. 유길준兪吉濬

『서유견문西遊見聞』은 1882~1885년 미국에서 유학생활을 했던 유길준이 미국에서 보고들은 내용을 귀국하여 집필한 후 1890년 고종에게 초고를 바친 책이다. 이 책은 조선시대 학자들이 임금에게 시무책을 올렸던 것처럼, 유길준이 자신의 정책구상을 펼쳐보였던 책이다.[121] 이와 같은 차원에서 이 책에는 조선에 참고가 된다고 생각되는 미국의 제도와 문물을 자세히 소개하였는데, 그중 문화재 인식과 관련하여 살펴볼 만한 부분은 다음과 같다.

[박람회]
... 서양 여러 나라의 대도시는 몇 년에 한 번씩 생산물 대회를 열고 세계에 널리 알린다. 각국의 천연자원과 사람이 만든 명산품이라든가, 편리한 기계나 고물과 진품들을 수집하여 모든 나라 사람들이 구경하도록 하는 것이다. 이를 가리켜 박람회라고 한다. ... 중략 ... 각국의 고금 물품들을 살펴보면 그 나라의 연혁이나 풍속과 인물이 슬기로운지 아닌지도 추측할 수 있다. ...[122]

---

121) 유길준 지음, 허경진 옮김, 2004, 『서유견문』, 서해문집, 8쪽.
122) 유길준 지음, 허경진 옮김, 2004, 『서유견문』, 서해문집, 469~471쪽.

[박물관과 동·식물원]

1. 박물관은 세계 각국의 고금 물산들을 크건 작건 귀하건 천하건 가리지 않고 일제히 거둬서 모아, 사람들의 견문과 지식을 넓게 하기 위하여 설치한 곳이다.

2. 광물 박물관은... 3. 새·짐승과 벌레·물고기 박물관은... 4. 의료박물관은...

5. 박물원(동물원과 식물원)은... 6. 동물원은... 7. 식물원은...

8. 이와 같이 박물관이나 박물원에 여러 종류 물건을 수집하고 보관하는 일은 한 사람의 힘만으로 경영할 수가 없다. ...[123]

　박람회나 박물관에 관하여 그 내용 및 체계를 이해하고 분류 및 서술했다는 점에서 유길준은 이미 박람회나 박물관에 대한 개념을 인식하고 있었다. 박람회나 박물관이라는 용어를 최초로 쓴 인물로 유길준이 언급되기도 하지만, 그가 박람회나 박물관에 관해 가졌던 인식은 미국에 가기 전 일본 유학 시절에 형성된 것인데, 당시 일본의 사상가 후쿠자와 유키치福澤諭吉가 만든 용어와 정의를 그대로 따라 한 것으로 연구되고 있다.[124] 실제로 후쿠자와 유키치가 쓴 『서양사정西洋事情』을 보면, 여기에 나오는 항목의 제목이나 내용이 유길준의 서유견문에 번역되어 거의 그대로 옮겨졌음이 확인된다.[125] 근대화의 물결 속에 있던 개화사상가인 유길준에게 우리의 옛 것에 대한 관심은 비교적 크지 않았기 때문이라고 본다.

　유길준의 박물관 용어나 개념에 대한 인식이 일본인들이 만든 틀 위에서 형성되었기 때문에 미국의 박물관에 대한 인식을 좀 더 주체적으로 하기에는 한계가 있었을 수 있음을 감안하더라도 유길준의 『서유견문西遊見聞』에서는 외국의 근대 초기 문화재 인식의 역사에서 자주 나타나는 사례와 같이 옛 것을 되살린다든지 가치를 재조명하는 관점에서 조선의 전통문화나 문화재의 중요성에 대한 인식이 보이지 않는다.

---

123) 유길준 지음, 허경진 옮김, 2004, 『서유견문』, 서해문집, 471~473쪽.

124) 최석영, 2012, 『한국박물관 역사와 전망』, 민속원, 12~13쪽.

125) HATHITRUST Digital Library(https://babel.hathitrust.org/cgi).

결론적으로, 유길준은 일본이나 미국 현지에서 박물관을 실제로 보고 이해하였겠지만, 개화사상가로서 우리 전통문화 혹은 문화재에 대한 진보적 인식은 비중 있게 하지 못하였다.

### ㄴ. 박정양朴定陽

박정양은 초대 주미전권공사로 1888년에 워싱턴에서 근무했던 외교관이다. 그는 미국에서 주재하는 동안 보고들은 사항을 일기형식으로 기록했는데, 이것이 『미행일기美行日記』이다. 이 책에서 문화재 인식과 관련하여 검토해 볼 수 있는 사례는 다음과 같다.

> [1888년 1월 2일]
> ... 이어서 박물관에 갔다. 바다와 땅에서 나는 물품, 날고 잠수하고 달리고 엎드린 동식물의 진품과 모형, 의복 · 그릇 등이 종류에 따라 배치되어 있다. 각국의 물품도 역시 모두 분류해서 배치되어 있다. 그중에는 한국 물품을 소장한 곳도 있다. 남녀 의복과 갓 · 신발을 갖춘 공사(公私) 길 · 흉례 및 그릇의 고금 제도랑, 회화 · 병풍 · 자리 등속에 이르기까지 대략 배치되었지만, 갖춰진 것이 그리 많지 않다. 대개 널리 많이 모아서 인민의 견문을 넓혀주기 위함이다. 하지만 만들어진 지 몇 년밖에 되지 않아 아직 널리 찾지 못하였기 때문에, 구비된 것이 일본 박물관에 미치지 못한다. ...[126]

박정양은 대한제국의 관리로서 미국의 여러 행정기관이나 제도, 풍습 등에 대한 기록을 남기면서 박물관에 대한 기록도 남겼다. 박물관의 소장품 중 한국의 것들을 관찰하고 기록한 점은 유길준의 서유견문과 다르다. 그리고 그 갖춤이 많지 않음을 지적하여 박물관 소장품에 대한 평가도 하였음이 확인된다. 그리고 미국의 박물관이 일본의 박물관보다 못하다는 평가를 한 것으로 보아 박물관 자체에 대한 기본적인 인식도 이미 하고 있었음이 확인된다. 이는 박정양

---

126) 박정양 지음, 국외소재문화재재단 옮김, 2014, 『미행일기』, 푸른역사, 83쪽.

이 1881년 신사유람단의 일원으로 일본의 문물을 경험한 일이 배경이 되었을 것으로 보인다.

하지만 박정양 역시 유길준처럼 미국에서 관찰한 박물관을 통하여 옛 것의 가치를 재조명하는 관점에서 전통문화나 문화재의 중요성을 인식하는 점은 보이지 않는다. 이러한 인식의 원인으로는 조선의 정통성을 이어받은 대한제국의 관리로서 옛 문화에 대해 새로운 시각을 가질 필요를 느끼지 못했기 때문일 수 있다.

② 외국인의 인식과 조사

가. 조선 말 외국인의 문화재 인식 변화와 배경

조선 말기의 서화 · 골동품 수집문화에서 주목할 점은 당시 사람들이 수집품들을 재화적인 가치로 보는 인식이 확산되었을 가능성이 높다는 것이다. 이 시기에 화폐경제가 발달한 측면도 있겠으나, 앞서 언급한 고동기 수집문화와 함께 외국인들이 우리 문화재를 획득하려는 시도도 동산문화재를 바라보는 인식의 변화에 영향을 주었다고 볼 수 있다.

1868년 오페르트Ernest Jacob Oppert의 남연군묘 도굴사건은 당시 조선 사회에 충격을 주었다. 그러나 당시 이들을 안내했거나 이 사건을 경험했던 조선인들에게는 무덤의 부장품이 재화로 환원될 수 있음을 인식하게 하는 계기가 되었다. 당시 오페르트에게 남연군묘의 부장품을 도굴하자고 유혹한 페롱은 다음과 같이 언급했다.

1. 大院君은 몇 개의 古遺物을 갖고 있는 데 이것으로 인해 그 가정에 행운이 올 것으로 믿고 있다는 것.
2. 그 古遺物은 특수한 자리에 있는데 상륙지점에서 약 4시간 거리에 떨어져 있고 ...[127]

---

127) 盧啓鉉, 1982, 「오페르트의 南延君墳墓 盜掘蠻行과 韓國의 措置」 『국제법학회논

위 사례를 보면 오페르트와 조선인들이 포함된 그 일행들은 무덤의 부장품을 재화로 환원이 가능한 대상으로 인식했을 가능성이 높다.

남연군묘 도굴사건으로부터 15년이 지난 1883년에는 조선 최초의 서양인 관리였던 묄렌도르프Paul George von Möllendorf가 조선에서 각종 민속품을 구하여 독일의 박물관으로 보냈다.[128] 여기에서 주목할 것은 독일 박물관이 묄렌도르프에게 보낸 수집 기준 항목에 '골동품'이 포함되어 있다는 점이다. 묄렌도르프는 '골동품'에 해당하는 물건을 5건 보낸 것으로 보고되고 있다.[129]

1886년 2월 22일 한성주보에 실린 독일 무역회사 세창양행의 광고도 주목할 필요가 있다. 세창양행의 광고 중 매입품 대상목록에 '고동전古銅錢'이 등장한다. 한성주보는 조선왕실에서 발행하는 기관지적 성격이 강한데, 여기에 옛 물건이 매입 가능한 대상으로 광고되고 있다는 점은 옛 유물(동산문화재)에 대한 조선 정부의 인식이 전보다 유연해졌음을 추측할 수 있는 대목이다.

실제로 조선에서 세창양행을 창업한 마이어Heinrich Constantin Eduard Meyer가 1887년에 수집한 물품들 중에는 '일본에서 높이 칭찬하는 한국의 희귀한 도자기류', '특히 오래된 흑백상감의 고려청자' 등이 있다고 하기때문에,[130] 적어도 1880년대 후반에는 조선에서 도자기를 비롯한 동산문화재 수집이 어렵지 않게 이루어졌음을 추측할 수 있다.

이러한 현상이 가능했던 것은 옛 물건들에 대한 조선 사회의 인식 변화가 있었기 때문이다. 이 인식 변화의 배경으로는 우선 당시 중인층까지 확산되었던 서화 및 고동기 수장문화나 외국인들의 골동품 구입 시도 등을 조선인들이 직

---

총』27, 96쪽.

128) 국립문화재연구소, 2013, 『독일 라이프치히 그라시 민속박물관 소장 한국문화재』.

129) 이주현, 2011, 「독일인이 본 근대 한국 -독일 민속박물관의 한국유물 수장양상」 『한국근현대미술사학』 22, 한국근현대미술사학회, 305쪽.

130) 이주현, 2011, 「독일인이 본 근대 한국 -독일 민속박물관의 한국유물 수장양상」 『한국근현대미술사학』 22, 한국근현대미술사학회, 309쪽.

간접적으로 경험한 일들을 들 수 있고, 또 다른 측면으로는 조선 말기로 갈수록 경제적으로 어려워진 조선 민중들의 생활환경을 들 수 있다.

조선 민중들의 경제적 어려움은 조선 말기에 대규모로 진행된 고려청자 도굴 현상[131]에 하나의 원인을 제공했다. 고려청자는 대부분 고려 귀족층의 무덤 부장품인데, 옛 무덤에 대한 관습법적 금기에도 불구하고 조선 민중들이 이 도굴에 참여할 수 있었던 것은 조선말의 사회경제적 상황 변화와 무관하지 않다.

## 나. 서양인의 '문화재' 인식과 수집

19세기 말경 개항과 더불어 한국에 외교 · 교역 · 선교 등의 목적으로 다수의 서양인이 활동하였다. 그리고 이들은 주로 자신들의 경험[132]을 바탕으로 한국에 대한 소개서를 출판하였다.

서양인들은 이국에 대한 그들의 단순한 지적 호기심의 차원에서 그들의 시각으로 조선의 현상을 기록하였다. 대표적인 사례로 헐버트와 묄렌도르프의 경우를 설명하면 다음과 같다.

### ㄱ. 헐버트[133]

헐버트Homer Bezaleel Hulbert는 대한제국 시기에 한국의 독립을 위해 활발히 활동한 인물이다. 그는 『대한제국멸망사』라는 책을 통해 대한제국이 멸망해가는 과정을 저술하고 한국에 대한 애정을 나타냈는데, 이 책에 한국의 문화재에 대한 견문록이 포함되어 있어 당시 외국인의 시선으로 본 우리 문화재에 대한 인식의 단면을 알 수 있다. 특히, '기념물과 유적'이라는 장을 따로 두어 한국의

---

131) 정규홍, 2005, 『우리문화재 수난사』, 학연문화사, 31~46쪽.

132) 한국에 대한 기행문이나 소개글을 쓴 외국인들 중에는 자신이 직접 경험하지 않고 소문과 상상에 의존한 간접 경험으로 한국 사정을 기록하고 출판하는 일도 종종 있었다.

133) H.B. 헐버트 지음, 신복룡 역주, 1999, 『대한제국멸망사』, 집문당.

문화재를 별도의 주제로 인식하고 있었음을 알 수 있다.

이 책에서 특히 주목할 만한 것은 '기념물과 유적'이라는 장에서 설명하고 있는 문화재에 관한 내용들이다. 이 장에서 소개하는 첫 유적으로 민족시조 단군檀君의 성지인 강화도 마니산 참성단塹星壇에 대해 그 현상과 의미를 상세히 설명하고 있다.[134] 일제강점 직후 일본인들이 조사해 만든 '고적조사 목록'이나 관련 규정 제정 후 만든 '지정목록'에는 참성단이 없는 것에 비추어 보면, 문화재의 인식이 조사자의 역사의식에 의해 얼마나 좌우되는지를 알 수 있다. 헐버트는 참성단 외에도 우리 민족의 독특한 역사성을 나타낸다고 생각되는 고인돌도 비중 있게 소개하였으며, 경주의 신라 관련 유적들과 전국에 산재한 불교 관련 유적들도 관련 이야기들과 함께 '기념물과 유적'이라는 장에서 소개하였다.

또한, 헐버트가 우리 문화재를 소개하는 서술 방식에 주목할 필요도 있다. 참성단을 비롯한 각 유적을 설명하면서 각 유적들이 한민족사에서 어떤 의미를 가지고 있는지 관련 '스토리'와 힘께 설명을 하고 있다. 그리고 그가 설명하는 각 문화재들에 대한 현상은 문화재 설명의 일부로 서술되고 있다. 한국 문화재의 설명이 현상 위주로 되어 이해하기 쉽지 않게 되어 있었던 것과 다른 양상이다. 이러한 현상이 발생하게 된 원인은 현재 문화재 체계의 뿌리가 형성된 일제강점기에 한국 문화재를 목록화하고 지정한 일본인들이 각 문화재가 한민족의 역사에서 가지는 의미를 경시하였기 때문이라고 볼 수 있다. 결국 문화재를 선정하고 설명하는 데 있어서는 그 행위 주체자의 인식이 반영될 수밖에 없다는 점이 이러한 차이점을 설명할 수 있는 원인이다.

ㄴ. 묄렌도르프

묄렌도르프Paul George von Möllendorf 역시 대한제국 시기에 한국에서 활동한 외국인이었는데, 그는 헐버트와 달리 한국정부의 관원이 되어 정부 내에서 직접

---

134) H.B. 헐버트 지음, 신복룡 역주, 1999, 『대한제국멸망사』, 집문당, 345~346쪽.

활동하였다는 차이점이 있다. 그 역시 고종의 큰 관심을 받았던 인물이었고, 세관 및 외교 등 대한제국의 일에 여러 방면으로 관여하였다. 그가 한국에서 생활했던 당시의 내용을 담은 자전[135]이 전하는데, 그의 부인이 저술하였다는 한계에도 불구하고 그 상세한 기술로 사료적 가치가 크다.

묄렌도르프의 자서전에 현재 관점에서 문화재로 볼 수 있는 것들은 직접적으로 등장하지 않으나, 유추해 볼 수 있는 자료로 왕실을 비롯한 관계자들에게 선물을 자주 받았던 상황이 기술되어 있다. 그 구체적인 예는 다음과 같다.

> "왕이나 고위 관리들은 남편에게 선물 경쟁을 벌이기나 하듯이 조선의 달력, 담뱃대, 완성된 의복, 과일 등을 선물했다."[136]

> "우리를 환영하는 뜻으로 국왕 부처(夫妻)는 많은 식품을 하사했다. … 일단의 상류층 조선 사람들도 방문해 왔으며 선물을 가져왔다."[137]

위와 같은 상황에서 묄렌도르프가 받았던 선물 중 일부는 독일 라이프치히로 보내져 박물관의 수집품이 되었을 가능성이 있다.

묄렌도르프는 헐버트와는 달리 적극적으로 한국의 유물을 수집한 인물이다. 그의 자서전에는 나타나지 않지만, 그가 한국에서 수집한 것임이 증명되는 문화재들이 독일 라이프치히 민속박물관에 보관되어 있음이 확인되었다.[138] 묄렌도르프가 조선의 관리로 있었던 기간이 1882~1885년이고, 민속박물관에 있

135) P.G.von 묄렌도르프 지음, 신복룡 · 김운경 역주, 1999, 『묄렌도르프 自傳(外)』, 집문당.

136) P.G.von 묄렌도르프 지음, 신복룡 · 김운경 역주, 1999, 『묄렌도르프 自傳(外)』, 집문당, 76쪽.

137) P.G.von 묄렌도르프 지음, 신복룡 · 김운경 역주, 1999, 『묄렌도르프 自傳(外)』, 집문당, 90~91쪽.

138) 국립문화재연구소, 2013, 『독일 라이프치히 그라시 민속박물관 소장 한국문화재』.

는 묄렌도르프 수집품의 기증연도가 1883년과 1884년인 것을 보면, 이 유물들은 묄렌도르프가 조선에 있으면서 수집하여 독일에 보낸 것일 가능성이 크다. 그리고 이 문화재들은 단순한 개인적인 호기심 차원이 아닌 당시 독일 박물관의 구체적 제안이었음이 관계자의 인터뷰 및 설명[139]과 유물목록에서도 확인이 되었다. 19세기 말 건립된 라이프치히 민족학박물관은 당시 독일사회에 새롭게 등장한 자본주의 경영인들에 의해 세워진 박물관이다. 이 박물관은 당시의 제국주의적 바탕 위에서 타국의 정보를 수집해야 하는 당위성 하에 세계 각지 민족들의 정보를 파악할 필요가 있었고, 현지에 직접 가서 파악하기 어려운 정보들을 현재의 독일인들을 통해 민속품 수집이라는 방법으로 해결을 시도하였다. 그 결과, 이 라이프치히 민족학박물관에 세계 각지 각 민족의 유품이 상당히 보관되어 있는데, 이 중 묄렌도르프가 수집한 한국의 유물들이 당시의 현상을 거의 그대로 유지한 채 보관되어 있다. 19세기 말 한국인들의 생활유물이 거의 그대로 옮겨져 있는 것이다.

묄렌도르프는 민족학적 관점에서 당시의 현상을 그대로 재현할 수 있는 각 분야의 물건들을 수집한 것이지만, 이 물건들은 독일로 보내는 상자에 담기는 시점부터 본래의 기능을 상실하고 박물관의 수집품이 되었다. 그리고 이 수집품들은 현재의 관점에서 문화재가 되었다.

묄렌도르프가 한국의 문화재에 관해 가졌던 인식은 현재 우리가 가지고 있는 보존 대상으로서의 물건이 아닌 단순한 수집품이었을 것이다. 그러나 그의 수집행위에는 독일 박물관이 가졌던 타국의 문화를 인식하고 분류하는 수준이 유물수집 기준이라는 형태로 반영되어 있었고, 묄렌도르프는 이 기준에 따라 우리 문화의 표본이 될 만한 것들을 수집하여 박물관으로 보냈다.

서양인들은 뒤에서 서술할 일본인들과 달리 한국의 문화재들에 대해 단순

---

139) 국립문화재연구소, 2013, 『독일 라이프치히 그라시 민속박물관 소장 한국문화재』, 16쪽, 22~24쪽, 644쪽.

히 관찰과 수집의 대상으로 여겼으며, 더 깊은 차원의 연구 대상으로 인식하고 조사를 진행하지는 않았다. 당시 서양인들에게 한국은 역사나 문화적 관점에서 심층 연구의 대상이 되지는 못했던 것으로 보인다.

### 다. 일본인의 '문화재' 인식과 조사

일본인들 또한 서양인들처럼 개항 이후 통상 등의 목적으로 한국에 거주하며 활동하였다. 그리고 그들은 대한제국 시기 이후에는 서양인들의 경우보다 더 적극적으로 한국의 문화재에 대한 조사를 진행하였다. 서양인들처럼 단순한 호기심이나 관찰의 대상을 넘어서는 것이었다. 여기에는 역사적으로 연관성이 높은 인접국가라는 점이 가장 큰 이유로 작용했을 것이며, 이에 따라 관련 전공자들이 일본의 위세를 등에 업고 한국에 들어와 많은 조사를 하였다.

한국에 처음 들어온 일본인 연구자는 야기 쇼자부로八木奬三郞로 연구되고 있는데, 그는 동경제국대학의 명령에 의해 1900년 10월에 대한제국으로 들어왔다. 당초 짧은 기간의 조사를 계획하였지만 이듬해 3월 1일까지 체재하였는데, 여기에는 그의 고고학적 호기심이 작용했을 것이라고 한다.[140] 그리고 당시 한국 정부에서도 일본인 학자에 대해 호의적이어서 그에게 조사 편의를 제공하라는 공문을 각 지방 군수에게 보냈다.[141]

이 시기 활동한 일본인 조사자들로는 야기 쇼자부로 외에도 세키노 타다시關野貞, 도리이 류조鳥居龍藏 등이 있다. 이들은 각각 고고학, 건축학, 인류학 분야의 전공자였기 때문에 그들의 전공에 맞는 조사를 기본적으로 진행하였지만, 서로 전공을 명확히 구분하지 않고 폭넓게 조사를 진행하였다는 점도 특징이다.

서양인과 같은 외국인들은 제3자적인 관점에서 한국의 문화재를 인식하고 수집하였는데 반해, 일본인들은 구체적인 목적과 계획을 가지고 조사와 상세한

---

140) 최석영, 2015, 『일제의 조선 「식민지 고고학」과 식민지 이후』, 서강대학교출판부, 172쪽.
141) 정규홍, 2012, 『우리 문화재 반출사』, 학연문화사.

기록을 하였다. 그리고 이러한 조사들은 일본의 제국주의적 확장과 함께 우리 땅에서도 확대되었던 경향이 있으며, 이렇게 조사된 자료들은 일제강점 후 일본 인들이 진행한 본격적인 조사와 목록화의 기초자료가 되었다.

## (2) 대한제국기

### ① 대한제국기 신문에 나타난 인식

대한제국기(1897~1910)는 전통적 사회문화가 해체되고 근대로 이행하는 과도기적 시기였다. 대한제국은 스스로 황제라 칭한 고종을 중심으로 황실에 의한 국가의 자주적 근대화를 추구하였지만, 결과적으로 일제에 주권을 넘기게 되었다.

대한제국 당시의 근대화 분위기 속에서 '문화재'가 주체적으로 인식되고 있었는가를 살펴보고자 한다. 그 당시 문화재 인식을 알아보기 위한 대상으로 '신문新聞'을 택하였다.[142] 신문은 발행 당시의 여론과 인식을 잘 반영하기 때문이다. 대한제국 시기에 많은 서양식 개혁 시도가 여러 분야에서 진행되었는데, 신문도 그 중 한 분야였다. 최초의 신문은 1883년에 발간되었고, 최초의 일간지는 대한제국 직전인 1896년에 발간되었지만, 양적으로나 질적으로 근대적 신문이 발생하고 발전했던 시기는 대한제국 시기였다. 이때는 민족지, 친일지, 한글전용, 국한문혼용 등 여러 스펙트럼의 신문이 경쟁적으로 발전을 하던 시기였다.[143] 많은 신문들이 발행되었기 때문에 이 시기의 신문 내용들을 통해 당시 사람들의 사회인식이나 문화재에 관한 인식을 살펴볼 수 있다.

그런데 문화재文化財라는 단어는 일제강점기나 그 이전에는 공식적인 표현의 장에서 존재하지 않았다. '문화재'는 1950년 일본에서 「문화재보호법文化財保護法」이 제정되면서부터 공식화된 용어이기 때문에 일제강점기는 물론 그 이전 시

---

142) 시간에 따른 개념의 변화상을 연구하는 개념사 학문에서 '신문'을 사건사의 관점에서 개념의 분석 수단으로 이용하는 것은 알려져 있는 방법이다(나인호, 2011, 『개념사란 무엇인가 -역사와 언어의 새로운 만남-』, 역사비평사, 80쪽).

143) 차배근 외, 2001, 『우리신문 100년』, 현암사, 14~77쪽.

기에도 문화재로 칭해지는 대상은 한국에 없었다. 일제강점기에는 문화재가 보물寶物, 고적古蹟, 명승名勝, 천연기념물天然記念物 등으로 칭해졌고, 이 시기를 한국 문화재사文化財史의 초기사로 보는 경향이 우세하다.[144] 그런데 보물, 고적, 명승 등은 일제강점기 이전에도 한국에서 쓰였던 단어들이다.

따라서 대한제국기의 문화재 개념어를 신문에서 검색하기 위한 단어로 일제강점기에 문화재를 지칭하는 의미로 쓰인 보물, 고적, 명승, 천연기념물과 같은 단어들을 기본으로 하고, 대한제국 시기 문화재 개념과 관련된다고 판단한 유물遺物, 고물古物, 사적史蹟, 유적遺蹟과 같은 단어들을 추가 검색어로 하였다. 방법은 국사편찬위원회에서 운영하는 '한국역사정보통합시스템'의 '근현대신문자료'에서 특정 주제어를 검색하여 그 시기와 내용을 분석하는 것으로 하였다.[145]

## 가. '문화재' 관련 단어 분석

### ㄱ. 보물

'한국역사정보통합시스템'의 '연속간행물–신문'에서 '보물'을 검색하면 721건이 검색된다.[146] 이 중 보물保物·보물洑物과 같은 동음이의어, 가십성 외국기

---

144) 이순자, 2009, 『일제강점기 고적조사사업 연구』, 景仁文化社; 金志宣, 2008, 「조선총독부 문화재 정책의 변화와 특성 -제도적 측면을 중심으로」, 高麗大學校 大學院 碩士學位論文; 이현일·이명희, 2014, 「조선총독부박물관 공문서로 본 일제강점기 문화재 등록과 지정」 『美術資料』 85, 국립중앙박물관.

145) '한국역사정보시스템(http://koreanhistory.or.kr)'의 '근현대신문' 자료를 기반으로 자료를 추출하여 분석하였다. 그리고 검색어는 한글을 기준으로 하였다. 당시 순한글로 발행한 신문들도 적지 않게 있었기 때문이다.

146) 다음과 같은 기사가 있다.
'뉴욕시에서 수년 전부터 대평이 되는 세계 철도왕 에도인꾸드의 영랑 매리조리 꾸드(十九)와 미국에 굴지하는 부호 앤토니쟌 씨(二十二)의 결혼은 수월전에 사실로 나타났는데 동시에 있는 보물상의 말을 듣건데 이 결혼의 극치한 것은 뉴욕시 건설한 후에 처음이니 결혼비는 六千萬원이라 하며 .. (후략)'(『신한국보(新韓國報)』

사로 의미가 크지 않은 검색결과, 일제강점기 이후를 제외하면 '소중한 물건'이라는 의미로 쓰인 '보물寶物'이라는 단어가 10건이 검색된다.

구체적으로, 1899년『독립신문獨立新聞』에서 1건, 1903년『황성신문皇城新聞』에서 2건, 1908년『해조신문海朝新聞』에서 2건, 1909년『신한민보新韓國報』에서 2건, 1910년『대한매일신보大韓每日申報』에서 2건, 1910년『신한국보新韓國報』에서 1건이다.

이 경우를 보면, 대한제국 시기 전반에 걸쳐 '보물'이라는 단어는 신문에 유의미한 빈도로 자주 쓰이지는 않은 것으로 보인다. 최초로 등장한 1899년부터 1910년까지 12년 동안 10건이 사용되었다. 그런데, 일제의 강점 직후인 1911년과 1912년부터는 '보물'이라는 단어가 신문에 자주 등장한다.

강점 직후 3년간 등장 현황은 1911년 2건, 1912년『매일신보每日申報』6건, 1912년『신한민보新韓民報』1건, 1913년『매일신보』2건, 1913년『권업신문勸業新聞』5건, 1913년『신한민보』1건 등 총 17건이다. 강점 전에는 12년간의 10건인데, 강점 후에는 3년간 17건으로 크게 증가하였다.

강점 직전과 직후를 비교하면, '보물'이 등장하는 주요 매체가 민족지(『신한민보新韓民報』,『권업신문』)에서 관변지(『매일신보』)로 변하였고, 보물이라는 단어의 연도별 출현 빈도도 늘어났다.『신한민보』와『권업신문』은 각각 미국과 러시아(블라디보스톡)에서 발행되던 신문이었으므로 국내에서 발행된 신문은 관변지인『매일신보』뿐이었다. 내용적 측면에서는 관변언론인『매일신보』가 총독부의 입장을 대변하는 차원에서 '보물'이라는 단어를 사용하는 기사를 게재하고 있다는 점과 민족지적 성격인『권업신문』과『신한민보』가 '보물'의 귀중함을 강조하는 기사를 게재하고 있다는 점이 특징적이다.

예를 들면,『매일신보』는 1911년 11월 30일과 12월 1일 기사에서 조선총독부의 '고물보존 통첩'을 전하는 기사를 게재하였으며, 1913년 1월 1일 기사에서

外報, 1910년 6월 14일자)

는 세키노 타다시의 조선 고적 조사성과를 대대적으로 홍보하는 기사를 게재하였다.

반면, 『권업신문』은 1913년 2월 23일 세키노 타다시의 고적성과를 알리는 기사를 게재하였으나, 반년 정도 지난 1913년 9월 23일에 세키노 타다시가 우리 땅에서 보물을 가져가니 애석하다는 기사를 게재하고 있다.

> "일인 공학박사 관야라는 자는 지난 九일 경상남도 진주군에서 옥으로 만든 보물 아홉 기를 땅 속에서 파내어가지고 일본으로 갔는데 몇 천년 전 고적을 생기는 족족 일인이 가져간다고 일반 통석히 여긴다더라."[147]

이어서 『신한민보』도 1913년 11월 14일 기사에서 『권업신문』과 유사한 내용의 기사를 제재하였다.

> "일인광야라하난쟈난거월에진쥬땅에셔옥으로만든보물아홉개를땅속에셔엇어 동경으로가져갓난대이난수천년된고물이라하더라."[148]

일제의 고적조사가 당시 지식인들에게 처음에는 신선하게 인식되었으나, 시간이 지날수록 그 폐단을 각성하는 방향으로 인식의 전환이 되고 있음을 알 수 있다.

ㄴ. 유물

'한국역사정보통합시스템'의 '연속간행물-신문'에서 '유물'을 검색하면 1,919건이 검색된다. 이 중 동음이의어(油物, 有物, 留物, 遺物[149] 등)와 일제강점기 이후를

---

147) 『勸業新聞』 1913년 1월 1일자, 「보물을 또 가져간다」.
148) 『新韓民報』 1913년 11월 14일자, 「보물은 다 가져가」.
149) 『大韓每日申報』(1904년 8월 30일자, 「유물도박」)와 『海朝新聞』(1908년 2월 29일자, 「遺物還推」)에 쓰인 '遺物'은 '현재시점의 남겨진 물건'이라는 의미로 쓰였으므

제외하면 '옛 물건'이라는 의미로 쓰인 '유물遺物'이라는 단어가 1건이 남는데, 그 내용은 다음과 같다.

> "… 근일 남아메리카 페루국 산곡 간에서 영국사람 마이링 씨가 발굴한 상고적 질그릇의 유물을 상고하건대 지금부터 五千년 전에 해 지방에 문명의 진보된 것을 … "150)

최소한 대한제국 시기에 유물遺物이라는 단어에는 '오래된 것'이라는 의미가 크게 부여되지 않았던 것으로 보인다.

ㄷ. 고물
'한국역사정보통합시스템'의 '연속간행물-신문'에서 '고물'을 검색하면 1,262건이 검색된다. 이 중 동음이의어(賈物, 告勿, 故勿, 考勿, 故物 등)와 띄어쓰기를 하지 않았던 당시 한글 표기법에 따른 검색결과151)와 일제강점기 이후를 제외하면 '옛 물건'이라는 의미로 쓰인 '고물(고물, 古物)'이라는 단어가 21건이 남는다.

구체적으로, 1907년『황성신문皇城新聞』에서 1건, 1908년『대한매일신보大韓每日申報』에서 1건, 1909년『대한매일신보』에서 6건, 1909년『신한국보新韓國報』에서 2건, 1909년『황성신문』에서 1건, 1910년『황성신문』에서 3건, 1910년『대한매일신보』에서 6건, 1910년『신한국보』에서 1건 등 총 21건이다.

위 상황을 보면, 대한제국 시기 신문에서 '옛 물건'이라는 의미의 고물古物은 앞의 보물, 유물보다 많이 쓰였음을 알 수 있다. 대한제국 말기에 들어 고물의 사용 예가 많이 증가하였는데, 이유는 고물에 대한 사회 인식의 증가라고 본다. 구체적으로 이 당시에 일본인들의 조선 고적 조사와 도굴사건이 있었고, 고물

---

로 문화재적 의미에서 제외하였다.

150)『新韓國報』1910년 4월 12일자,「世界文明의 元祖」.

151)『大韓每日申報』1909년 3월 14일자,「좋은나무많이나고물이모여…」.

이 박물관 진열품이 되었으며, 고물 거래가 횡행하여 조합이 설립되기에 이르렀기 때문이다. 다음의 기사 사례들에서 확인된다.

> "我國의 古物調査委員工學博士 關野井氏는 平壤에셔 古物調査를 終了하고 去十五日에 安州方面으로 向往하얏다더라."[152]

> "탁지부촉탁 일인 관야박사는 경쥬 대구 등디에서 고물됴사를 맛치고 오는이십일에 부산으로 향홀터이오 명년오월경에는 한국고두ㅣ의 건츅흔 가옥과 그 다른 보물을 됴사흔후 력수에관흔 셔젹을 발간ㅎ기로 예뎡이라더라."[153]

> "宮內府博物舘에셔는 古物를 買入키 爲ㅎ야 該館事務員幾名이 日昨에 楊州等地에 出張ㅎ얏다더라."[154]

> "前郡守趙某는 日本人某某와 合資ㅎ야 我國에 傳來ㅎ든 古物仲介組合所를 發起組織ㅎ기로 周旋中이라더라."[155]

고물은 앞서 살펴본 유물遺物의 사례와 같이 당시 지식인들에게 '소중한 옛 물건'으로 인식은 되었던 것으로 보인다.

### ㄹ. 유적

'한국역사정보통합시스템'의 '연속간행물—신문'에서 '유적'을 검색하면 1,777건이 검색된다. 이 중 동음이의어(有賊, 兪弔, 諭賊, 有蹟 등)와 일제강점기 이후를 제외하면 '옛 유적'이라는 의미로 쓰인 '유적(유적, 遺蹟)'이라는 단어가 11건이 남는다.

구체적으로, 1908년 『해조신문海朝新聞』 1건, 1909년 『대한매일신보大韓每日申

---

152) 『皇城新聞』 1909년 10월 19일자, 「古物調査」.
153) 『大韓每日申報』 1909년 12월 17일자, 「ᄎᄎ됴사」.
154) 『皇城新聞』 1910년 3월 12일자, 「古物買入員出張」.
155) 『皇城新聞』 1910년 3월 22일자, 「古物仲介組合」.

報』3건, 1909년『황성신문皇城新聞』1건, 1909년『신한국보新韓國報』2건, 1910년 『대한매일신보』1건, 1910년『신한민보新韓民報』1건, 1910년『신한국보』2건 등 총 11건이다.

위 상황을 보면, 대한제국 말기에 옛 유적이라는 의미의 유적이 신문에 언급 되고 있는데, 대부분 유적을 통한 국민의 역사의식 고취를 목적으로 하고 있는 내용이다. 다만, 친일지로 분류되는『신한민보』만 일본인 세키노 타다시의 고구 려 유적 조사를 알리고 있다. 대한제국 시기 신문들의 유적 인식에 대해서는 뒤 에서 더 자세히 언급하겠다.

ㅁ. 고적

'한국역사정보통합시스템'의 '연속간행물–신문'에서 '고적'을 검색하면 2,759 건이 검색된다. 이 중 고적考績 · 고적古賊과 같은 동음이의어, 띄어쓰기를 하지 않았던 당시 한글 표기법에 따른 검색결과,[156] 일제강점기 이후를 제외하면 '옛 유적'이라는 의미로 쓰인 '고적(古蹟, 古跡, 고적)'이라는 단어가 84건이 남는다.[157]

구체적으로 1899년『황성신문皇城新聞』1건, 1902년『황성신문』1건, 1903년 『황성신문』1건, 1906년『황성신문』1건, 1907년『대한매일신보大韓每日申報』1 건, 1908년『해조신문海朝新聞』2건, 1908년『대한매일신보』2건, 1909년『대한 매일신보』1건, 1909년『신한국보新韓國報』1건, 1909년『황성신문』72건, 1910 년『신한국보』1건 등 총 84건이다.

앞 상황을 보면, 1900년대 초기에는 '고적'이라는 단어가 신문에 드물게 나타 나는데, 1909년에는『황성신문』을 중심으로 72건이나 나타나고, 1910년에는 다 시 1건으로 줄어든다. 일제강점 이후에는 조선총독부 주도의 고적조사 사업을 매개로 한 '고적'에 관련된 내용이『매일신보每日申報』등 관변언론을 중심으로

---

156) "태고적백성..."(『大韓每日申報』1909년 2월 10일자), "초목들은무령하여아무지각 없거니와적고적은..."(『大韓每日申報』1909년 2월 18일자) 등이 해당된다.

157) 한글 '고적'과 한자 '古蹟', '古跡', '故蹟'으로 정리하였다.

자주 등장한다. 이때부터 '고적'은 조선총독부가 우리 땅의 옛 유적을 지칭하는 단어로 자리 잡기 시작한다.

위의 '고적' 출현 빈도에서 특이한 것은 1909년에 『황성신문』을 중심으로 이 단어가 집중적으로 사용되었다는 점이다. 『황성신문』이 기획연재기사로 '고적'을 주제로 활용하였기 때문이다. 비슷한 시기 다른 신문들의 고적 관련 내용을 보면 다음과 같다.

표 9.  1909년 이전 『황성신문(皇城新聞)』 외 신문들의 '고적' 관련 내용

| 일자 | 신문명 | 제목 | 내용 |
|---|---|---|---|
| 1907.12.14. | 『大韓每日申報』 | 고적은 빗싸 | 미국 독립전쟁 당시의 동전을 고적으로 표현함 |
| 1908.3.15. | 『海朝新聞』 | 의병소식 | 일병이 절에 있는 고적을 수탐한다고 함 |
| 1908.3.31. | 『大韓每日申報』 | 고적설치 | 비원의 연회에 고적(옛 그림과 글씨)를 벌여놓아 개탄함 |
| 1908.5.14. | 『海朝新聞』 | 학교의 정신은 교과서에 재함 | 을지문덕, 강감찬 등 옛 영웅들의 전설이 있는 유적으로 고적을 설명함 |
| 1908.6.16. | 『大韓每日申報』 | 넷글을 수습하난거시 필요함 | 옛 서적의 역사적, 교육적 중요성을 강조함 |
| 1909.3.18. | 『大韓每日申報』 | 고적조사 | 내부에서 고적을 조사한다는 소식을 전함 |

『황성신문』을 제외한 다른 신문의 기사들에서는 '고적'이 대부분 부동산不動産이 아닌 동전·그림·서적과 같은 동산動産 문화재를 지칭하고 있으며, 어떤 현상을 서술하는 과정에서 사용된 하나의 단어인 경향이 있다. 반면 1909년에 사용된 『황성신문』의 '고적'은 기획기사의 제목으로 전면에 표시되어 부동산으로 인식한 고적을 중심으로 짧지 않은 기간 동안 연재기사를 내고 있다.

뒤에서 더 자세히 언급하겠지만, 필자는 이 부분(『황성신문』의 고적 관련 연재기사)이 대한제국 시기에 근대적 의미의 문화재 개념을 인식하고 활용하기 시작한 지점이라고 본다.

ㅂ. 사적

'한국역사정보통합시스템'의 '연속간행물–신문'에서 '사적'을 검색하면 5,773
건이 검색된다. 이 중 동음이의어(事蹟[158], 査籍, 事的, 査積, 死的)와 띄어쓰기를 하지
않은 한글표기법에 따른 검색결과와 일제강점기 이후를 제외하면 '옛 유적'이라
는 의미로 쓰인 '사적史蹟'이라는 단어가 1건이 남는데, 그 결과는 다음과 같다.

"日本史家藤野氏는 史蹟을 踏査ᄒ기 爲ᄒ야 南洋諸島, 印度, 俄領西伯利等地를
經ᄒ야 歸國次去二十一日에 京城에 到着ᄒ얏다더라."[159]

위 기사는 세키노 타다시가 사적을 답사하기 위해 외국을 경유한 후 서울에
왔다는 내용이다. 대한제국 시기 동안 언론에 사적史蹟이 단 1회 등장하는 것으
로 보아, 이 시기에 사적은 옛 유적을 뜻하는 단어로 거의 쓰이지 않았다.

ㅅ. 명승

'한국역사정보통합시스템'의 '연속간행물–신문'에서 '명승'을 검색하면 1,886
건이 검색된다. 이 중 '개명승근改名承根'·'칙명승녕부勅命承寧府'와 같은 동음이
의어와 일제강점기 이후를 제외하면 '명승지'라는 의미로 쓰인 '명승'이라는
단어가 5건이 남는다.

구체적으로, 1906년 『대한매일신보大韓每日申報』에 1건, 1908년 『대한매일신
보』에 1건, 1908년 『해조신문海朝新聞』에 1건, 1910년 『대한매일신보』에 2건 등
총 5건이다.

위 상황을 보면, 대한제국시기에 명승은 별도로 인식되는 단어이기는 했으
나, 사회적으로 크게 주목되지 않았던 것으로 보인다.

---

158) 대한제국기 신문에 쓰인 '事蹟'은 '서책'의 의미였다. 서책 관련 광고에 자주 등장
한다.
159) 『皇城新聞』 1910년 3월 24일자, 「史蹟踏査員來京」.

1912년에 명승은 지역의 명승을 소개하거나 명승보존회를 소개하는 기사 등으로 등장하여 총 9건의 기사가 검색되고, 1913년에도 유사한 내용으로 21건의 기사가 검색되어 이 시기를 즈음한 때부터 조선총독부 주도의 명승 보존 분위기가 고조되고 있음을 알 수 있다.

ㅇ. 천연기념물

'한국역사정보통합시스템'의 '연속간행물–신문'에서 '천연기념물'을 검색하면 147건이 검색된다.

그런데 이는 모두 일제강점기 이후이며, 최초의 기사는 1926년에 등장한다. 일본이 천연기념물天然記念物을 공식화한 것은 1919년 4월 「사적명승천연기념물보존법史蹟名勝天然記念物保存法」을 본국에서 법령으로 제정하면서부터이며, 조선에서는 1933년 8월에 「조선보물고적명승천연기념물보존령朝鮮寶物古蹟名勝天然記念物保存令」이 제정되면서부터 공식화 된다.

이에 따라 1933년 이전의 기사에 언급되는 천연기념물은 일본에서 사용되던 개념을 차용한 것으로 보이며, 1933년 이후의 기사에 언급되는 천연기념물은 보존령의 제정에 따른 영향이라고 볼 수 있다. 천연기념물은 고적, 보물, 명승 등과는 다르게 전통적으로 쓰였던 문화재 개념이 아니었음이 '한국역사정보시스템'의 검색 결과에서 증명된다.

나. 대한제국기 신문의 '유적' 인식

앞서 간단히 살펴보았듯, 대한제국 말기 언론에 나타난 '유적遺蹟'은 국민의 역사의식을 고취하려는 의도로 주로 사용된다. 1909년의 사례를 보면 다음과 같다.

ㄱ. "... 英雄具人의 遺蹟이 有ᄒ면婦女童穉라도皆尸祝ᄒ며紀念ᄒ며膜拜ᄒ며歌

誦ᄒᆞ᾵지라 ... "160)

ㄴ. "世界上文明ᄒᆞᆫ民族은新事業이發達될사록古代의遺蹟을더욱崇拜ᄒᆞ고保守ᄒᆞᄂᆞ니 ... 泰西各國은二千年前古屋과古塔과古器와古碑等屬이皆無上ᄒᆞᆫ寶品이되야 ... 世家名族은皆其祖先의譜牒과遺稿와古物을保守ᄒᆞᆷ이有ᄒᆞ고 ..."161)

ㄷ. "... 영웅의 <u>유적</u>이 있으면 부녀와 어린아이라도 다 기념하여 노력하며 숭배할지라. ..."162)

ㄹ. "... 션조들이 <u>유적</u>을볼때에 너를사모함이 더욱깁허진다 한국야 ..."163)

ㅁ. "大抵先代英雄聖哲의 遺蹟은 後來國民의 紀念物을 作ᄒᆞ야 此를 敬慕ᄒᆞ며 此를 欽仰ᄒᆞ야 其步趨를 學ᄒᆞ며 其풍采를 想ᄒᆞᄆᆡ 壹則英哲을 崇拜ᄒᆞᄂᆞᆫ 心이 發生ᄒᆞ며 二則國家를 愛ᄒᆞᄂᆞᆫ 根性이 鞏固하나니 ... 英雄聖哲의 往蹟과 遺物을 莊嚴愛護치 아니ᄒᆞ면 冥冥中國民의 自尊性이 衰ᄒᆞ며 ... 近日 韓國을 觀하건ᄃᆡ 古人의 遺蹟을 壹壹破壞ᄒᆞ며 壹壹掃殘ᄒᆞ야 其影子도 不留케 ᄒᆞ고져 ᄒᆞᄂᆞᆫ도다 ... 平壤 大邱 等邑에 城壁을 盡毁ᄒᆞ야 殘磚亂瓦가 四處로 紛散되야 數千年來 英雄聖哲의 經營ᄒᆞᆫ 遺蹟이 灰塵갓치 消滅되얏스니 ... <u>先代遺蹟</u>의 紀念홀 것을 紀念ᄒᆞ며 守護홀 것을 守護ᄒᆞᆷ은 國民의 宜有홀 비라 此가 無ᄒᆞ면 自尊性도 無ᄒᆞ며 愛國性도 無ᄒᆞ리니 嗚乎라 今日 韓國의 古人<u>遺蹟</u>이 엇지 可吊홀 비 아닌가." 164)(밑줄: 필자)

ㄱ.과 ㄷ.은 광개토대왕릉비의 탁본을 소개하며 영웅의 유적을 기념하고 숭배하라는 내용이다. 당시 일제 침략에 맞서 민족의식 고취 차원에서 고대의 영

---

160) 『皇城新聞』 1909년 1월 6일자, 「讀高句麗永樂大王(廣開土王)墓碑謄本」.

161) 『皇城新聞』 1909년 2월 6일자, 「我國古代發達의 遺蹟」.

162) 『新韓國報』 1909년 2월 12일자, 「讀高句麗永樂大王(광개토왕)墓碑謄本」.

163) 『大韓每日申報』 1909년 8월 18일자, 「한국」.

164) 『大韓每日申報』 1909년 9월 11일자, 「古人遺蹟을 吊홈」.

웅들을 재조명하던 시대 분위기가 드러나는 기사이다.

ㄴ.은 세계의 선진 민족은 신사업이 발달될수록 고대의 유적을 더욱 숭배하고 보수하고 있고, 서양 각국은 2천 년 전의 유적과 유물들이 보물이 되고 있고, 세계의 명족은 유물들을 보존하고 지킨다는 내용을 소개하고 있다. 적어도 1909년 초에 이 신문의 발행진은 외국의 문화재 인식과 보존 사례를 소개하며 자각하고 이를 우리 민족의 귀감으로 삼았을 가능성이 높다. 『황성신문皇城新聞』의 계몽적 성격을 고려하면 이러할 가능성은 더욱 높다. 민족주의 사학자들이었던 『황성신문』 발행진의 구성과 당시 일본에 의해 진행되고 있던 고적조사 등 제반 환경을 고려하면, 『황성신문』 발행진은 유적이나 유물이 민족정신 고취에 중요함을 인식하고 이의 소개를 통해 실현하려 했을 가능성이 높다. 그들의 이런 인식은 같은 해 『황성신문』 지면을 통해 실현된다.

ㄹ.은 한국을 사랑한다는 내용으로 구성된 시문 중 일부이다. 필자는 이 글 중에서 '선조들의 유적을 보며 한국을 더욱 사랑하게 된다'는 말을 하고 있다. 나라 사랑의 매개로 선조들의 유적에 주목한 인식이 보인다.

ㅁ.은 선조의 유적은 후에 국민의 기념물이 되는데, 최근 한국의 유적(평양·대구 등의 성벽)이 파괴·소잔되니 애석하고, 선대 유적의 기념과 수호가 국민의 의무이니 이것이 없으면 자존성과 애국성이 없다는 말을 하고 있다. 유적의 기념과 보호가 국민의 의무임과 애국심의 근본임을 주장하고 있다.

위 기사들은 대한제국 말기 언론들이 유적을 통해 나라사랑이라는 국민의식을 고취하려 한 인식들을 보여주고 있다. 국가 멸망의 위기 상황인 1909년에 언론들은 유적의 보호와 이를 통한 애국심 함양에 노력하고 있다.

### 다. 『황성신문皇城新聞』의 '고적' 연재 기사

앞의 '고적' 검색결과에서 보면, '고적'이라는 단어는 1909년 『황성신문皇城新聞』에서 집중적으로 사용된다.

『황성신문』에서 고적은 1899년, 1902년, 1903년, 1906년에 각 1회씩 등장하나, 1909년에는 72회(72일)가 등장한다. 1909년 이전의 고적과 1909년의 고적의 사용 빈도가 많이 다르다. 1909년 이전의 고적은 연속성 없이 드물게 나타나고 있는 반면, 1909년의 고적은 연재기사의 제목으로 상당히 많이 사용되고 있다.

1909년 『황성신문』의 고적 관련 기사를 보면, '고적'은 7월 3일 기사에서 부터 10월 23일 까지 소위 '기획기사'의 제목처럼 거의 매일 게재가 된다. 상당한 기간 동안 고적이 집중적으로 기사화되고 있는 상황인데, 목적을 가지고 기사화되었음을 유추할 수 있다.

그런데, 이 부분 『황성신문』의 연재기사는 고적만으로 시작해서 고적만으로 끝난 것은 아니다. 실은 그 앞뒤로 '세계기문世界奇聞'이라는 주제로 세계의 기이한 소식에 대해 연재를 하다가 중간에 고적에 관한 내용을 집중적으로 포함한 것이다. 전체적인 내용을 표로 정리하면 다음과 같다.

표 10. 1909년 『황성신문(皇城新聞)』 기획 연재기사 내용

| 기간 | 일수 | 제목 | 내용 |
| --- | --- | --- | --- |
| 3.11~6.27 | 47 | 世界奇聞, 世界雜俎 | 세계 각지의 소식을 전함 |
| 7.3~7.6 | 3 | 名所古蹟, 地文一斑 | 명승과 고적의 내용을 전함 |
| 7.7 | 1 | 舊俗傳奇 | 전통 풍속을 전함 |
| 7.7~7.8 | 2 | 世界奇聞 | 세계 각지의 소식을 전함 |
| 7.9~7.14 | 5 | 名所古蹟 | 명승과 고적의 내용을 전함 |
| 7.14 | 1 | 世界奇聞 | 세계 각지의 소식을 전함 |
| 7.15~16 | 2 | 舊俗傳奇 | 전통 풍속을 전함 |
| 7.17~20 | 3 | 古蹟奇事 | 명승과 고적의 내용을 전함 |
| 7.21 | 1 | 國朝美談 | 조선 태종에 관한 미담을 전함 |
| 7.22~8.5 | 13 | 名所古蹟, 古蹟美談, 古蹟美事 | 명승과 고적의 내용을 전함 |
| 8.6 | 1 | 古人雅量 | 옛 위인의 활동을 전함 |
| 8.7 | 1 | 流傳奇事 | 옛 위인의 활동을 전함 |
| 8.8 | 1 | 古賢偉蹟 | 옛 위인의 활동을 전함 |
| 8.10 | 1 | 古人奇事 | 옛 위인의 활동을 전함 |
| 8.11~8.26 | 13 | 名所古蹟, 古蹟一斑 | 명승과 고적의 내용을 전함 |
| 8.27 | 1 | 古事傳奇 | 綠玉杖에 관한 전설을 전함 |
| 8.29~9.2 | 4 | 名所古蹟 | 명승과 고적의 내용을 전함 |

| 기간 | 일수 | 제목 | 내용 |
|---|---|---|---|
| 9.3 | 1 | 偉人遺蹟 | 옛 위인의 활동을 전함 |
| 9.4~9.10 | 5 | 名所古蹟 | 명승과 고적의 내용을 전함 |
| 9.11 | 1 | 偉人古事 | 옛 위인의 활동을 전함 |
| 9.12~9.14 | 2 | 名所古蹟 | 명승과 고적의 내용을 전함 |
| 9.15 | 1 | 古事奇傳 | 옛 위인의 활동을 전함 |
| 9.16~9.23 | 7 | 名所古蹟 | 명승과 고적의 내용을 전함 |
| 9.24 | 1 | 偉人遺事 | 옛 위인의 활동을 전함 |
| 9.25~10.8 | 11 | 名所古蹟 | 명승과 고적의 내용을 전함 |
| 10.9 | 1 | 義妓遺事 | 옛 위인의 활동을 전함 |
| 10.10 | 1 | 名所古蹟 | 명승과 고적의 내용을 전함 |
| 10.12 | 1 | 古人佳話 | 옛 위인의 활동을 전함 |
| 10.14~10.17 | 4 | 名所古蹟 | 명승과 고적의 내용을 전함 |
| 10.19 | 1 | 異聞珍談 | 전기 도살에 관한 신기술을 소개함 |
| 10.20 | 1 | 名所古蹟 | 명승과 고적의 내용을 전함 |
| 10.22 | 1 | 奇聞珍談 | 세계 각지의 소식을 전함 |
| 10.23 | 1 | 名所古蹟 | 명승과 고적의 내용을 전함 |
| 10.24~10.30 | 5 | 奇聞珍談 | 세계 각지의 소식을 전함 |
| 11.2~12.3 | 11 | 世界奇聞 | 세계 각지의 소식을 전함 |
| 계 | 156 | | |

앞의 표를 보면, 1909년의 『황성신문』 연재기사에 고적뿐만 아니라 세계의
소식과 위인偉人에 관한 내용도 다수 포함하고 있음을 알 수 있다. 그리고 '고적'
은 단독 제목으로 사용되지 않고 대부분의 기사에서 '명소名所'와 붙어 '명소고
적名所古蹟'이라는 제목으로 사용되었다. 연재기사의 시작 부분에는 '명소'가 빠
지기도 하지만, 대부분의 기간에서 명소는 고적과 붙어 '명소고적'이라는 단어
로 정형화된다.

1909년 『황성신문』 연재기사의 시작 세달 반 정도와 마지막 한 달 여는 세계
기문世界奇聞, 세계잡조世界雜俎 등 세계의 소식에 관한 내용만을 다루고 있다. 이

로 보아 1909년 당시 『황성신문』의 연재기사는 다른 신문사들의 경우[165]와 유사하게 세계의 소식을 전하는 내용으로 전반적인 연재기사를 시작하였으나, 중간에 특별히 명소고적이나 위인과 관련한 기사를 기획하여 연재하였을 가능성이 있음을 알 수 있다. 다시 말하면 명소고적과 위인이 당시 『황성신문』 편집자들에게 특별한 의미로 활용된 것이다.

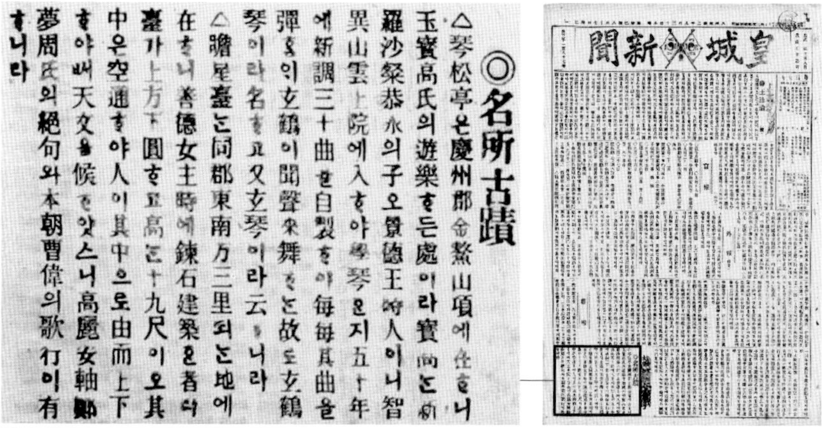

◎名所古蹟

△琴松亭은慶州郡金鰲山頂에在ᄒᆞ니玉寶高氏의遊樂ᄒᆞ던處이라寶而ᄂᆞᆫ新羅沙粲恭永의子오景德王時人이니智異山雲上院에入ᄒᆞ야學琴오지五十年에新調三十曲을自製ᄒᆞ야每每其曲을彈ᄒᆞᆫ즉玄鶴이聞聲來舞ᄒᆞᄂᆞᆫ故로玄鶴琴이라名ᄒᆞ고又玄琴이라云ᄒᆞ니라

△瞻星臺ᄂᆞᆫ同郡東南方三里되ᄂᆞᆫ地에在ᄒᆞ니善德女主時에鍊石建築ᄒᆞᆫ者라臺가上方下圓ᄒᆞ고高ᄂᆞᆫ十九尺이오其中은空通ᄒᆞ야人이其中으로由而上下ᄒᆞ야ᄡᅥ天文을候ᄒᆞ얏ᄉᆞ니高麗女軸鄭夢周氏의絶句와本朝曹偉의歌行이有ᄒᆞ니라



사진 5. 황성신문 중 명소고적 금송정(琴松亭), 첨성대(瞻星臺) 기사(1909.9.30. 1면 5단)

다음으로 위 기사들 중 명소고적에 관한 내용들에 대해 좀 더 자세히 알아보겠다.

ㄱ. 고적 관련 기사의 유형

앞 표의 내용들 중 고적 관련 기사는 '명소고적名所古蹟', '고적미담古蹟美談',

165) 『大韓每日申報』 1907년 12월 6일자, 『大韓興學報』 1909년 5월 20일자, 『新韓國報』 1909년 6월 22일자, 『嶠南教育會雜誌』 1909년 7월 25일자 신문 등에 같은 제목과 유사한 내용의 기사가 게재된다.

'고적미사古蹟美事', '고적일반古蹟一斑' 등 네 종류의 제목으로 기사화된다. 고적 관련 연재기사의 초기인 8월 13일 까지는 이 네 제목이 뒤섞여 쓰이지만, 8월 14일 이후로는 '명소고적名所古蹟'으로 정형화되어 10월 23일까지 기사의 제목으로 쓰인다.[166]

명소고적 관련 기사는 7월 3일부터 10월 23일까지 발간일 기준으로 72회 연재되는데, 1회에 2종류의 내용이 포함된 사례가 28회이고, 1건의 내용이 2회에 걸쳐 연재된 경우가 1회(9.4, 9.5 부석사浮石寺)이므로, 내용을 기준으로 구분하면 같은 기간 중 총 99건의 내용이 명소고적 관련 기사에 수록되었다.

그 내용을 종류별로 정리하면 다음과 같다.

표 11. '명소고적' 관련 기사 주제 중 자연물

| 구분 | 山 | 嶽 | 嶺 | 峯 | 岩 | 石 | 峴 | 淵 | 潭 | 湫 | 沈 | 江 |
|---|---|---|---|---|---|---|---|---|---|---|---|---|
| 횟수 | 13 | 1 | 2 | 1 | 8 | 3 | 3 | 2 | 1 | 1 | 1 | 1 |
| 구분 | 窟 | 津 | 谷 | 渡 | 塘 | 松 | 樹 | 聖穴 | | 赤壁 | | 灘 |
| 횟수 | 4 | 2 | 1 | 1 | 1 | 1 | 1 | 1 | | 1 | | 1 |

명소고적 기사에 수록된 내용들 중 가장 많은 비중을 차지하는 것은 자연물自然物에 관한 것들이다. 현재 한국에서 명승名勝으로 분류되고 있는 것들이다. ~山, ~嶽, ~嶺, ~峯 등 '산'과 관련된 것들이 17건으로 가장 많으며 ~岩, ~石 등 바위에 관한 것들이 11건으로 다음을 차지한다. ~淵, ~潭, ~湫, ~沈, ~江, ~灘 등 물과 관련된 것들도 7건 정도가 확인된다. 이들 산과 바위, 물과 관련된 것들

---

166) 명소가 포함되지 않는 고적미담, 고적미사, 고적일반과 같은 제목의 기사들을 명소고적의 범주에 함께 넣어 분석하였다. 이 유형의 기사는 당초 고적을 중심으로 시작하였으나, 명소도 초기부터 고적과 함께 주로 쓰였고, 명소가 들어가지 않는 제목의 내용들도 명소고적의 범주에 넣어도 내용상 크게 틀리지 않기 때문이다. 이 개념은 초기의 통일되지 않던 과정을 거쳐 '명소고적'이라는 용어로 점차 통일되어 정리된 것으로 보인다. 따라서 이후의 내용들은 '명소고적'으로 표기한다.

은 모두 전설과 연결되어 설명되고 있어 옛 사람들이 자연환경을 이해했던 한 단면을 보여준다.

표 12. '명소고적' 관련 기사 주제 중 인공물

| 구분 | ~城 | ~寺 | ~菴 | ~樓 | ~亭 | ~臺 | ~壇 | ~壘 | ~碑 | ~像 |
|---|---|---|---|---|---|---|---|---|---|---|
| 횟수 | 11 | 10 | 1 | 2 | 4 | 2 | 1 | 1 | 1 | 1 |
| 구분 | ~井 | 石燈 | | 石棧 | | 鐵橋 | | 瞻星臺 | | |
| 횟수 | 1 | 2 | | 1 | | 1 | | 1 | | |

다음으로 인공적 조형물에 관한 사항이 많다. ~城이 11건이고, ~寺, ~菴으로 표현되는 사찰이 11건이며, ~樓, ~亭이 6건으로 많다. 이 외에도 ~臺, ~壇, ~壘, ~碑, ~像, ~井, 石燈, 石棧 등 인공적 조형물에 관한 내용들도 고적으로 설명되고 있다.

표 13. '명소고적' 관련 기사 주제 중 지역

| 구분 | ~郡 | ~巷 | 利川 | 鶴棲島 | 孝子里 |
|---|---|---|---|---|---|
| 횟수 | 2 | 1 | 1 | 1 | 1 |

지역에 대한 내용들도 고적에서 설명되고 있다. 기장군機張郡, 교동군喬桐郡, 이천利川, 효자리孝子里, 학서도鶴棲島 등인데, 지역의 유래와 관련된 설명들이 내용을 이루고 있다.

ㄴ. 명소고적 관련 기사의 출처

『황성신문皇城新聞』 명소고적 관련 기사의 형식은 대체적으로 해당 고적의 위치 설명, 규모나 형태 설명, 해당 명소고적과 관련된 유래나 전설 등을 설명하는 순으로 되어 있다. 그런데, 이러한 기사들의 내용을 신문 편집자들이 직접 취재하여 기사화 한 것으로 보이지는 않는다. 『여지도서輿地圖書』, 『신증동국여지승람新增東國輿地勝覽』과 같은 조선시대의 대표적 지리지에 거의 동일한 내용이 보이기 때문이다. 경주 첨성대瞻星臺를 예로 들면 다음과 같다.

> ㄱ. "同郡東南方三里되는 地에 在ㅎ니 善德女主時에 鍊石建築한 者라 臺가 上方下圓ㅎ고 高는 十九尺이오 其中은 空通ㅎ야 人이 其中으로 由而上下ㅎ야써 天文을 候ㅎ얏스니 高麗 安軸 鄭夢周氏의 絶句와 本朝 曹偉의 歌行이 有ㅎ니라." [167]

> ㄴ. "在府東南三里. 善德女王時鍊石築臺上方下圓高十九尺通其中人由中而上下以候天文. 安軸詩... 鄭夢周詩...舊增曹偉詩..." [168]

> ㄷ. "在府東南三里. 善德女王時鍊石築臺上方下圓高十九尺通其中人由中而上下以候天文. 安軸詩... 鄭夢周詩... 新增曹偉詩..." [169]

ㄱ.은 『황성신문』의 명소고적 기사, ㄴ.은 『여지도서』의 내용, ㄷ.은 『신증동국여지승람』의 내용이다. 이 내용들이 거의 같음이 확인되는 것으로 보아, 『황성신문』의 명소고적 관련 연재기사는 『신증동국여지승람』이건, 『여지도서』이건, 『여지도서』를 인용한 다른 서적이건 해당 기사 이전에 존재했던 서적에서 그 내용을 주로 참고하여 기사화했을 가능성이 높다. 당시 열악한 신문사 운영현실[170]을 고려하면 신문사 구성원 스스로 전국의 명소고적을 일일이 조사해서 기사화하기는 현실적으로 어려웠을 것이며, 게재할 문화재 관련 자료를 얻는 경제적 방법으로 당시에 있었던 지리지地理誌와 같은 서적을 찾는 것은 합리적 선택이었을 것이다. 또한, 발행진에 이미 유근柳瑾과 같은 민족주의적 역사학자

---

167) 『皇城新聞』 1909년 9월 30일자, 「名所古蹟」, 瞻星臺.

168) 『輿地圖書』, 慶州府, 古蹟, 瞻星臺.

169) 『新增東國輿地勝覽』, 慶州府, 古蹟, 瞻星臺.

170) 차배근 외, 2001, 『우리신문 100년』, 현암사, 56쪽.

가 있었으므로, 관련 서적에서 고적을 찾아내는 일은 어렵지 않았을 것이다.

### 라. 『황성신문皇城新聞』과 근대적 문화재 인식

ㄱ. '명소고적名所古蹟'의 근대적 문화재 인식

『황성신문』에 게재된 명소고적 관련 기사들을 근대적 문화재 인식의 예로 볼 수 있는지에 대하여 앞 머리말에서 살펴본 현대 문화재 개념의 특성 중 하나인 이데올로기적 특성을 참고하여 살펴보겠다.

이는 『황성신문』의 기본적 성격과도 관련된다. 1898년에 창간된 『황성신문』은 한말의 대표적 애국신문이었다.[171] 『황성신문』의 발행진은 남궁억南宮檍, 박은식朴殷植, 장지연張志淵, 신채호申采浩, 김상연金祥演, 남궁훈南宮薰, 김상천金相天, 유근柳瑾 등이었는데, 이들은 잘 알려진 것처럼 당시 개량적인 유학사상을 가진 애국계몽 운동가들이었다.[172] 발행진의 성향에 따라 자연스럽게 『황성신문』은 신문 지면을 통해 국민교화, 애국계몽 등의 이데올로기적 내용을 실현하려는 언론활동을 하였다.

당시 언론에서는 자연산천(명소)이나 고적 인식을 통해 나라사랑 하는 마음을 생기게 할 수 있다고 인식하였다. 1908년 5월 14일 『해조신문海朝新聞』에 다음과 같은 논설이 실려 있다.

> "본국의 역사, 지지라 하는 것은 사람마다 애국정신을 격발케 하는 기계라. 역사상에 기재한 사실은 다 본국의 국체를 높이고 국민의 특별성질을 발달케 하며 또한 옛적 충신 의사의 거룩한 행실을 포창하여 사람의 마음을 감동케 하며 영웅호걸의 굉장한 사적을 진술하여 국민의 지기를 고격케 하고, 또한 본국의 고금 변천과 흥망성쇠의 사적을 기억하여 본국과 타국 간에 그 관계가 어떠한 줄을 알게 하는 사진과 같은 고로 학동의 천연한 마음에 애국사상이 유연히 감동되어 충애

---

171) 차배근 외, 2001, 『우리신문 100년』, 현암사, 53쪽.

172) 안종묵, 2002, 「皇城新聞 발행진의 정치사회사상에 관한 연구」『한국언론학보』46.

열성이 날로 발생케 하는 근본인 고로써 세계열강의 교육상 제일 주력하는 것이 곧 역사와 지리라. 고로 역사가 서로 같은 국민은 동 역사의 민족이라 칭하여 자연히 단체결합이 아니 되지 못하나니, 일본의 교육방침을 보건대 첫째 역사, 지리의 정신상 교육으로 그 국민의 애국성을 발포하여 세계에 강독한 특성으로 유명하니 이것은 다 정신교육의 효력이라. 또한 지지로 말할지라도 사람마다 자기 고향을 타향보다 더 사랑하는 것은 동서양을 물론하고 인정의 일반이라. 그런고로 구미제국에서 말하기를 사람마다 자기 고향 사랑하는 마음을 미루어 남의 나라보다 자기나라 사랑하는 마음을 생기게하는 것은 곳 지리상 관계라. 가령 우리 나라로 말하여도 금강산, 지리산, 묘향산 같은 명산이나 오대강 같은 강산에 이르러 옛 사적을 생각하고 산천의 가려함을 돌아보면 자연 남의 산천보다 사랑하는 마음이 날 것이오. 또한 청천강에 을지문덕의 수양제 승천한 고적과 안주성에 강감찬의 거란이 승첩한 고적과 두만강에 윤문숙의 여진 승전한 고적과 한산도에 이충무의 일병을 승전한 고적과 기타 누대성곽 명승유적을 상상하면 자연 비창 강개한 회포가 일어나 애국의 사상이 감발함은 사람의 상정이라. 이러하므로 교과 중에 역사, 지지의 감정이 가장 신속하다하나니, … 지금 우리 대한의 지도는 전폭이 다 빛을 변할 지경이니 우리 지도에 빛을 아니 변하도록 주의할진대 불가불 학도의 정신을 일으킬 대한지지와 대한역사를 위주할 것이 아닌가."[173]
(밑줄: 필자)

위와 같이 지리와 역사를 중시하는 사상적 배경에 의해 『황성신문』 발행진이 '명소고적'에 특히 주목하여 민족주의 정신을 일으키기 위해 관련한 기사를 연재했다.

위 논설 내용을 따르듯 1909년 『황성신문』에는 산천山川을 포함하는 명승들과 여러 고적들이 연재되었다. 민족주의民族主義 이데올로기를 발산하는 수단으로 '명소고적'을 새롭게 인식하여 신문을 통해 국민들의 애국심을 일으키고자 한 것이다.

앞의 검토 결과를 현대적 문화재 특성에 대입하여 보면, 1909년 『황성신문』

---

173) 『海朝新聞』 1908년 5월 14일자, 「학교의 정신은 교과서에 재함」.

에 연재되었던 '명소고적'이라는 용어는 여러 대상을 넓게 포함하는 대명사大名
辭적 용어로 쓰였고, 선별되었으며, 이데올로기적으로 활용되었음이 드러난다.
이로써 1909년『황성신문』에 연재되었던 '명소고적'은 근대적 문화재 개념에 가
깝게 쓰였다고 본다.

ㄴ. '명소고적' 인식의 시기 문제

앞서 잠깐 언급하였듯, 『황성신문』의 '명소고적' 관련 연재기사는 애초부터
계획된 것이 아니었던 것처럼 세계기문의 연재기사 일정 중간에 들어가 있고,
초기에는 용어의 혼선도 있었다. 급조된 연재기사라는 느낌을 준다. 그 배경은
아마도 당시 국내에서 활동하던 일본인들의 조사활동과 내부內部의 '유명한 곳
과 고적' 조사에 자극받은 것일 가능성이 있다. 현재 대한제국 내부의 당시 행정
기록에서는 확인이 되지 않고 있지만, 당시 몇몇의 언론에서 내부의 '유명한 곳
과 고적 조사' 내용을 다음과 같이 언급하고 있다.

"내부에서 한국 각지방에 잇난 유명한 쳐소와 고적을 됴사하난중이라더라."[174]

"내부에셔난 한국각지 명소의 고적을 조사중이라더라."[175]

"내부에서 한국 각지의 유명한 곳과 고적을 일일이 조사하는 중이라더라."[176]

앞 세 기사는 모두 1909년 3~4월에 게재된 기사들이다. 각종 언론에 내부의
'유명한 곳과 고적' 조사가 언급되던 시기는 『황성신문』에서 이미 세계기문世界
奇聞 관련 연재기사를 시작했던 시기였다. 그런데 『황성신문』은 이미 시작하던

174) 『大韓每日申報』1909년 3월 18일자, 「고적조사」.
175) 『大韓每日申報』1909년 3월 18일자, 「고적조사」.
176) 『新韓國報』1909년 4월 20일자, 「고적조사」.

연재기사를 갑자기 중단하기가 어려웠을 것이다. 그리고 『황성신문』은 몇 해 전이미 명소와 고적의 의미를 나름대로 정의하고 있었다. 다음은 1906년 『황성신문』의 「대동고적大東古蹟」 기사이다.

> "△圓覺寺 는 在中部慶幸坊 니 古名 興福이오 太祖時에 爲曹溪宗本社 라가
> 後에 廢爲公廨러니 世祖時에 改創 고 號爲圓覺이라 以權司者ㅣ 三百有餘오
> 舶陵金碧이 無與爲此 고 庭中에 建十三層石塔 고 又使金 守溫으로 撰碑而
> 立 니 卽今塔洞公 園地 是也라
> △庾應圭 는 高麗毅宗時에 出倅南京 야 政尙淸簡 고 一芥를 不取於人 더
> 라 其妻嘗得乳疾 야 但啜菜羹 니 有衙吏審餽隻鷄어늘 妻曰良人 平生에 未
> 嘗受餽遺 니 豈可以我口 腹으로 累淸德耶아 니 吏慚而退러 라
> △明昇舊居 는 在開城訓鍊廳後山下 니 盖明大祖가 旣平蜀 고 竄明昇 于高
> 麗 야 子孫이 世居此地 니 明 王珍의 袞冕畵像이 遺傳이러니 宣 祖壬辰에
> 燬於兵燹이러라."[177]

또한 『황성신문』은 비슷한 시기 다른 신문들과는 다르게 고적을 특별히 기사의 주제로 잡아 고적의 의미를 일깨우고 있어 고적에 관한 나름의 식견을 가지고 있었음이 드러난다.

표 14. 1909년 이전 『황성신문(皇城新聞)』 '고적' 관련 내용

| 일자 | 제목 | 내용 |
| --- | --- | --- |
| 1899.8.28. | 伊太利古跡 | 이탈리아의 유적에 외국 관광객이 많음을 소개함 |
| 1902.11.3. | 修理 高皇故蹟 | 곡산군에 있는 태조의 전설이 있는 터를 수리함 |
| 1903.3.19. | 康有爲의 古跡探尋 | 중국 사상가 강유위의 광동, 인도 등지 고적 답사기를 전함 |

명소와 고적에 관한 역사적 식견을 가지고 있었던 당시 발행진들이 옛 사찰

---

177) 『皇城新聞』 1906년 4월 2일자, 「大東古蹟」.

과 탑, 인물, 명승 등의 내용들을 '명소고적'으로 삼고 있었다. 이러한 배경 위에서 1909년 『황성신문』은 어렵지 않게 '명소고적' 개념을 정리하여 연재기사화할 수 있었다. 그리고 1909년 당시 『황성신문』의 사장은 유근이었다. 유근 또한 박은식이나 신채호처럼 역사에 조예가 깊은 인물이었고, 『신정동국역사新訂東國歷史』, 『초등본국역사初等本國歷史』, 『신찬초등역사新撰初等歷史』 등의 역사서를 저술하기도 했다.[178] 이런 발행진이 가지고 있던 역사적 지식의 배경과 계몽주의자적 성향이 '명소고적'에 주목하여 연재기사를 쓸 수 있었던 뿌리가 되었다.

『황성신문』은 '명소고적'에 대한 중요성 인식의 바탕 위에서 당시 내부內部의 조사에 반응하여 기존의 연재기사를 중단하고 '명소고적' 관련 연재기사를 비교적 긴 기간 동안 수록하였다. 이는 다른 언론에서는 없던 일이며, 『황성신문』 집필진이 나름 '명소고적'에 대한 근대 문화재적 의미 부여를 한 것이라고 볼 수 있다.

### ② 대한제국기 수집품 인식

대한제국기는 조선 말부터 있었던 동산문화재에 대한 사회적 인식 변화와 황실의 근대화 추진으로 조선 사회에서 전통적으로 유지해왔던 것들이 '옛 것'이 되어 점점 더 일상에서 유리된 별도의 객체로 인식되던 시기이다.

이 시기 외국인들의 우리 문화재 수집은 더욱 활발해졌고, 도자기나 서화 등 우리 문화재는 특별한 통제 없이 외국으로 계속 유출되었다.

대한제국 황실도 동산문화재에 대한 인식 변화가 있었는데, 그 대표적 사례가 1908년 기획되고 1909년 설립된 이왕가박물관이다. 근대화라는 포장 아래 통감부의 압력으로 건립된 이왕가박물관은 창경궁 내 별도의 공간에 옛 물품들을 모아 진열하고 대중에까지 공개하여 한국 근대적 박물관의 기원으로 평가되고 있다.

---

178) 김명섭, 2007, 『석농유근 자료총서』, 한국학술정보, 33~35쪽.

이왕가박물관 진열품은 도자기(41.4%)와 금속공예품(30.3%)이 많고 서화는 9% 정도로 적었는데, 이는 박물관의 사무 담당 스에마쓰 구마히코末松熊彦를 비롯한 일본인들의 다도茶道 취향이 반영된 결과이다.[179)]

이왕가박물관은 조선 최초의 근대적 박물관으로서 의미가 있지만, 다음과 같은 한계가 있었다.

우선 '이왕가'라는 박물관의 명칭부터 제국주의 침략적인 색이 강하다. 당시는 거의 모든 권력이 일제에 넘어간 통감부 시기이기는 하지만, 공식적으로는 황제가 다스리는 대한제국이었다. 황실을 왕가로 하대한 이 명칭을 대한제국 황실이 수용한 것은 이왕가박물관 설립의 타율성을 증명한다.

다음으로 일본인들에 의해 주도되어 우리의 옛 문화가 타율적으로 재구성되었다는 점이다. 앞서 살펴보았지만, 조선왕실에서도 서화를 중심으로 옛 것들을 수집하고 보관하는 문화가 있었고, 이는 조선왕실의 문화적 이데올로기를 반영하는 측면이 강하였다. 그런데 일본에 의해 황실의 중요 소장품이 서화에서 고려자기나 금속유물로 변화되어 조선왕실의 문화적 정통성 내지는 전통성이 변질되는 결과를 낳았고, 이는 자연스럽게 조선 문화가 당시 사람들의 인식의 장에서 변색되는 결과를 가져왔다.

마지막으로 근대적 박물관이라는 포장 하에 전통적으로 조선왕실에서 가져왔던 수준 높은 서화 수장 체계 역시 부정되었다는 점이다. 설립 후 1년 후에나 주 1회 이루어진 이왕가박물관 수집품의 대중 공개를 제외하면, '옛 물건에 대한 수집'과 '별도의 공간에 보관', '목록화 등을 통한 관리'와 같은 유물 수집과 보관 체계는 적어도 조선왕실에서도 규모 있게 있었던 일들이다.

서양의 박물관 기원이라고 일컬어지는 '무제이온', '우피치', '갈레리아'와 같은 장소들이 당시 일반 대중에게 상시 공개되었을까. 이 장소들이 만약 특정 권력층에게만 허용된 장소였음에도 불구하고 이를 박물관의 기원이라고 한다면

---

179) 목수현, 2001, 「한국 박물관 초기 설립과 운용」『국립중앙박물관 일본근대미술 일본화편』, 국립중앙박물관, 193쪽.

우리 조선왕실의 서화 수장용 전각들이나 신라의 '천존고天尊庫'나 '남고南庫'도 박물관의 기원으로 검토되어야 한다.[180]

### ③ 대한제국기 문화재 인식의 의미와 한계

앞에서 살펴본 바와 같이, 대한제국 말기의 지식인들은 '명소고적'이라는 단어를 중심으로 근대적 문화재 개념을 인식하고 있었다. 현재의 기준으로 보면 많이 정제되지 못한 상태이지만, 여러 전통 개념의 근대적 전환이 진행되던 당시 혼돈의 상황에서 우리 옛 것에 대한 주체적인 인식과 대명사적 정리를 하였다는 점은 한국 문화재사文化財史에서 큰 의미가 있다. 지금까지는 한국 문화재사의 초기사를 일본인들의 조사로 시작한 것으로 인정하는 것이 대체적인 의견이지만, 이러한 인식은 재검토될 필요가 있다.

일본인들이 한국에 와서 문화재 조사 활동을 벌인 것은 1902년부터라고 하지만 개인적인 차원의 조사였고, 공식적인 조사는 탁지부의 의뢰로 시작한 1909년 9월 19일부터인 것으로 알려져 있다.[181] 이렇게 문화재가 일본인들에 의해 조사되고 있던 초기에 우리의 지식인들이 그들보다 먼저 주체적으로 문화재를 인식하여 선별하고 이데올로기적으로 활용하였다는 점은 의미가 있다.

다만 이런 주체적 문화재 인식에 관한 지적 활동들이 지배권력에 의해 인정되고 공식화되고 체계화되지 못했다는 점은 커다란 한계이다.[182] 근대의 많은

---

180) 이난영은 『三國史記』 百濟本紀 辰斯王 7년(391년)조에 '궁실을 중수하면서 못을 파고 산을 만들며 奇禽異卉를 길렀다'는 기사를 한국 박물관의 기원으로 보고 있다(이난영, 2008, 『박물관학』, 삼화출판사).

181) 국립문화재연구소, 2016, 『1909년 「朝鮮古蹟調查」의 기억 -「韓紅葉」과 谷井濟一의 조사기록』, 디자인공방.

182) 이 부분은 앞으로 자료 발굴과 연구가 필요하다. 역시 늦은 시기이긴 하지만, 내부에서 고적을 조사한다는 기사가 1909년 3~4월에 등장하기 때문이다(『大韓每日申報』 1909년 3월 18일자, 蹟調查: 니부에서는 韓國各地名所의 古蹟을 調査中이라더라 / 『新韓國報』 1909년 4월 20일자, 고적조사: 내부에서 한국 각지의 유명한 곳과 고적을 일일이 조사하는 중이라더라). 내부에서 주관한 이 조사가 제대로 시작

제도가 그랬듯, 자주적인 제도화는 일제에 의해 거부당했고, 근대적 문화재 개념도 그런 연장선에 있었다. 1909년 지식인들의 근대적 문화재 인식은 이를 주체적으로 제도화하기에는 너무 늦은 시기였다. 당시 대부분의 국가권력이 이미 일본에 넘어가 있었고, 관료조직에도 일본인들이 상당 수 포진하고 있었다.

이런 상황에서 조선 지식인들이 재구성하고 민족주의 이데올로기적 성격이 강한 '명소고적' 개념을 당시 지배세력이 수용하기는 어려웠을 것이다. 우리 지식인들의 주체적 문화재 인식 시도는 일제강점 이후 우리 인식의 장에서 사라져 갔다. 전통 지식에 근거하여 우리가 주체적으로 인식한 근대적 문화재 체계가 제대로 시작도 못하고 역사에서 사라져 간 것이다.

그렇다면, 주체적 근대 문화재 인식과 제도화는 이렇게 끝났을까. 우리 민족의 주체적 문화재 인식과 제도화는 해외 독립운동 속에서 이어졌다. 1919년 우리 민족 스스로 세운 임시정부에서 문화재를 개념적으로 인식하고 보호관리의 대상으로 봤음이 다음 대한민국 임시정부 관보에서 확인된다.

> 法律第二號 「大韓民國臨時官制」(1919.11.5)
> 第二節 內務部
> 第一條 內務總長은 憲政籌備 議員選擧 地方自治 警察 衛生 農商 工務와 宗敎
> 慈善에 關한 一切 事務를 統轄함
> 第二條 內務部에는 祕書 地方 警務 農商工局의 四局을 置함
> 第三條 내용 생략
> 第四條 地方局은 左開事務를 掌理함
> 一. ~ 七. 내용 생략/八. <u>名所古跡</u> 保存에 關한 事項/ 九. 내용 생략

1909년의 '명소고적'이 1919년 11월 5일 대한민국 임시정부에서 공식적인 국

---

은 되었는지, 어떻게 진행되었는지, 그러다가 왜 9월에 탁지부의 의뢰로 일본인들에 의한 고적조사가 시작된 것인지 등에 관한 연구가 필요하다.

가의 업무로 10년 만에 부활한 것이다.[183] 물론 실질적 행정력이 영토에 미치지 못하였다는 한계는 있지만, 임시정부가 근대적 문화재 개념으로 '명소고적'을 인식하고 지방국地方局 8개 중요 행정사무 중 하나로 문화재 보존을 명시하였다는 점은 의미가 크다.

'명소고적'이 문화재와 같은 집합단수대명사로 쓰였을 가능성이 있음을 보여주는 사례는 이후에도 등장한다.

1928년 조선신문朝鮮新聞은 지리지地理誌와 같이 전국 각 지방을 도·군별로 소개하는 연재기사를 신문 지면에 실었는데, 각 군의 마지막 부분에는 명소고적名所古蹟이라는 제목으로 해당 지역의 문화재를 소개하는 항목을 두었다.

해방 후 1958년 서울시사편찬위원회는 서울의 문화재를 소개하는 책자를 발간하면서 제목을 '서울 명소고적'으로 하였다. 물론 이 책의 내용은 서울의 문화재들을 수록하고 있다.

이상에서 살펴본 바와 같이, 명소고적은 1962년 우리나라에서 문화재가 집합단수대명사로서 공식화되기 이전까지 사용된 문화재의 또 다른 명칭이었을 가능성이 있다.


## 2. 일본과 대만


### 1) 일본

문화재와 관련한 조선의 인식 사례와 비교하기 위하여 동 시기 일본의 사례

---

183) 이 부분 또한 자료 발굴과 연구가 필요하다. 대한제국 말기 지식인들에 의해 체계화된 근대적 문화재 개념인 '명소고적'이 어떤 경로로 유지되어 10년 만에 임시정부에서 공식 용어로 부활할 수 있었는지에 대한 새로운 자료 발굴과 심도 있는 연구가 필요하다.

를 살펴보겠다. 일본은 메이지明治 시기에 본격적으로 근대화의 길을 걸었기 때문에 이 시기의 전사前史로서 그 직전인 에도江戶 시기의 문화재 인식에 대해 살펴보겠다.

## (1) 에도江戶 시기

에도 시기는 일본 전통사회의 마지막 시기이다. 한국의 근대 문화재 인식의 전사를 살펴보기 위해 전통사회의 마지막 시기인 조선을 살펴본 것과 같이 일본 문화재 인식의 전사라는 관점에서 에도 시기에 문화재와 관련하여 어떤 인식이 있었는지 살펴보겠다. 앞 머리말에서 정리한 문화재 정의 요소별로 살펴보면 다음과 같다.

먼저 국가 차원의 인식에 관한 부분이다. 앞의 사례들에서 본 것처럼 문화재 정의의 주체는 일반적으로 국가가 된다. 그런데 일본의 경우 천황을 중심으로 중앙집권을 이룬 것은 일반적으로 메이지 시기이고, 문화재 정책 또한 이 시대부터 시작되었다고 연구되고 있다. 메이지 시기에 천황을 정점으로 한 국가 주도의 문화재 보호 정책이 시작되지만, 그 이전 시기에 대한 언급은 보이지 않는다.

연구에 의하면, 메이지 이전 시기 일본에서는 왕릉이나 왕릉급 고분에 대한 도굴이 다음과 같이 종종 행해졌다.

- 카와치노쿠니(河內國)의 추고천황릉(推古天皇陵) 도굴(1060년 6월)
- 남도흥복사(南都興福寺)의 승려 정범(靜範) 등 16명에 의한 야마토쿠니(大和國) 성무천황릉(聖武天皇陵) 도굴(1063년)
- 흥복사의 승려에 의한 성무천황릉 훼손(1149년)
- 여러 도둑들에 의한 천무(天武)·지통(持統)천황 합장릉 침범(1235년 3월)
- 셋츠쿠니(攝津國) 시마죠(島上)의 계체천황릉(繼體天皇陵) 도굴(1288년)[184]

---

184) 최석영, 2015, 『일제의 조선 「식민지 고고학」과 식민지 이후』, 서강대학교출판부,

또한, 메이지 초기에도 황릉으로 알려진 고분이 다음과 같이 왕실의 허가 없이 발굴되어 중지되기도 하였다.

- 1872년 오사카 사카이(堺) 현령 사이쇼 아츠시(稅所篤) 등에 의하여 인덕천황릉(仁德天皇陵)으로 알려져 있는 다이센(大山) 고분이 새똥 청소를 이유로 앞부분의 석실을 발굴하게 되었는데 그 다음 해 5월 중지명령이 내려짐.[185]

왕실을 중심으로 한 국가 통제력이 전 국토에 걸쳐 행사되었다면 일어나기 힘든 사건들이다. 이러한 사건들이 발생한 이유는 고분 등에 대한 도굴 및 발굴을 공식적으로 금지하는 법이 없었기 때문이며, 해코지신앙 정도가 유적에 대한 도굴이나 파괴를 함부로 못하게 하는 역할을 하였다고 한다.[186] 그리고 고분 등에 대한 도굴 및 발굴을 공식적으로 금지하는 법은 명치유신 이후가 되어서야 공포되었다는 연구[187]로 보아, 메이지 이전 시기에 적어도 옛 무덤을 보호하는 실효적 법령은 없었다고 생각할 수 있다.

예로부터 무덤의 훼손을 법으로 엄격하게 금지하였고, 실제로도 인위적 무덤 훼손에 대한 기록이 특별히 보이지 않는 조선의 경우와 대비되는 현상이다. 실효적 법령 뿐만 아니라, 옛 무덤에 대한 해코지 신앙(조상숭배 사상) 또한 조선에도 있었음이 남연군분묘南延君墳墓 도굴사건에서도 확인된다.[188]

---

67~68쪽.

185) 최석영, 2015, 『일제의 조선 「식민지 고고학」과 식민지 이후』, 서강대학교출판부, 69쪽.

186) 齋蘇忠, 1974, 『日本考古學史』, 吉川弘文館(최석영, 2015, 『일제의 조선 「식민지 고고학」과 식민지 이후』, 68쪽 재인용).

187) 최석영, 2015, 『일제의 조선 「식민지 고고학」과 식민지 이후』, 서강대학교출판부, 68쪽.

188) 盧啓鉉, 1982, 「오페르트의 南延君墳墓 盜掘蠻行과 韓國의 措置」『국제법학회논총』 27, 99~100쪽.

왕릉이나 왕릉급 고분의 경우만 보더라도, 조선에서는 그 보호와 관리가 법령이나 사상 등을 기반으로 제대로 행해지고 있었던 반면에 일본에서는 그렇지 못했다. 이러한 현상이 나타나는 원인은 왕실을 중심으로 한 국가 행정력의 영향 범위와 관련이 있다. 조선은 왕실을 중심으로 한 국가 행정력이 모든 국토에 영향을 미쳤지만, 일본의 경우에는 번藩 체제 하에서 그렇지 못했다는 데에서 큰 원인을 찾을 수 있다.

왕실의 상징적인 유물의 경우에도 메이지 이전 시기에 직접적인 통제력은 약했던 것으로 보인다. '정창원正倉院'으로 대표되는 일본 왕실의 상징적 유물들은 8세기 최초 봉납 이후 줄곧 동대사東大寺에서 왕실과 함께 관리해왔으며, 전적으로 메이지 정부로 관리권이 넘어와 국가의 직접관리 체제가 확립된 것은 1875년이다.[189] 왕릉과 같은 부동산 문화재뿐만 아니라 정창원 보물로 대표되는 동산 문화재도 메이지 시기에 이르러서야 왕실을 정점으로 한 국가 주도의 보호와 관리를 받게 되었다.

그리고 개방·공유되었던 정창원의 보물들은 일본의 천황제 이데올로기의 실현이라는 정치적 목적에 따라 점차 비공개 대상이 되었다. 메이지 초기까지만 해도 정창원의 보물들은 다음과 같이 일반 대중에게 공개되었고, 일부 유물은 공유되었다.

- 동대사 대불전 박람회 전시(메이지8년(1875년) 3.1~5.20, 17만명 관람)
- 박람회 전시(메이지9년(1876년))
- 진개(塵芥)에 들어 있던 직물 조각을 박물관과 각 지방에 나누어 줌(메이지9년 (1876년) 12월 27일)
- 박람회 전시(메이지11년(1878년))
- 박람회 전시(메이지13년(1880년))[190]

---

189) 스기모토가즈키(杉本一樹), 서각수·송완범·서보경, 2015, 『정창원 역사와 보물』, 동북아역사재단, 245쪽.
190) 스기모토가즈키(杉本一樹), 서각수·송완범·서보경, 2015, 『정창원 역사와 보물』,

그러나 정창원 보물에 대한 반출·공개는 메이지 10년대에 들어서부터 '보존'하는 경향으로 나아갔다.[191] 이후에는 이전의 박람회 출품과 같은 정창원 보물의 적극적 공개는 이루어지지 않고 있으며, 지금도 정창원은 일반인이 접근하기 힘든 대상으로 인식되고 있다.[192]

위와 같은 사례로 봤을 때, 일본에서 왕실을 정점으로 한 국가 주도의 문화재 인식과 관련한 보호조치가 행해진 것은 지금까지 알려진 대로 메이지 시기 이후로 보아도 큰 무리가 없다. 이러한 역사적 배경 위에서 일본에서는 천황을 정점으로 한 통치체제가 확립된 이후가 되어서야 국가 주도의 문화재 보호 제도가 생겨나기 시작한 것으로 볼 수 있다.

두 번째, 문화적 가치에 관한 인식이다. 에도 시기는 중앙의 막부와 지방 번의 법률이 「막부법幕府法」, 「번법藩法」으로 각각 따로 존재하고 있었다. 중국 법의 대표적 법률인 「대명률大明律」이 「막부법幕府法」과 「번법藩法」에 각각 영향을 미치고는 있었으나,[193] 에도시대에는 하나의 법이 일본 전체를 통제하는 구조가 아니었기 때문에 국가 차원에서 문화적 가치를 형성하고 이를 법률에 반영하는 형태로 발전하지는 못했다.[194] 조선 초기부터 「대명률大明律」을 전적으로 수용했던 상황과 달리, 일본에서 「대명률大明律」이 전적으로 수용되지 않았던 이유는 국가의 중앙집권적 지배구조의 존재 여부와 관련이 깊다.[195] 분권적 국가 통치구조로 인해 법률의 시행이 일원화 되지 않은 것처럼, 국가의 문화적 가

---

동북아역사재단, 244~245쪽.

191) 스기모토가즈키(杉本一樹), 서각수·송완범·서보경, 2015, 『정창원 역사와 보물』, 동북아역사재단, 245쪽.

192) 최응천, 2018, 「정창원 금속공예의 연구현황과 과제」 『정창원 소장 한국 유물』, 국립문화재연구소 미술문화재연구실, 7쪽.

193) 조지만, 2005, 「에도(江戶)시대 일본에서의 大明律의 영향」 『법사학연구』 32, 412~413쪽.

194) 조지만, 2005, 「에도(江戶)시대 일본에서의 大明律의 영향」 『법사학연구』 32, 416쪽.

195) 조지만, 2005, 「에도(江戶)시대 일본에서의 大明律의 영향」 『법사학연구』 32, 417쪽.

치 또한 에도 시기까지의 일본에서는 일원화 되지 못했다.

따라서, 일본에서 천황을 정점으로 하는 지배집단의 문화적 가치를 반영한 문화재에 대한 인식과 이를 사회에 내재화시키기 위한 정치구조가 메이지 시기 이전에는 형성되어 있지 않았기 때문에, 에도 시기까지는 문화적 가치를 반영한 국가 차원의 인식과 내재화가 없었다고 볼 수 있다.

세 번째, 대명사적 개념에 관한 인식이다. 현재 일본에서 전근대 시기 일본에 집합단수 대명사로서 문화재의 다른 표현이 있었다고 보는 연구는 아직까지 없다. 조선에서 문화재와 같은 의미의 집합단수 대명사로 쓰였다고 본 단어가 '고적古蹟'이므로, 이 '고적'이 일본에서 어떻게 사용되고 있었는지에 대해 검토하겠다.

일본에서 '고적古蹟'이라는 단어는 에도 시기에 발간된 지리지地理誌에서 공식적으로 등장한다.[196] 일본이 비교적 평화로운 에도 시기에 진입하면서 각 번藩의 령국領國 지배가 안정되자 몇몇의 번藩에서 지방지地方志를 발간하려는 움직임이 일어났는데, 계기는 조선으로부터 전래된 주자학류의 '지리地理'가 의식되기 시작된 것과, 령국領國 지배를 위한 기초자료로서 치정治政상 필요한 측면도 있었다.[197]

여기서 주목할 것은 지지의 체계를 갖춘 일본 지방지의 시초로 평가되는『예비군국지藝備國郡志』(1663)가 중국의『대명일통지大明一統志』를 절대적인 규범으로 삼았고, 이러한 기본적 체계가 에도 후기까지 이어졌다는 점이다.[198] 에도 후기로 갈수록 지리지의 문자도 순 한문에서 일본어를 많이 쓰고 내용 면에서도

---

196) 최석영은 일본의 학자도 문화재사(文化財史)의 전사(前史)로서 에도 시기의 지리지(地理誌)를 주목하고 있다고 한다(최석영, 2015,『일제의 조선「식민지 고고학」과 식민지 이후』, 서강대학교출판부, 71쪽).

197) 山田正浩, 2004,「일본 江戶 시대의 지방지 편찬에 대하여 -尾張藩의 사례를 중심으로-」『문화역사지리』16-1, 336쪽.

198) 山田正浩, 2004,「일본 江戶 시대의 지방지 편찬에 대하여 -尾張藩의 사례를 중심으로-」『문화역사지리』16-1, 336쪽.

좀 더 일본화된 지방지가 편찬되지만, 기본적으로는 중국 지리지의 체계를 따랐다는 것이다. 『예비군국지』의 구성은 다음과 같다.

> "建治沿革, 郡名門, 形勝門, 風俗門, 城池門, 苑圃門, 山川門, 土産門, 寺觀門, 祠廟門, 古蹟門, 陵墓門, 人品門, 拾史門."[199]

그리고 1698년에 편찬된 관찬 지방지로 『장주부지張州府志』가 있는데, 앞선 『예비군국지』보다 좀 더 일본화되었고, 항목 구성은 다음과 같다.

> "疆域, 建治沿革, 莊名, 鄕名, 村里, 形勝, 文藻, 官舍, 第宅, 山川, 津梁, 財賦, 戶口, 賦役, 土産, 人物, 神祠, 寺觀, 陵墓, 古城, 古戰場, 宅地, 古蹟."[200]

지방지의 편찬에서 그 항목에 촌리·신사 등이 따로 있어 전반적으로 일본화되면서 변하는 것이 보이나, 고적은 『예비군국지』에 이어 기본적 항목으로 계속 쓰이고 있는 것이 확인된다. 그리고 옛 유적을 항목으로 분류함에 있어서도 고성과 고전장 등 전쟁 관련 유적을 별도의 항목으로 분류하는 것으로 보아 그들이 중요하게 생각한 옛 것의 성격을 볼 수 있다.

메이지 시기 초기인 1874년부터 1879년에 편찬된 『일본지지제요日本地誌提要』의 총국總國과 일부 지역별 항목을 보면 다음과 같다.

- 總國
  疆域, 經緯, 幅員, 形勢, 沿革, 建置, 郡數, 戶數, 社數, 寺數, 人口, 田圃, 租稅, 治體, 屬地, 軍鎭, 砲臺, 陸軍, 海軍, 艦船, 海軍提督府, 學校, 開港, 鐵道, 電機,

---

199) 山田正浩, 2004, 「일본 江戶 시대의 지방지 편찬에 대하여 -尾張藩의 사례를 중심으로-」 『문화역사지리』 16-1, 336쪽.
200) 山田正浩, 2004, 「일본 江戶 시대의 지방지 편찬에 대하여 -尾張藩의 사례를 중심으로-」 『문화역사지리』 16-1, 337쪽.

郵便, 物産.

· 東京
  形勢, 疆域, 市坊, 戶數, 人口, 皇宮, 離宮, 官省, 兵營, 公園, 水道, 神社, 佛寺.

· 京都
  形勢, 疆域, 市坊, 戶數, 人口, 皇宮, 神社, 佛寺.

· 山城
  疆域, 形勢, 沿革, 郡數, 戶數, 人口, 田圃, 租稅, 府治, 軍鎭, 學校, 各邑, 驛路, 山嶽, 牧場, 河渠, 湖沼, 瀑布, 礦泉, 神社, 佛寺, 物産.

· 大和
  疆域, 形勢, 沿革, 郡數, 戶數, 人口, 田圃, 租稅, 各邑, 驛路, 山嶽, 牧場, 河渠, 湖沼, 瀑布, 溫泉, 神社, 佛寺, 物産.[201]

일본 전체를 설명하는 총국總國에서 경위經緯 · 개항開港 · 철도鐵道 · 전기電機 등이 신설된 것으로 보아 근대화에 따른 서양의 지리 기준도 새 항목으로 편성되었음이 확인된다. 반면에 전통적으로 지리지에 기재하던 항목 중 고적古蹟이 보이지 않는다. 이에 대해서는 『일본지지제요日本地誌提要』의 범례凡例에서 이렇게 설명한다.

一. 陵墓古蹟等. 搜記スヘキ所ナレモ. 簡要ヲ旨トスルヲ以テ. 今之ヲ畧ス.[202]

앞 문장을 해석하면 '능묘고적陵墓古蹟 등에 대해서는 기재할 곳도 없고, 간략

---

201) 元正院地誌課 編(明治7-12[1874-79]), 『日本地誌提要』, 日報社(http://www.nl.go.kr/nl/ 국립중앙도서관).

202) 元正院地誌課 編(明治7-12[1874-79]), 『日本地誌提要』, 日報社, 5쪽(http://www.nl.go.kr/nl/ 국립중앙도서관).

하게 만드는 지리지이기 때문에 이번에는 생략한다'는 내용이다. 고적을 인지하기는 하지만 굳이 안 써도 된다는 저자의 인식이 보이는 대목이다.

에도 시기 이후 메이지 시기 초기까지 일본에서 고적은 옛 유적을 설명하는 단어로 쓰였다고 보인다. 일본이 근대화되면서 고적에 대한 국가적 중요성은 우선순위에서 멀어졌으나, 일본사회에서 고적에 대한 개념은 이미 지속적으로 공유하고 있었음을 충분히 짐작할 수 있다. 이러한 인식의 배경은 향후 일본 학자들이 조선에서 시행한 유적조사를 '고적조사'로 명명하게 된 뿌리가 되었다.

일본에서 고적이 사용된 사례에 관해 앞에서 검토한 것들을 정리하면, 고적이 옛 유적을 설명하는 단어로 일본의 지방지에서 주로 사용되어 문화재와 같은 집합단수 대명사로 쓰였다고 볼 수 있는 여지는 있다. 그러나 문화재 정의 요소라는 관점에서 볼 때 고적이 국가 차원에서 인정되고 확산된 개념이라고 보기에는 그 자료가 부족하며, 그렇게 실현하기 위한 정치 시스템도 존재하지 않았다. 따라서 전 근대시대에 일본에서는 문화재 정의 요소를 구성하는 집합단수 대명사로 볼 수 있는 단어로서 고적에 대한 관심은 있었으나, 국가적 측면에서 사회화되지는 않았다.

네 번째, 문화재를 특별한 보호물로 인식한 점에 대해 살펴보겠다. 문화재로 인식된 대상에 대한 선별 및 보호활동이 있었다면 이 역시 문화재의 정의를 이루는 한 요소를 가지고 있었다고 할 수 있다. 그러나 앞서 여러 번 반복해서 언급했듯이 일본에서는 천황을 정점으로 하는 지배 권력의 문화인식이 전체 사회에 확산될 만 한 통치구조가 에도 시기까지는 없었기 때문에 국가를 중심으로 하여 문화재로 인식된 대상들에 대한 선별 및 보호활동 역시 없었다고 보는 것이 합리적이다. 일본에서 국가 주도의 이런 활동은 메이지 시기 이후로 본격적으로 나타난다.

이상에서 문화재 정의의 각 요소가 전근대 시대 일본 사회에서 어떻게 반영되고 있었는가를 살펴보았다. 고적과 같은 단어의 존재와 용례는 일본 내에서 집합단수 대명사로서 문화재에 대한 초보적 인식이 있었을 가능성을 보여준다.

그러나 국가 주도의 인식과 법령을 통한 제도화 및 사회화라는 관점에서는 전근대 시대의 일본에서 근대의 문화재와 같은 인식과 사회화는 없었다고 본다. 이런 현상이 발생하는 가장 큰 이유는 하나의 일관된 통치체제를 가지지 못하였기 때문이다. 에도 시기에 중국의 영향을 받아 지리지를 편찬하고 고적 개념에 대한 인식을 했을 수는 있으나, 이는 어디까지나 지방 단위에 한정되었던 현상이다.

## (2) 메이지明治 시기

메이지 시기에 이르러 문화재에 대한 인식과 사회화를 하고 각종 법령이 제정될 수 있었던 가장 근본적인 배경은 천황을 중심으로 한 단일한 통치체계의 확립이라고 볼 수 있다. 이런 맥락 속에서 일본의 문화재에 대한 인식의 배경을 알면 왜 그런 형태로 그들의 조사와 제도화가 지배지역에 이식되었는지에 대한 단서를 얻을 수 있다. 이는 두 가지 측면에서 이해할 수 있다. 하나는 천황제의 강화이며, 다른 하나는 국제사회의 일원이 되기 위한 전통의 소환이다.

먼저 천황제 강화에 대한 부분이다. 일본에서 메이지 시기가 시작된 이후 천황제 강화 과정에서 문화재가 재조명되었다거나 천황제 강화를 위해 문화재를 활용했다는 점은 일본을 비롯한 한국의 여러 연구자들에 의해 이미 연구되었다.[203] 그 내용을 문화재와 관련하여 간략히 정리하면 다음과 같다.

- 명치(明治)정부 수립 후 천황제 강화를 위해 번의 종교적 토대였던 불교를 억제하기 위해 신불판연령(神佛判然令)을 내리고(1868) 폐불훼석(廢佛毁釋) 정책을 시행하였다.
- 또한 천황제 강화를 위해 여러 번주(藩主)들에게 영지(領地)와 영민(領民)들을

---

203) 高木博志, 1997, 『近代天皇制の文化史的研究』, 東京: 校倉書房; 森本和男, 2010, 『文化財の社會史』, 彩流社; 최석영, 2015, 『일제의 조선「식민지 고고학」과 식민지 이후』, 서강대학교출판부; 김용철, 2017, 「근대 일본의 문화재 보호제도와 관련 법령」『미술자료』 92, 국립중앙박물관.

천황에게 돌려주라는 판적봉환(版籍奉還)을 시행하였다(1869).

- 국민들을 천황의 신민으로 만들기 위해 신분제를 고치고 평민에게도 성을 부여하는 해방령(解放令)을 시행하고, 천황제 강화를 위해 영주의 번을 폐지하고 현을 새롭게 설치하는 폐번치현(廢藩置縣)을 시행하였다(1871).
- 1872년 오사카에 있는 인덕천황릉(仁德天皇陵)이 함부로 발굴되자, 고분이나 전승지의 발굴을 금지하는 태정관 포고를 내린다(1874).
- 앞서 시행한 폐불훼석 과정에서 예상 밖의 문화재 파괴현상이 나타나고 민심이 멀어지자 신불분리령을 포기하고 문화재 관련 최초 규정인 「고기구물보존방(古器舊物保存方)」을 시행하였다(1873).
- 왕권 강화를 위해 1876~1885년 실시된 명치천황의 전국 순행인 야마토행행(大和行幸)을 계기로 전국적으로 황실과 관계 깊은 명승(名勝)과 사사(社寺)의 보존 및 부흥 운동이 일어났고, 이는 1897년 「고사사보존법(古社寺保存法)」 시행으로 실현되었다.

일본은 천황을 정점으로 하는 통치구조의 변화에 따라 이 체제를 공고히 하기 위해 상징적인 작업의 일환으로 문화재를 활용하였다.

다음으로 일본이 국제 사회의 일원이 되기 위해 전통을 소환하는 것에 대해 살펴보겠다. 일본이 문화재 제도를 근대적으로 형성해나가는 과정에서 검토할 수 있는 계기로 '세계박람회' 참가를 들 수 있다. 산업과 사회의 근대화로 자신감을 얻은 일본이 국제사회의 일원이 되기 위해 세계박람회 참석을 추진하였다. 여기에서는 그들이 생산하던 일반적인 근대 공산품이 아닌 일본적인 것을 출품해야 주목을 받을 수 있었고, 이러한 분위기 속에서 일본의 전통을 재발견하고 인식하지 않을 수 없었던 것이다.

구체적으로, 일본은 1873년 오스트리아 빈에서 열리는 만국박람회에 참석하기 위한 전 단계로 1871년 일본 내에서 일본 최초의 박람회를 개최하였는데, 이를 위해 문부성의 전신인 대학남교大學南校가 고기구물古器舊物의 보존을 요청하였다. 그 요청에는 고기구물을 수집 보존하기 위한 집고관集古館을 건설할 것, 그것이 가능하지 않다면 보기寶器 등 오래된 것들을 보호하도록 할 것, 전임자專任者를 임명하여 그것을 도면으로 모사模寫·집성하도록 할 것이 포함되어 있었

다.[204) 우리가 현재 인식하고 있는 문화재의 기본적 체계(유물-전문가-기록-박물관)가
이 당시에 형성되고 있었다.

## 2) 대만

사서史書로 기록된 대만의 역사는 한국이나 일본만큼 길지 않다. 오래 전부터
점유하고 있던 토착 원주민의 땅에 네덜란드와 스페인이 처음 상륙하여 주둔
(1624~1662)했고, 반청복명反淸復明을 내세운 정씨왕국鄭氏王國(1662~1683)이 들어
선 후 청淸이 지배(1684~1895)했다. 이렇게 비교적 길지 않았던 대만 문명의 역사
는 일본의 강점(1895~1945) 초기에 고건축 분야보다는 고고인류학 분야의 일본인
학자들이 대만에서 조사를 시작한 이유가 되었다.

문화재 인식의 비교사에서 주목할 점은 대만의 연구자들이 그들 지역 문화재
역사의 시작 시기를 일제강점기로 보고 있지 않고, 청대淸代로 올려보고 있다는
점이다.

현재 대만에서는 문화재 인식의 시작을 청대의 고적古蹟에 대한 기록들에서
찾고 있다.[205) 최근 연구의 대략은 다음과 같다.

- 「大淸律例」 중 「戶律」과 「刑律」의 규정 안에 국가의 중요 건축물(宗廟, 大祀邱
  壇, 神御兼太廟, 宮闕)을 훼손하면 벌한다는 규정이 있는 것으로 봐서 국가차

---

204) 최석영, 2015, 『일제의 조선 「식민지 고고학」과 식민지 이후』, 서강대학교출판부,
   66~67쪽.
205) 근대시기 대만의 문화재 제도화에 관해 참고할 만한 연구 사례는 다음과 같다.
   王世安, 2016, 「台灣有形歷史保存法制發展史(1895-2015): 從國家目標與權利保
   障之互動談起」, 國立臺灣大學法律學院法律學界 碩士學位論文; 林一宏, 2011,
   「臺灣文化資產保存歷程概要」 『台灣博物館學刊』, 64期之1; 林會承, 2011, 『臺灣
   文化資產保存史綱』, 台北: 遠流; 許淑君, 2001, 『臺灣 「文化資產」保存發展歷程之
   研究(1895-2001): 以文化資產保存法令之探討爲主』, 雲林科技大學文化資產維護
   研究所 碩士學位論文.

원의 문화재 보호 의식이 있었던 것으로 보인다.
- 1685년『臺灣府志』에 대만의 古蹟이 기록되었다.
- 1695년『高志』「外志卷」에 고적이 '藥水, 大井, 湯泉, 大滾水山, 仙人山, 水漣潭, 湯泉, 石湖, 火山' 등으로 기록되었다.
- 1741년『重修福建臺灣府志』에 대상을 '宮室, 寺觀, 井泉, 宅墓'로 하여 '인문역사건물'과 '자연경관'으로 구별하는 인식이 있었고, 古蹟을 1권으로 독립하였다.
- 1792년의『重修鳳山縣志』와 1870년의『淡水廳志』에는 고적과 자연경관이 혼재되었으며, 1894년의『苗栗縣志』「古蹟考」에는 고적과 관련 없는 내용이 있다.[206]

청대 대만의 고적에 대해서는 현재의 '문화재'와 유사한 관심이 있었으나, 그 분류와 개념이 현재 시각에서 보면 그렇게 정돈되지 않았다는 점을 알 수 있다. 그러나 왕세안王世安은 청대에 '문화재'에 대한 보존 인식이 있었으며, 자발적으로 묘우신단廟宇神壇을 보수한 점에서 이를 알 수 있다고 했다.[207]

# 3. 소결

앞서 전근대에서 근대에 이르는 시간 동안 한국·일본·대만의 문화재에 대한 인식과 변화에 대해 살펴보았다. 이를 각 국가별로 정리하면 다음과 같다.
먼저 한국의 문화재 인식에 관한 부분이다. 유적이나 유물을 문화재로 본다면, 그 인식의 기원은 유물을 특별한 장소에 보관했던 6~7세기 신라시대 부터로

---

206) 王世安, 2016,「台灣有形歷史保存法制發展史(1895-2015): 從國家目標與權利保障之互動談起」, 國立臺灣大學法律學院法律學界 碩士學位論文, 25~26쪽.
207) 王世安, 2016,「台灣有形歷史保存法制發展史(1895-2015): 從國家目標與權利保障之互動談起」, 國立臺灣大學法律學院法律學界 碩士學位論文, 28쪽.

볼 수 있다. 예로부터 전해 내려오는 특별한 유물을 특별한 장소에 보관한다는 건 그 대상유물을 문화재로 인식하고 있었다는 점을 증명한다. 신라의 '천존고天尊庫'와 '남고南庫', 고려의 '청연각清讌閣', '보문각寶文閣', '천장각天章閣' 등이 유물을 보관하는 특별한 장소였다.

유적의 경우를 보면 그 기록은 고려시대부터 등장한다. 고려시대의 기록에서는 유적이 지금과 같은 땅에 남은 옛 사람의 흔적으로 인식되고 있는 것과 함께, 매장문화재적 개념으로 인식되기도 했고, 무형적 옛 자취를 의미하기도 했다.

고대로부터 전해 내려오는 유적·유물에 대한 인식은 자연스럽게 조선시대로 이어져 그 인식에 관한 기록들이 여러 문헌에서 나타난다.

조선 왕실이나 지배층에서는 '고적'을 부동산과 동산을 모두 포함하는 옛 것을 의미하는 집합단수 대명사로 인식하고 있었다. 이런 인식의 증거들은 『조선왕조실록朝鮮王朝實錄』이나 『지리지地理誌』와 같은 자료에서 확인하였다.

그리고 그들이 인식한 고적 내에는 조선의 왕릉이나 왕실 관련 유물들도 포함되어 있었다. 이것들은 조선이 국가 차원에서 법에 근거하여 구체적으로 보존과 수리를 하는 대상이었다. 이 체계는 현재의 문화재 인식 및 관리 체계와 유사하다. 실제 사례로, 정조 16년(1792)에 왕이 광릉에 행차하면서 '왕실의 무덤이 법령으로 엄히 관리되는 대상인데, 백성들이 화전을 일구고 돌을 캐내는 등 관리가 정상적으로 되지 않고 있다'는 질책을 하고 이를 개선할 것과 수리를 할 것을 신하에게 명하였다는 기록을 앞에서 확인하였다. 이 기록에서 정조는 왕실의 무덤을 고적으로 칭하고 있다.

고적의 인식에 대한 사례 외에, 문화재 인식의 전사로서 또 하나 조선시대에서 살펴볼 부분은 후기 실학자들의 고증학적 시각이다. 조선 후기 실학자들은 청 고증학의 영향으로 역사 서술을 비롯한 학문의 제 분야에서 실증적, 과학적 저술들을 남겼다. 문화재 인식과 관련하여 주목해 볼 부분은 고적, 금석학, 고고학 등의 분야였다. 역사의 검증 재료로서 현실에 존재하는 역사의 증거물들을 논리적으로 고찰하고자 하는 시각들이 있었다. 황초령비를 주체적인 시각에서 역사 해석에 적극 인용하고 경주의 왕릉의 위치 비정과 석기와 같은 고고학적 유물의 역사적 해석에 현대 고고학과 궤를 같이하는 논리적 시각을 가졌던 김정희가 대표적 인물이었다.

다음으로 조선의 문화재 인식에서 살펴볼 부분은 동산문화재에 관한 사항이다. 서화 수장문화로 대표되는데, 이는 조선 사회에서 고도로 발달된 수집 및 감상 문화였다. 고대로부터 이어졌던 조선의 수집 및 감상문화는 왕실 내에도 여러 보관 전각을 갖추는 등 크게 발전하고 있었다. 그리고 조선 후기 이후로는 중인들의 경제적 발전에 따라 서화 수집 및 감상문화가 더 폭넓게 확대되었다.

서화 외에 도자기로 대표되는 골동품 역시 조선인들의 수집 및 감상품으로 중요하게 여겨지던 대상이었고, 조선 말기에 이르러서는 외국인의 수집열이 더해져 고분의 도굴로까지 이어지는 폐단을 낳았다.

개항기에는 유길준, 박정양과 같은 젊은 관리를 외국에 파견하여 외국의 신문물과 제도를 경험하게 하였다. 그들은 외국에서 박물관을 경험하고 기록하였으나, 그들이 경험한 문화재 인식을 정책에 반영하는 수준으로까지 발전하지 못했다. 이 시기 외국인들 중 헐버트·묄렌도르프와 같은 서양인들은 한국 문화재에 대해 관찰과 수집 정도의 수준으로 문화재를 인식했으며, 일본인들은 제국주의 국가의 필요에 의한 연구라는 인식의 토대 위에 한국에서 고적조사로 대표되는 문화재 조사를 하였다.

대한제국기의 문화재 인식은 당시 발간된 신문을 중심으로 살펴보았다. 유적·유물·고적·고물 등에 관한 인식이 조선 이래로 계속 이어져 왔음을 확인하였고, 대한제국 말기에는 '명소고적名所古蹟'으로 대표되는 근대적 개념에 가까운 문화재 인식이 있었음을 확인하였다. 이의 배경에는 문화재를 통해 국민의 애국심을 고취시키려는 계몽주의자들의 인식이 있었다. 이 명소고적 개념은 일제강점기 대한민국 임시정부 관제에서 문화재를 지칭하는 집합단수대명사로 다시 사용되어 황성신문의 명소고적과 연속성이 있을 가능성을 확인하였다.

다음으로 전근대에서 근대에 이르는 기간 동안 일본이 가졌던 문화재 인식에 대해 정리해 보겠다.

조선과 비교할 수 있는 에도 시기 일본에서 조선의 경우와 같은 문화재 인식이 있었을까라는 관점에서 본다면, 가장 차이나는 배경은 왕실을 중심으로 하는 중앙집권적 정치체제의 존재 여부이다. 조선은 왕실 중심의 중앙집권적 정치체제가 있었고, 이를 실현하기 위한 법률체계와 행정조직이 갖춰져 있었다. 그렇기 때문에 국가적으로 중요한 역사문화 상징물인 왕릉이나 왕실상징물 등에 대해 특별한 보호조치를 실효적으로 할 수 있었다. 그러나 일본은 메이시 기기 초기까지 전국에 있는 왕릉에 대한 도굴이 횡행했다. 지방에 분산된 권력이 왕실의 역사문화적 상징물인 왕릉의 훼손을 가능하게 했다. 왕실 상징물인 유물의 경우도 유사하게 인식되고 취급되었다. 정창원으로 대표되는 일본 왕실의 상징적 유물들을 왕실에서 직접 관리하게 된 건 메이지유신이 지난 1875년에 이르러서였다.

국가적으로 중요한 역사문화적 상징물을 문화재로 보고 여기에 근거하여 본다면, 조선이 에도 시기 일본보다 문화재적 인식과 관리를 더 잘 진행했다고 본다. 지리지나 지방지에서 나타나는 고적에 대한 인식은 조선과 일본에서 유사하게 나타나는 경향을 보였다.

일본 역사에서 문화재 인식에 획기적 전환을 보인 계기는 통치 체제의 변화였다. 1869년 판적봉환을 계기로 전 일본의 권력이 왕실에 집중되었고, 이 혼란의 시기에 폐불훼석이라는 문화재 훼손 현상을 겪게 된다. 여기에서 민심 이반이라는 위기를 느낀 메이지 정부는 1873년 「고기구물보존방古器舊物保存方」을 공포하며 문화재 보존 역사의 시작을 알린다.

일본의 문화재 인식 형성의 또 다른 계기는 세계박람회의 참석이었다. 세계박람회에 일본적인 것을 보여주어야 하는 인식 위에 고기구물古器舊物에 대한 조사와 수집을 하였고, 이 일을 계기로 박물관을 건립하게 되었다.

결론적으로, 일본의 국가적 문화재 인식과 보존의 역사는 정치적 위기와 외적 자극이라는 커다란 사회적 변화를 계기로 시작되었다.

다음으로 전근대시기에 대만이 가졌던 문화재 인식이다. 대만은 청의 지방정부 체제 하에 있었는데, 1895년 청의 할양으로 조금 이른 시기에 일본의 식민지가 되었기 때문에 내재적 · 주체적 근대화를 추진하기에는 한계가 있었다. 따라서 전근대 시기 문화재에 대해 가질 수 인식의 기반은 한국이나 일본과 달랐다.

최근 대만의 연구자들은 대만 문화재 인식의 역사를 「대청률례大淸律例」 중 국가 중요 건축물의 훼손 시 처벌, 각종 지리지地理誌의 고적 관련 기록 등에서 찾고 있으나 좀 더 체계화하여 진행한 연구는 보이지 않는다.

연구 목적에 비추어 앞서 검토한 사례들을 종합하면, 전근대 시기 한국에서 는 전통적으로 주체적 시각으로 문화재를 인식하며 관리하고 있었음이 확인된 다. 그리고 일제강점 직전에는 문화재들을 포괄하는 별도의 대명사적 개념도 형성하는 등 근대적 모습도 보였다.

이것들은 일제강점 전 한국이 주체적으로 문화재를 관리하거나 인식한 사례 로, 일제강점이라는 변화가 없었더라도 자생적 문화재 제도화는 가능했음을 증 명하는 예이다. 이를 통해 문화재분야의 식민지근대화론(타율성론)은 극복이 가능 하다고 본다. 한국에서는 근대 시기에 자생적 문화재 인식과 근대화에 대한 싹 이 트고 있었으나 통치세력의 교체로 이것들이 무산되었던 것이다.

통치세력의 교체는 문화재 인식 변화의 커다란 계기였다. 앞서 설명했듯, 문 화재 인식을 주도하고 확산하는 세력은 오래된 것들 중 어떤 것이 사회적으로 중요하여 보존해야 하는지 결정하는 당대의 통치세력이다. 따라서 통치세력의 교체는 문화재 인식의 변화를 가져오는 원인이 될 수 있다.

# III

# 일제강점기 문화재 인식

## 1. 일본

### 1) 일본의 근대화와 문화재 인식

일본은 19세기 말 서양 문물을 적극적으로 수용하여 동아시아에서 가장 먼저 근대화를 이룩한 나라이다. 이들은 여기에 더해 당시 세계적으로 유행하던 제국주의에 편승해 동아시아 지역에 대한 침략을 하여 그들의 제국을 이루려 하였다.

일본은 동아시아지역에 대한 제국주의화 과정에서 많은 근대적 문물과 제도를 그들의 지배지역에 이식하였는데, 문화재에 대한 조사와 제도화도 그 중 하나였다. 대표적으로 그들의 지배영역 확대에 따라 조선朝鮮과 대만臺灣에 일본화된 문화재 제도가 이식되었는데, 그렇다면 일본의 문화재 제도가 어떠한 맥락 속에서 인식되고 생성되고 변화되었는지를 우선 알 필요가 있다.

먼저 검토해야 할 것은 일본이 전근대 사회에서 근대 사회로 변하는 과정에서 있었던 국가 통치 체제의 변화에 대한 부분이다. 메이지明治 시기 이전 일본은 형식적으로는 유일한 최고 통치자로서 천황이 있었지만, 실질적으로는 쇼군의 막부가 통치하는 사회였다.

여러 국가에서 일반적으로 나타나는 국가주도의 '문화재의 인식과 사회화(또는 제도화)'라는 관점에서 볼 때, 일본은 최고 통치자를 정점으로 하여 그의 의지가 사회에 전파되는 명령체계와 이것을 실제로 실현할 법령의 구비, 그리고 지리지 발간 등 이를 사회에 내재화시키는 활동을 할 수 있는 중앙집권적 국가체제가 있었는지가 명확하지 않다.

법령의 경우만 보더라도 메이지정부 수립 이후 신정부는 지방행정의 수립이나 새로운 법전을 준비하면서 유럽의 것을 모방하였다[208]는 점에서 과거 에도시대의 통치 체제 및 법령이 천황을 실제 최고 권력으로 하는 국가 운영에 크게 참고가 되지 않았음을 추측할 수 있다.

메이지 시기 이전에는 천황의 통치 의지가 사회에 반영되는 시스템이 없었다고 볼 수 있으며, 천황을 정점으로 하는 국가의 통치체제는 메이지정부 수립 이후 하나씩 하나씩 형성되어 갔다. 법령을 기준으로한 일본의 문화재 행정도 이를 증명한다. 일본에서 메이지 시기를 시작으로 하여 문화재 관련 단일한 법령인 문화재보호법이 1950년에 제정되기까지 대략 80년에 가까운 시간 동안 일본의 문화재 관련 법들은 제도적으로 소위 '진화進化'의 과정을 거쳤다.

메이지정부 수립 이후 일본은 근대화 과정에서 그들의 전통문화를 재인식하고 이를 보호하기 위한 제도화 과정을 거쳤다. 일본은 처음부터 단일하게 정리된 '문화재'라는 대명사적 개념을 가지지는 않았다. 일본인들이 정리하는 문화재 제도의 역사는 메이지明治 시기에 시작하지만,[209] 문화재라는 용어가 공식적으로 사용되기 시작한 시점은 1950년 일본이 문화재보호법을 제정하면서부터이다. 문화재라는 통합적 집합단수 대명사의 범위 아래 현재의 인식과 같은 문화재 범주 구조가 형성된 것은 바로 이 1950년이 시작이었다. 일본의 문화재보호법 제정 이전에는 일본에서 문화재가 국보國寶, 사적史蹟, 명승名勝, 천연기념물天然記念物 등 각기 다른 이름으로 분류되어 지칭되었고, 별도의 개념과 제도들 하에 있었다.

---

208) 카미야 노리오(神宮典夫), 이제수, 2003, 「일본근대법의 기저: 에도(江戶)시대의 법, 그리고 메이지(明治)시대에 있어 유럽법, 특히 로마법의 계수에 관하여」『法學研究』44, 부산대학교 법학연구소, 434쪽.

209) 森本和男, 2010, 『文化財の社會史』, 彩流社, 20쪽.

일본에서 처음으로 문화재 보존에 대한 인식과 제도화를 한 것은 1868년 「신불판연령神佛判然令」을 내린 후 폐불훼석廢佛毀釋이 진행됨에 따라 막대한 불교 유물의 훼손이 있었고, 이를 막기 위해 메이지정부가 1873년 「고기구물보존방古器舊物保存方」을 시행하면서 부터인 것으로 연구되고 있다.

## 2) 문화재 제도의 형성과 변화

메이지 초기에 만든 「고기구물보존방」을 기점으로 하여 이후 80년에 가까운 시간 동안 일본의 문화재 관련 제도는 개별적으로 생성과 변화, 통합의 과정을 거쳤고, 이러한 과정은 1950년 「문화재보호법文化財保護法」 제정으로 완성되었다.

일본의 문화재 제도가 형성되어 가는 80년의 시간은 거의 동시에 일본 제국주의帝國主義의 시간이었다. 제국주의 국가가 피지배지역에 그들의 제도를 이식하려고 하는 것은 어쩌면 자연스러운 일이었기 때문에 일본의 문화재 제도 또한 그들의 지배지역에 지속적으로 전파되었다. 그런데, 앞서 말했듯 이 시간은 일본 문화재 제도 진화進化의 시간이었다. 따라서 이 시기에 피지배지역에 전파된 일본의 문화재 제도는 그들의 제도 진화과정과 연계될 수밖에 없었다. 우선 일본의 문화재 관련 제도가 발생하고 변화되어 가는 과정을 대략 요약하면 다음과 같다.[210]

· 1868. 「神佛判然令」 공포
· 1871. 大學이 「古器物保護領」 공포 건의: 박물관 건축과 고기물 보호 목적
· 1871. 「古器舊物保存方」(부록 1-1-1) 제정
· 1872. 박람회 사무국이 '壬申調査' 실시

---

210) 근대 일본의 문화재 제도 형성에 관한 역사를 고찰한 김용철의 글을 기준으로 정리하였다(김용철, 2017, 「근대 일본의 문화재 보호제도와 관련 법령」『美術資料』 92, 국립중앙박물관).

- 1875. 박람회 사무국을 박물관으로 개칭
- 1877. 천황의 나라 방문: 구관보존의 정치적 계기 제공
- 1879. 「古社寺保存方」 문서: 人心收合과 國光保存을 위한 舊慣保存의 정치적 효과 강조
- 1885. 정창원 유물 관리를 궁내성으로 이관: 궁내성의 정치적 입지 강화
- 1889. 임시전국보물취조국의 전국 고미술 조사 시작(7년)
- 1894. 「古社寺保存に關する建議案」을 중의원에 제출
- 1897. 「古社寺保存法」(부록 1-1-2) 제정
- 1900. 帝國古蹟取調會 결성
- 1911. 「史蹟及天然記念物保存に關する建議案」을 귀족원에 제출
- 1919. 「史蹟名勝天然記念物保存法」(부록 1-1-3) 제정
- 1929. 「國寶保存法」(부록 1-1-4) 제정
- 1934. 「重要美術品等ノ保存ニ關スル法律」(부록 1-1-5) 제정 - 만주사변, 상해 사변 등 전쟁으로 엔화 급등, 문화재 유출
- 1950. 「文化財保護法」 제정

대략 80년 동안에 걸친 일본 문화재 관련 제도의 진화 과정에서 읽을 수 있는 문화재 제도 형성 원인은 문화적 위기 또는 필요 상황에 대한 정부의 대응 방편이었고, 그 기초는 조사에 의한 경우가 많았다. '원인발생 → (조사) → 법률제정'이라는 법률 생성 체계가 형성되었다.

폐불훼석의 위기상황에 대응하기 위하여 「고기구물보존방古器舊物保存方」이 제정되었고, 구관보존의 정치적 필요가 발행한 후 전국 고미술 조사를 거쳐 「고사사보존법古社寺保存法」이 제정되었고, 사적 및 천연기념물의 보호에 대한 정치적 필요가 생긴 후 고적 조사 과정을 거쳐 「사적명승천연기념물보존법史蹟名勝天然記念物保存法」이 제정되었고, 전쟁으로 인한 문화재 유출이라는 위기상황에 대응하기 위하여 「중요미술품등의 보존에 관한 법률重要美術品等ノ保存ニ關スル法律」이 제정되었다. 이러한 일련의 상황들이 일본의 문화재 법률 생성 체계를 설명한다.

이런 일본의 문화재 법률 생성 체계는 대만이나 조선과 같은 피지배지역에도

이식되어 각각 별도의 법 체제를 만들게 되지만, 생성 과정과 내용은 일본의 예를 따랐다.

표 15. 근대 시기 일본 · 대만 · 한국의 문화재 법령 제정 시기 비교

| 일본 | 대만 | 한국 |
|---|---|---|
| 1871년 5월 고기구물보존방 | | |
| 1876년 4월 유실물취급규칙 | | |
| 1897년 6월 고사사보존법 | | |
| | | 1911년 6월 사찰령 |
| | | 1911년 7월 사찰령 시행규칙 |
| | | 1916년 7월 고적 및 유물보존규칙 |
| | | 1916년 7월 고적조사위원회 규정 |
| 1919년 4월 사적명승천연기념물보존법 | | |
| 1919년 5월 사적명승천연기념물조사회 관제 | | |
| 1919년 4월 사적명승천연기념물보존법 | | |
| | 1922년 12월 행정제법대만시행령 | |
| 1929년 7월 국보보존법 | | |
| 1929년 7월 국보보존법 시행령 | | |
| 1929년 7월 국보보존법 시행규칙 | | |
| | 1930년 9월 사적명승천연기념물보존법 시행규칙 | |
| | 1930년 9월 사적명승천연기념물보존법 취급규정 | |
| | 1930년 12월 사적명승천연기념물조사회 규정 | |
| 1933년 4월 중요미술품등의보존에관한법률 | | |
| 1933년 4월 중요미술품등의보존에관한법률 시행규칙 | | |
| | | 1933년 8월 朝鮮寶物古蹟名勝天然記念物保存令 |
| | | 1933년 8월 조선보물고적명승천연기념물보존회 관제 |
| | | 1933년 12월 朝鮮寶物古蹟名勝天然記念物保存令 시행규칙 |
| | | 1933년 12월 朝鮮寶物古蹟名勝天然記念物保存令 시행수속 |
| | | 1933년 12월 조선보물고적명승천연기념물보존회 의사규칙 |

다만, 법률생성 단계 중 원인발생은 일본 국내의 정치적 상황에 기인하는 것이었기 때문에 피지배지역에 이식될 때에는 이 부분이 제외되고 조사 → 법률제정 단계를 거쳤다. 실례로 일본은 조선에서 통치 전반기에 조사에 집중하였고, 후반기에는 법률 제정 후 지정과 관리 및 활용 정책에 집중하는 경향을 보였다.

구체적으로 일본의 법령이 피지배지역에 이식된 사례는 앞의 표와 같이 사적명승천연기념물보존법에서 확인된다. 1919년 일본에서 「사적명승천연기념물보존법史蹟名勝天然記念物保存法」이 제정된 후, 1930년 대만에서 「사적명승천연기념물보존법시행규칙史蹟名勝天然記念物保存法施行規則」으로, 1933년 조선에서 「조선고적명승천연기념물보존령朝鮮古蹟名勝天然記念物保存領」으로 식민지의 법적 지위에 따라 약간씩의 변화를 거치면서 거의 그대로 피 지배지역에 이식되었다. 식민지 시기에 대만은 일본의 영향을 받아 문화재 관련 법령이 생겼고, 조선은 일본과 대만의 영향을 받아 문화재 관련 법령이 생겼다.

# 2. 한국

## 1) 조선총독부의 문화재 정책

일제강점기는 현재 우리가 인식하고 있는 문화재의 기본적 체계가 만들어진 시기이다. 앞서 검토한 조선시대나 대한제국 시기에 주체적인 문화재 인식과 사회화 시도가 있었더라도 이 모든 것은 일제강점기가 시작되면서 주체적인 발전의 길을 걷지 못했다. 한국의 권력이 이미 일본인들의 손에 들어가 그들 주도로 문화재 체계가 새로 만들어졌고, 이런 체계가 사회화 되어 우리 인식의 바탕이 된 것은 부정하기 어렵다.

이 장에서는 일제강점기에 일본인들에 의해 만들어진 한국의 문화재 체계가 어떤 구조로 형성되고 변화되었는지에 대해 문화재 조사를 바탕으로 한 문화재 목록 변화와 이를 정책 현장에서 기획하고 실현한 사람들(고적조사위원 등)을 중심으로 하여 공식 자료를 근거로 살펴보겠다.

## (1) 문화재 조사와 관리

일본인들에 의한 문화재 조사는 강점 이전부터 정밀하게 진행되고 있있기 때문에 일제강점 이후에도 일본인들의 한국에 대한 문화재 조사는 앞선 조사 성과와 통치권력 장악이라는 안정적 기반 위에서 더 활발하게 진행되었다.

일제의 한국에 대한 문화재 정책은 크게 두 시기로 나눌 수 있다. 앞은 조사정책의 시기, 다음은 관리정책의 시기이다.[211]

조사정책의 시기는 강점 이전인 1900년 야기 쇼자부로의 조사부터 시작하여 1933년에 「조선보물고적명승천연기념물보존령朝鮮寶物古蹟名勝天然記念物保存令」이 제정된 이후 1934년 중요한 문화재들에 대한 지정指定이 실시되기 전까지이다.

이 시기의 문화재 조사는 점령 대상지인 한국에 있는 건축물들을 조사하여 식민 통치에 활용할 가능성을 검토하기 위함과 식민주의 사관을 증명하기 위한 실증 자료 수집이라는 목적 등으로 행해졌다. 이런 목적을 가졌기 때문에 이때의 문화재 조사는 건축학 전공학자나 역사학자에 의해 주도되었다. 이 시기의 대표적 조사 학자로는 건축을 전공한 세키노 타다시關野貞, 역사학자인 이마니시 류今西龍와 구로이타 가쓰미黑板勝美, 인류학자 도리이 류조鳥居龍藏 등이 있다.[212] 이들의 조사는 형식적으로는 개인적 조사였지만, 실질적으로 일본 정부

---

211) 이 시기구분과 내용은 김지선의 연구에서 유의미하게 분석 및 정리된 것으로 판단하여 이를 참고하였다. 다만, 김지선은 일본의 문화재 정책 시기구분을 조사정책의 시기와 보호정책의 시기로 나누었는데, 당시 문화재 관리자가 배타적 타자인 조선총독부였기 때문에 보호정책은 관리정책으로 표현을 바꾸어 설명하고자 한다(金志宣, 2008, 『조선총독부 문화재 정책의 변화와 특성 -제도적 측면을 중심으로』, 高麗大學校 大學院 碩士學位論文).

212) 정상우, 2008, 「1910~1915년 조선총독부 촉탁(囑託)의 학술조사사업」『역사와 현

의 정책적인 뒷받침으로 진행된 조사였다. 일제 강점 이후에는 형식적으로도 한국의 통치기관인 조선총독부의 주도로 진행되었다.

강점이 시작된 이후 문화재 조사는 '조선고적조사사업朝鮮古蹟調査事業'으로 대표된다. 앞서 말했듯이 강점이 시작된 이후에는 조선총독부의 주도로 조사가 진행이 되었는데, 실제 조사에는 강점 이전부터 한국의 문화재 조사에 관여하였던 학자들이 다시 조사에 주도적으로 참여하였다.

조선총독부 주도로 진행된 고적조사사업은 그들의 통치 목적에 부합하되록 계획되었고 실행되었다. 전국의 문화재가 그 조사 대상이었지만, 타율적 역사관과 신공왕후 정벌설과 임나일본부설 등 식민주의 역사관을 증명하는 조사에 초점이 맞춰져 있었다. 그렇기 때문에 집중적으로 조사가 된 지역은 낙랑 유적이 많은 평양 지역, 신공왕후의 정벌과 관련된 신라지역이나 일본과 관련된 백제 유적이 많은 부여 지역에 조사가 집중되었다.

관리정책의 시기는 한국의 주요 문화재에 대한 전반적 조사가 완료된 이후에 1933년에 '보존령'을 제정한 후, 1934년에 고작조사 결과로 정리된 문화재들 중 중요한 것에 대한 '지정'을 실시하고 형식적인 보호정책을 표방한 시기이다. 이 지정 정책은 '조선총독부 보물고적명승천연기념물보존회(약칭 보존회)'를 중심으로 모든 절차가 진행되었다. 1934년 최초의 문화재 지정 이후 해방 전까지 총 7회에 걸쳐 보존회 총회를 개최하였고, 여기에서 중요한 문화재의 지정·해제·수리 등에 대한 심의를 하였다. 국립중앙박물관이 소장하고 있는 '조선총독부 박물관 문서'를 통해 확인되는 대략적인 내용은 다음과 같다.[213]

---

실』 68, 한국역사연구회, 2008, 243쪽.

213) 1943년 9월에 개최된 보존최총회 관련 문서 내용을 그대로 옮겼다. 이 회의는 전쟁물자 동원을 위해 광물 매장지인 휴류산성의 지정해제 여부에 관한 것이었고, 결국엔 지정 해제되어 유적이 사라지게 되었다(국립중앙박물관 소장 조선총독부박물관 문서(http://modern-history.museum.go.kr) > 휴류산성 관계 > 제7회 보존회 회의순서 등 > 보존회 총회).

표 16. 1~7회 조선총독부 '보존회' 총회 종목별 안건 수

| 回次 | 年月日 | 寶物 | 古蹟 | 名勝 | 天然記念物 | 合計 | 비고 |
|---|---|---|---|---|---|---|---|
| 1 | 1934년 5월 1일 | 184 | 21 | 0 | 16 | 221 | 鵂鶹山城 一回指定 |
| 2 | 1935년 9월 23일 | 65 | 46 | 3 | 44 | 158 | |
| 3 | 1937년 6월 9일 | 27 | 20 | 2 | 27 | 76 | 鵂鶹山城 追加指定 |
| 4 | 1938년 11월 25일 | 39 | 31 | 0 | 32 | 102 | 鵂鶹山城指定地域一部解除否決 |
| 5 | 1939년 11월 17일 | 42 | 11 | 0 | 21 | 74 | 扶餘扶蘇山城指定地域一部解除通過 |
| 6 | 1941년 10월 2일 | 26 | 17 | 2 | 13 | 58 | |
| 7 | 1943년 9월 27일 | 19 | 1 | 0 | 16 | 36 | |

위 표에서 알 수 있듯이, 조선총독부는 1~2년에 한 번 꼴로 보존회 총회를 개최하여 문화재 지정과 관리에 관한 사항을 심의 및 의결하였다. 그런데, 일제강점 말기로 갈수록 문화재 지정 수량은 줄어들고 있다. 문화재의 기본적 속성 중 확장성이 있다는 점을 참고하면, 일제강점기 조선총독부는 조선의 문화재에 대해 적극적 지정 정책을 펴지 않은 것으로 보인다. 또한 철광석 매장지 위에 있던 휴류산성鵂鶹山城의 지정과 해제 과정을 보면, 조선의 문화재는 얼마든지 일본 제국 전쟁의 필요에 의해 없앨 수도 있는 대상이었다.

1935년 조선총독부는 매년 9월 10일을 고적애호데이古蹟愛好day로 지정하고 1940년까지 애호운동을 벌였다. 표면적으로는 문화재의 적극적 보호 활동을 벌인 것처럼 보이지만, 이는 조선인의 전시동원을 위한 향토애의 고취 차원에서 이루어진 것이었다.[214]

## (2) '문화재' 목록 변화

19세기 말 일제는 한국에 침략을 하면서 문화재 조사를 시작하였고, 1910년

---

214) 金志宣, 2008,『조선총독부 문화재 정책의 변화와 특성 -제도적 측면을 중심으로』, 高麗大學校 大學院 碩士學位論文, 39쪽.

8월에 강제병합을 한 이후에는 문화재 조사와 정리를 본격적으로 하였다. 이렇게 시작된 문화재의 '조사 → 정리 → 활용' 체제는 몇 번의 형식적 변화가 있었지만, 대체적으로 일제강점기 내내 지속되었다. 그리고 이 체제 내에서 그들이 중요하다고 여긴 문화재를 정한 후 이를 목록으로 작성하여 중요도에 따라 '등급'을 매기거나 혹은 '대장'에 등록하거나 '지정'을 하였다. 이런 과정의 판단에 핵심적 역할을 한 주체가 위원회인데, 이 위원회의 의미에 대해서는 뒤에서 분석하겠다. 여기에서는 일제의 의도에 따라 구성된 문화재 목록이 어떠한 변화 과정을 거쳤는지 우선 살펴보겠다. 이러한 목록 변화의 과정을 통해 우리 문화재에 대해 일본인들이 가졌던 인식 변화를 살펴볼 수 있을 것이며, 우리가 인식하고 있는 문화재 체계의 뿌리도 확인할 수 있을 것이다.

조선총독부의 문화재 목록은 크게 세 시기로 나눌 수 있다. 첫 번째는 '고적 예비조사 목록 시기'로 세키노 타다시가 한국 최초로 근대적 문화재 목록을 만든 시기, 두 번째는 '고적조사 목록 시기'로 고적조사 사업 결과에 따라 문화재 목록이 다시 만들어진 시기이고, 세 번째는 '지정 목록 시기'로 「조선보물고적명승천연기념물보존령朝鮮寶物古蹟名勝天然記念物保存令」에 의해 문화재 지정목록이 새로 만들어진 시기이다. 이 각각의 시기별 그 내용을 살펴보면 다음과 같다.[215]

### ① 1기: 고적 예비조사 목록 시기

이 시기는 한국 문화재에 대해서 전반적 조사를 한 세키노 타다시가 최초로 조사목록을 작성하고 그 목록이 있었던 시기(1909~1916)이다. 세키노 타다시는 대한제국 탁지부 일본인 관리의 촉탁嘱託으로 한국에 대한 고건축 조사를 1909~1911년에 실시했는데, 이 조사는 일제의 통치에 활용하거나 참고 할 고건축

---

215) 정인성은 '고적고사사업'을 기준으로 세 시기(1기: 19세기 말~1916년까지, 2기: 1916년 이후, 3기: 1931년~)로 구분하였는데(국립문화재연구소, 2016, 『1909년 「朝鮮古蹟調査」의 기억 -『韓紅葉』과 谷井濟一의 조사기록』, 14쪽), 필자는 문화재 '목록'의 발생과 변화를 기준으로 하여 세 시기로 구분하였다.

에 대한 조사를 건축학建築學 전공자에게 맡긴 것이어서 조사의 주 대상은 고건축 중심으로 진행될 수밖에 없었다.[216] 그러나 이 조사는 한국에 대한 일제의 첫 종합 문화재 조사라는 성격도 있었고, 야쓰이 세이쓰谷井濟一[217]와 같은 고고학자도 동행했기 때문에 조사 범위는 고건축 외에도 고분이나 고분출토품과 같은 고고유적과 고적 등으로 그 폭이 넓었다. 세키노 타다시는 조사결과를 중요도에 따라 '갑을병정甲乙丙丁' 등급으로 나누었다. 3년의 조사 성과로 667건이 정리되었고, 대략의 현황은 다음과 같다.[218]

표 17. 세키노 타다시의 고건축 · 고적 조사 종류별 현황

| 조사연도 | 건축 | 능묘 | 공예 | 고적 | 비석 | 기타 | 계 |
|---|---|---|---|---|---|---|---|
| 1909 | 196 | 35 | 37 | 3 | 10 | 7 | 288 |
| 1910 | 240 | 2 | | 7 | | | 249 |
| 1911 | 87 | 12 | 11 | 17 | 3 | | 130 |
| 계 | 523 | 49 | 48 | 27 | 13 | 7 | 667 |

표 18. 세키노 타다시의 고건축 · 고적 조사 보존등급별/(건축물) 현황

| 조사연도 | 갑 | 을 | 을, 병 | 병 | 정 | 값없음 | 계 |
|---|---|---|---|---|---|---|---|
| 1909 | 49/(23) | 106/(65) | 2/(1) | 96/(76) | 35/(31) | | 288/(196) |
| 1910 | 6/(3) | 43/(42) | 4 | 79/(78) | 116/(116) | 1/(1) | 249/(240) |
| 1911 | 16/(2) | 53/(35) | 4 | 24/(18) | 33/(32) | | 130/(87) |
| 계 | 71/(28) | 202/(142) | 10/(1) | 199/(172) | 184/(179) | 1/(1) | 667/(523) |

216) 金志宣, 2008, 「조선총독부 문화재 정책의 변화와 특성 -제도적 측면을 중심으로」, 高麗大學校 大學院 碩士學位論文, 11쪽.

217) 야쓰이는 일제강점기에 백제지역의 고고유적을 활발하게 한 고고학자이며, 1922년~1933년 조선총독부 고적조사위원으로 활동하였다. 최근 그의 조사기록물이 번역 · 발간되었다(국립문화재연구소, 2016, 『1909년 「朝鮮古蹟調査」의 기억 -『韓紅葉』과 谷井濟一의 조사기록』).

218) 이순자(2009, 『일제강점기 고적조사사업 연구』, 景仁文化社)의 목록을 기초로 하여 재구성하였다.

앞의 현황을 보면, 세키노 타다시의 조사는 조사 본래 목적에 따라 고건축물 조사에 충실하였음을 알 수 있다. 건축물이 아니더라도 나머지는 대부분 능묘나 석불상(공예), 비석 등 야외에서 쉽게 관찰되는 문화재로, 야외의 구조물에 조사대상이 집중되었음이 보인다. 전적典籍류와 같은 동산動産문화재는 모두 7건 (1%)으로, 모두 조사초기 1909년의 조사인데, 한 건은 대구의 '대구관찰도당하 제명기大邱觀察道棠下題名記',[219] 나머지 6건은 모두 묘향산 보현사普賢寺의 회화 · 서적류[220]이다. 이는 세키노 타다시의 조사 대상으로 동산문화재는 주 고려 대상이 아니었음을 반증한다. 이 시기는 고려청자 등 한국의 문화재들이 도굴꾼 등에 의해 무단으로 약탈 · 유출되던 시기인데,[221] 일본인들이 동산動産문화재를 개념적으로 인식하지 못하던 시기라고 보기는 어렵다. 다만 조선총독부의 정책적 문화재 조사 대상으로 통치 활용을 위한 야외의 건조물만이 선택되었을 뿐이다. 이러한 면에서 일제가 한국의 문화재에 대해 가졌던 시각의 일면을 볼 수 있다. 그들에게 필요한 '관리 대상'이 '조사 대상'으로 선택된 것이었다.

### ② 2기: 고적 조사 목록 시기

이 시기는 1916년부터 시작된 고적조사사업 후 문화재에 대한 목록, 이른바 고적 및 유물 등록대장이 작성된 시기(1917~1933)이다. 조선총독부는 한국 강점 후 증가하는 문화재 관련 불법행위를 막는다는 명분하에 전문 8조의 「고적및유물보존규칙古蹟及遺物保存規則」(부록 1-3-2)을 1916년 7월 4일 제정하였다. 이 규정으로 고적과 유물에 대한 정의를 하였고(제1조), 이중 보존 할 가치가 있는 것들을 유물 대장에 기재하도록 하였고(제2조), 그 외에 신고 · 현상변경 · 허가 등의 관리에 관한 제반사항들을 규정하였다(제3조~제8조).

---

219) 이순자, 2009, 『일제강점기 고적조사사업 연구』, 景仁文化社, 51쪽.

220) 이순자, 2009, 『일제강점기 고적조사사업 연구』, 景仁文化社, 54쪽.

221) 황수영 편, 2014, 『일제기 문화재 피해자료』, 국외소재문화재재단; 정규홍, 2005, 『우리문화재 수난사』, 학연문화사, 31~46쪽.

이 규정의 제정과 함께 「고적조사위원회규정古蹟調査委員會規定」(부록 1-3-3)을 만들어 기존 개별적 촉탁조사의 형태로 진행하던 문화재 조사사업을 총독부 차원에서 양성화하였다. 이 고적조사 사업의 결과로 대장에 등록할 수 있는 목록이 만들어졌는데, 1917년 3월 15일에 처음으로 136건의 목록이 만들어졌고, 이후로 간헐적 목록 등재가 진행되어 1932년에는 226번까지의 목록이 작성되었다.[222] 목록의 등재 과정은 '전국적인 기초조사로 목록 작성 → 고적조사위원회의 결의 → 총독의 재가 → 대장에 등록 → 등본謄本을 해당지역 경찰서장에게 송부'의 순으로 진행되었다.[223] 이 목록 전에 세키노 타다시의 목록이 있어서 이를 참고하였을 가능성이 크나, 현상은 다르게 나타난다. 1926년을 기준으로 한 이 목록의 대략적인 현황은 다음의 표와 같다.[224]

표 19. 고적조사사업 결과 대장에 등록된 문화재(1917~1926)

| 세키노 타다시 목록과 겹치는 목록 수량 | | | | | 세키노 타다시 목록과 겹치지 않는 목록 수량 | 총계 |
|---|---|---|---|---|---|---|
| 소계 | 甲 | 乙 | 丙 | 丁 | | |
| 81건 | 13건 | 64건 | 3건 | 1건 | 112건 | 193건 |

이 목록에서 우선 눈에 띄는 점은 불과 5~6년 전 광범위하게 조사된 세키노 타다시의 목록이 많이 승계되지 않았다는 점이다. 종전의 연구에서는 고적조사사업의 목록이 세키노 타다시가 주도한 고건축과 고적 조사 목록을 거의 그대로 승계했다고 보고 있으나,[225] 실제로는 큰 차이가 있다. 고적조사사업으로 대

---

222) 이현일·이명희, 2014, 「조선총독부박물관 공문서로 본 일제강점기 문화재 등록과 지정」『美術資料』 85, 국립중앙박물관, 100~101쪽.

223) 이현일·이명희, 2014, 「조선총독부박물관 공문서로 본 일제강점기 문화재 등록과 지정」『美術資料』 85, 국립중앙박물관, 100쪽.

224) 이순자의 목록을 기초로 하여 재구성하였다(2009, 『일제강점기 고적조사사업 연구』, 景仁文化社, 76~82쪽).

225) 최석영은 이순자(2009)의 연구도 같은 관점이라고 보고 있다(최석영, 2015, 『일제

장에 등록된 193건 중 세키노 타다시의 목록에 없는 것이 112건으로 58%에 달한다. 또한 가장 중요하다고 여긴 '甲'과 '乙' 등급도 상당 수 누락되었다. 이 193건 목록이 대부분 세키노 타다시의 목록과 같이 건축물 위주라는 점을 감안하면, 두개의 목록 사이에 상당히 다른 관점이 존재했다고 볼 수도 있다. 게다가 이 목록 작성의 법적 배경이 되는 보존규칙에도 세키노 타다시가 분류했던 중요한 건조물들은 고적[226]에 포함되므로 공식적으로도 따로 누락될 이유가 없었다. 다음의 표를 보면 세키노 타다시가 중요하게 여겼던 문화재가 제외된 것이 좀 더 분명히 드러난다.

표 20. 고적조사사업 목록에 포함된 세키노 타다시의 조사 등급별 수

| 구분 | 甲 | 乙/乙, 丙 | 丙 | 丁 | 없음 | 계 |
|---|---|---|---|---|---|---|
| 세키노 타다시의 조사 수 | 71건 | 202건/10 | 199건 | 184건 | (1건) | 667건 |
| 고적조사사업에 포함된 세키노 타다시의 조사 수 / 비율% | 13건/ 18% | 64건/ 32% | 3건/ 1.5% | 1건/ 0.5% | 0 | 81건/ 12% |

이러한 현상이 발생한 1차적 원인은 기초조사·목록작성을 다시 했기 때문이다. 조선총독부는 1916년 「고적및유물보존규칙古蹟及遺物保存規則」 제정과 동시에 제정된 「고적조사위원회규정古蹟調査委員會規定」을 근거로 중요 문화재의 전국적인 조사와 보고 및 목록화를 다시 했다. 전국적 조사 과정에서 그 기초 목록을 각 지방에서 제출토록 하였는데,[227] 이 단계에서 세키노 타다시의 목록을 적극적으로 참고하지 않은 것으로 보인다. 그렇다면 전국에서 수집한 자료를

　　　　의 조선 「식민지 고고학」과 식민지 이후」, 서강대학교출판부, 132쪽).
226) 「고적 및 유물보존규칙」(1916년 7월, 총독부령 제52조)
　　　제1조 본령에서 고적이라 칭하는 것은 ... 도성, 궁전, 성책, 관문, ... 사찰, ... 탑, 비, 금석불, 당간, 석등 ...
227) 이현일·이명희, 2014, 「조선총독부박물관 공문서로 본 일제강점기 문화재 등록과 지정」『美術資料』85, 국립중앙박물관, 100쪽.

정리하여 고적조사위원회에서 살펴보는 과정에서라도 세키노 타다시의 목록이 검토가 되었어야 했다. 그런데 결과적으로 세키노 타다시의 목록이 많이 반영이 되지 않았다. 위원회에서 조차 세키노 타다시의 목록을 적극적으로 참고하지 않은 것이다.

「조선총독부朝鮮總督府 직원록職員錄」에 의하면, 세키노 타다시는 1922~1935년 조선총독부 고적조사위원과 박물관협의원으로 활동하였다. 고적조사로 문화재 목록이 만들어지던 1917년에는 그의 이름이 직원록에 나타나지 않는다. 실제로 1916년부터 조선총독부가 주관하여 본격 실시된 조선고적조사사업은 야쓰이 세이이쓰가 주도하였다.[228] 세키노 타다시는 같은 시기에 도쿄제국대학에서 교육 및 연구를 하였고, 1918년부터는 구미로 유학을 떠났기 때문에 실제로 조선의 문화재에 관련된 일에 적극 참여하기 어려운 상황이었다.[229] 이렇게 세키노 타다시가 조선에서 멀어지던 시기에 세키노 타다시가 주도적으로 작성한 목록이 조선총독부의 공식 문화재 목록에 대체로 반영되지 않았다는 부분은 우연이 아닐 가능성이 높다.

또 하나 참고할 것은 이 시기에 조선에서 활발히 활동한 구로이타 가쓰미黑板勝美의 역할이다. 그는 1916년 보존규칙 제정 및 고적조사위원회 발족에 중심적 활동을 한 역사학자였다.[230] 1916년에 제정된 전문 8조 보존규칙 중 4개의 조항이 '고적 및 유물대장'에 관련된 사항인데, 이 보존규칙에 도입한 '대장법臺帳法'이 구로이타 가쓰미가 주도한 것이다.[231] 구로이타 가쓰미는 구미에 유학(1908~

---

228) 국립문화재연구소, 2016, 『1909년 「朝鮮古蹟調査」의 기억 -『韓紅葉』과 谷井濟一의 조사기록』, 13쪽.

229) 세키노 타다시가 남긴 일기를 정리하여 수록한 최근의 책에서 그의 유학기간은 大正 7년(1918)~大正 9년(1920)으로 별도의 항목으로 묶여 정리되어 있다(關野貞研究會, 2009, 「遊西日記」『關野貞日記』, 中央公論美術出版, 281~480쪽).

230) 이성시 지음, 박경희 옮김, 2001, 「구로이타 가쓰미를 통해 본 식민지와 역사학」 『만들어진 고대』, 삼인, 210쪽.

231) 이성시 지음, 박경희 옮김, 2001, 「구로이타 가쓰미를 통해 본 식민지와 역사학」

1910)한 후 문화재에 대한 학술적 · 제도적 관점에서의 건의를 『사학잡지史學雜誌』에 게재했는데(1912),[232] 이 건의 후 얼마 지나지 않아 조선에서 제도로서 현실화(1916)되었다. 더군다나 1920년대를 전후한 시기에 한국의 역사와 문화재 등에 관한 사항은 구로이타 가쓰미가 주도하고 있었는데, 이 과정에서 그는 기존의 세력들을 견제하고 배척했다. 비슷한 시기에 구성되어 활동했던 조선사편수회朝鮮史編修會의 실질적 주도를 구로이타 가쓰미였는데, 그는 이마니시 류今西龍를 비롯, 구반도사파舊半島史派와 고적조사파古蹟調査派에 대한 경계와 배척을 한 것으로 연구되고 있다.[233]

앞의 정황들을 종합하여 일제강점기 한국 문화재 목록의 변화 원인에 대한 가설을 세워보면 다음과 같다.

먼저 이 시기에 한국에서 문화재에 관한 새 체계를 만드는 일에는 구로이타 가쓰미가 주도권을 쥐고 있었는데, 그는 구미 유학을 통해 얻은 경험을 기반으로 새로운 문화재 체계를 실행하고자 하는 의지가 강했다. 그리고 그는 기존의 문화재 세력들을 견제하고 배척했는데, 이 시기에 문화재에 관해 강한 영향력이 있던 세케노 타다시가 유학을 떠나 자리를 비웠다. 이런 두 가지 조건이 구로이타 가쓰미가 세키노 타다시의 문화재 조사 실적을 무시하고 자신만의 체계를 만든 배경이 되었고 본다.

### ③ 3기: 지정 목록 시기

1933년 「조선보물고적명승천연기념물보존령朝鮮寶物古蹟名勝天然記念物保存令」 제정을 계기로 1934년 중요 문화재들에 대한 '지정指定'이 실시되면서부터 이 체계를 유지하던 1945년 광복 전까지의 시기이다. 이 「보존령」은 이전의 「보존규

---

『만들어진 고대』, 삼인, 218쪽.

232) 黑板勝美, 1912, 「史蹟遺物保存に關する意見書」 『史學雜誌』 5.

233) 정상우, 2014, 「『朝鮮史』(朝鮮史編修會 간행) 편찬 사업 전후 일본인 연구자들의 갈등 양상과 새로운 연구자의 등장」 『사학연구』 116, 한국사학회, 152~160쪽.

칙」과 비교하여 대상과 절차 · 벌칙 등 관련 규정이 '보존령 24개 조항' · '시행규
칙 40개 조항' · '시행수속 14개 조항'에 이르는 정도로 상세해진 것을 제외하면
'중요한 대상의 특정과 그 관리'라는 면에서 전체적으로 같은 맥락이다.[234] 이
「보존령」으로 처음 지정된 목록은 1934년 8월 27일 관보에 고시된 보물 153건,
고적 13건, 천연기념물 3건이다(부록 3).[235] 이후 1~2년 간격으로 추가 지정을 하
여 1943년 12월 30일로 마지막 지정고시가 되었다.[236]

　　일제강점기 조선총독부관보에 지정 고시告示된 문화재 중 대다수인 '보물寶
物'에 대한 지정 현황은 다음과 같다.

표 21. 조선총독부 관보에 지정 고시된 보물 현황

| 관보호 | 일자 | 지정번호 | 지정수량 |
|---|---|---|---|
| 2290 | 1934년 8월 27일 | 1~153호 | 153건 |
| 2507 | 1935년 5월 24일 | 154~208호 | 55건 |
| 2730 | 1936년 2월 21일 | 209~235호 | 27건 |
| 2806 | 1936년 5월 23일 | 236~269호 | 34건 |
| 호외 | 1938년 5월 3일 | 270~296호 | 27건 |
| 3825 | 1939년 10월 18일 | 297~335호 | 39건 |
| 4058 | 1940년 7월 31일 | 336~377호 | 42건 |
| 4612 | 1942년 6월 15일 | 378~403호 | 26건 |
| 호외 | 1943년 12월 30일 | 404~419호 | 16건 |

---

234) 통상적으로 인정되고 있던 한국 최초의 문화재 '지정' 목록은 1934년에 만들어진
　　것이 맞으나, 문화재 보존대상의 '특정과 관리'라는 면에서는 1917년의 목록이 최
　　초가 될 수 있다. 이러한 면들을 볼 때 1934년의 형식적인 지정목록을 최초로 볼
　　것인지, 1917년의 내용적인 목록을 우선하여 역사적 의미를 부여할 것인지에 대하
　　여는 신중히 검토해 볼 필요가 있다.

235) 朝鮮總督府告示 第430號, 朝鮮總督府官報 第2290號, 昭和 9년 8월 27일, 201~
　　204쪽.

236) 朝鮮總督府告示 第1511號, 朝鮮總督府官報 號外, 昭和 18년 12월 30일, 12~13쪽.

1934년 최초 지정을 기준으로, 이 시기의 지정 과정은 '각 도의 고적용지 조사 및 보고 → 보존회 총회의 결의 → 지정예정 목록의 보완과 완성 → 조선총독부 관보에 지정고시 → 소유자에게 통지 → 석표건립 및 보호책 설치'의 순으로 진행되었다.[237] 1934년의 최초 지정 현황을 종류별로 보면 다음 표와 같다.

**표 22. 1934년 '보물' 종류별 현황(관보 지정 고시 기준)**

| 공예품 | 목조건조물 | 석조물 | 건조물 | 서적, 전적 | 조각 | 계 |
|---|---|---|---|---|---|---|
| 7건 | 20건 | 101건 | 3건 | 2건 | 20건 | 153건 |

1934년의 '지정목록'은 그전의 '고적 및 유물대장 목록'의 상당부분을 이어받은 것으로 보인다. 153건의 '지정목록'의 내용 중 '고적 및 유물대장 목록'에 있지 않았던 것이 66건, '고적 및 유물대장 목록'에 있었던 것이 87건이다. 승계비율은 전체의 56.9%이다. 이는 그전의 승계비율 42%에 비해 높아진 수치이다. 15% 정도 되는 승계비율의 차이는 크지 않아 보일 수도 있다. 하지만 '고적 및 유물대장 목록' 중에서 현존하는 사찰에 있던 문화재 54건이 모두 제외되었던 특수한 상황[238]을 제외하면, 그전의 '고적 및 유물대장 목록'에 있지 않았던 것은 12건에 불과하다.

---

237) 이현일 · 이명희, 2014, 「조선총독부박물관 공문서로 본 일제강점기 문화재 등록과 지정」 『美術資料』 85, 국립중앙박물관, 105~106쪽.

238) 이 시기에 '고적과 유물에 대한 조사와 목록화'라는 정책과는 별도로 사찰 소유의 문화재는 「古蹟及遺物保存規則」보다 먼저인 1911년 6월 3일에 시행된 「사찰령」 (조선총독부 법률제30호)에 의해 통제되고 있었다. 이 체제는 사찰령의 후속 규정인 「신사사원규칙」이 폐지된 1936년까지 지속되었기 때문에 목록이 만들어지던 1924년에는 포함되지 않았다(金振元, 2012, 「朝鮮總督府의 佛教文化財 政策 研究」, 中央大學校 大學院 史學科 韓國史專攻 博士學位論文).

표 23. 1934년 지정 중 신규 목록(현존사찰 제외)

| 指定番號 | 種類 | 名稱 | 員數 | 所有者 | 세키노 등급 |
|---|---|---|---|---|---|
| 제1호 | 木造建築物 | 京城南大門 | 1 | 國 | 甲 |
| 제2호 | 木造建築物 | 京城東大門 | 1 | 國 | 乙 |
| 제10호 | 木造建築物 | 開城南大門 | 1 | 國 | 甲 |
| 제91호 | 彫刻 | 慶州拜里石佛立像 | 3 | 國 | 乙 |
| 제92호 | 石造物 | 新羅太宗武烈王陵碑 | 1 | 國 | 甲 |
| 제93호 | 石造物 | 慶州普門里石槽 | 1 | 國 | |
| 제102호 | 石造物 | 慶州孝峴里三層石塔 | 1 | 國 | |
| 제103호 | 石造物 | 慶州皇南里孝子孫時揚旌閭碑 | 1 | 國 | |
| 제127호 | 石造物 | 掘山寺址浮屠 | 1 | 國 | |
| 제136호 | 木造建築物 | 大同門 | 1 | 國 | 乙 |
| 제137호 | 木造建築物 | 浮碧樓 | 1 | 國 | 乙 |
| 제138호 | 木造建築物 | 普通門 | 1 | 國 | 甲 |

그리고 이 12건의 목록 중 8건은 세키노 타다시의 목록에 있던 것들이다. 세키노 타다시의 목록 중 첫 번째 것이 1934년에 보물 1호로 지정되었으며, 세키노 타다시가 조사했던 건축물도 이 시기부터 상당 수 보물의 지위를 얻었다.[239]

1934년 문화재(보물) 지정 상황에서 주목되는 것은 두 가지이다.

하나는 앞의 표에서 보듯 세키노 타다시 목록이 보물로 지정된 목록에 비중 있게 반영되었다는 점이다. 이는 조선총독부의 문화재 인정 범위가 전 시기보다 넓고 유연하게 변했음을 보여준다. 이 시기는 세키노 타다시가 유학(1918~1920)한 후 일본과 조선에서 다시 적극적으로 활동하던 시기라는 점과도 관련이 있다.

다른 하나는 앞 '고적 및 유물대장 목록'에 반영되지 않은 현존사찰 중요 문화재가 보물로 많이 지정된 점이다. 이는 「사찰령寺刹令」 효력과 관련하여 생각할 수 있는 문제이다.

---

239) 이순자, 2009, 『일제강점기 고적조사사업 연구』, 景仁文化社, 47~60쪽.

일제강점 초부터 현존 사찰 문화재는 「고적및유물보존규칙古蹟及遺物保存規則」(1916년 시행)보다 앞서 시행된 「사찰령」(1911년 시행)으로 별도로 목록화되고 관리되었다. 현존 사찰 문화재가 굳이 「고적및유물보존규칙」의 범주에 들어올 이유가 없었던 것이다.

그러나 「보존령」이 제정되고 문화재가 지전되던 1934년 즈음에는 사찰령 폐지운동이 일어나고 있었고, 사찰령 후속인 「신사사원규칙神社寺院規則」이 1936년 폐지를 앞두고 있었다. 이렇게 사찰 문화재 관련 법령이 느슨해지는 상황이었기 때문에 조선총독부 입장에서는 현존 사찰에 있는 문화재도 새로 제정되는 관련 법령의 테두리 내에 두고 관리를 효율적으로 할 필요가 있었을 것이다. 이런 이유로 현존사찰 중요 문화재들도 새로 지정되는 보물 목록에 포함되었다고 본다.


일본이 조사하고 목록화한 우리 문화재는 그들의 인식과 제도 변화에 따라 세 번의 시기가 있었음을 확인하였다. 그리고 이런 변화의 바탕에는 일본의 식민사관이 있었음을 조사와 지정의 사례에서 확인하였다. 앞서 살펴본 일제강점기 문화재 체계의 변화를 조사와 제도화의 시기에 따라 다음과 같이 정리할 수 있다.

처음으로 문화재가 제도화되기 전에 '조사'가 선행되었다. 이 조사는 그들의 정책적 필요가 반영되어 기획되었으므로 전문 학자에 의한 '고건축물古建築物' 조사가 우선적으로 광범위하게 진행되었다. 이 시기에 한국 주요 동산문화재들이 골동품이라는 시각에서 상당수 유출되기도 했는데, 이러한 상황은 당시 조선총독부에게 큰 문제로 인식되지 않았다. 동산문화재가 공식화된 문화재 목록에 거의 등재되지 않은 점이 이를 증명한다. 문화재가 목록으로서 공식화되기 시작하던 시기의 이런 상황이 현재 한국의 국보 1호와 보물 1호가 모두 동산動産이 아닌 부동산不動産 문화재가 된 이유가 되었다고 본다.

예비조사 성격의 광범위한 조사 후에는 조선총독부에서 「고적및유물보존규칙古蹟及遺物保存規則」이라는 제도에 근거하여 다시 문화재 조사를 하였고 이를 토대로 문화재 목록을 다시 만들었다. 이 조사와 목록화의 기본적 체계는 구로이타 가쓰미가 주도하였는데, 그는 전에 문화재 조사를 주도한 세키노 타다시의 등급제를 비판적으로 보는 입장에 있었기 때문에 세키노 타다시의 내용(목록과 등급)을 크게 참고하지 않은 것으로 보인다. 또 이 시기의 중요한 문화재 중 사찰에서 소장하고 있는 문화재는 「사찰령」이라는 별개의 제도로 관리되고 있었기 때문에 이 당시 문화재 목록에 마찬가지로 반영되지 않았다.

예비조사와 고적조사로 한국 문화재에 대한 전반적 조사를 진행한 일제는 「조선보물고적명승천연기념물보존령朝鮮寶物古蹟名勝天然記念物保存令」 제정을 통해 보호정책을 표방했다. 이 「보존령」으로 지정제도가 처음 도입되었고, 첫 지정문화재 목록이 작성, 공표되었다. 이 지정 목록에는 그전에 제외되었던 현존 사찰 문화재와 함께 세키노 타다시가 조사했던 문화재 및 명승과 천연기념물도 추가로 반영되었기 때문에 이전 시기에 비해 완성도 높아진 공식 문화재 목록이 만들어졌다. 이렇게 지정된 문화재들은 일제 식민지배의 우월성 혹은 문화재 보존 행정 홍보에 활용되었다.

### (3) 문화재 관련 위원회 구성과 변화

일제강점기 한국 문화재에 대한 조사와 목록화는 조선총독부가 정책적으로 주도하였다. 그러나 조선총독부 기관 내에는 문화재 관련 전문 지식인이 없었기 때문에 처음부터 기관 바깥의 학자들에게 전문성 있는 일을 진행하게 하였다. 기관 바깥 전문가 집단의 아이디어 제공과 기관의 실행이라는 이원적 체계는 일제 강점 초기부터 적용되었다. 고적조사를 주로 했던 조사의 시기에는 「고적및유물보존규칙古蹟及遺物保存規則」과 함께 「고적조사위원회규정古蹟調査委員會規定」(조선총독부훈령 제29호)을 두어 고적 조사의 계획과 수행에 대한 전반적인 사항을 규정하고 시행토록 했다. 이 위원회의 위원장은 조선총독부의 서열 2위였던 정무총감이었기 때문에 이때의 고적조사는 조선총독부 통치 정책의 영향 아래 있었다.

이러한 전문가와 기관의 협력 체계는 「조선보물고적명승천연기념물보존령朝鮮寶物古蹟名勝天然記念物保存令」(제령 제6호) 제정 후에도 그대로 이어졌다. 보존령 제정과 함께 「조선총독부보물고적명승천연기념물보존회관제朝鮮總督府寶物古蹟名勝天然記念物保存會官制」(칙령 제224호)를 제정하고 운영한 것을 근거로 이 체계가 그대로 유지되고 있었음이 확인된다. 세부 내용도 이전의 「고적조사위원회 규정」의 체제를 거의 대부분 따랐다. 그 예로 위원장이 정무총감인 것과 간사가 조선총독부 고등관인 것은 그대로이고, 나머지 사항들도 전체적인 맥락에서는 크게 다르지 않다.

표 24. 조선총독부 '위원회 규정'과 '보존회 관제' 비교

| 규정 명칭 | 古蹟調査委員會規定<br>(부록 1-3-3) | 朝鮮總督府寶物古蹟名勝<br>天然記念物保存會官制(부록 1-3-5) |
|---|---|---|
| 시행 | 1916년 7월(총독훈령 제29호) | 1933년 8월(칙령 제224호) |
| 위원장 | 정무총감 | 정무총감 |
| 위원 | 고등관이나 학식경험 있는 자 중에서 촉탁 | - |
| 위원수 | 약간 명 | 40명 내외 |
| 간사 | 총독부 고등관 | 총독부 고등관 |
| 서 | - | 총독부 판임관 |
| 하위규정 | 없음 | 조선총독부보물고적명승천연기념물<br>보존회 의사규칙(1933.12) |

다음으로 '고적조사위원회古蹟調査委員會(이하 위원회)'와 '조선총독부보물고적명승천연기념물보존회朝鮮總督府寶物古蹟名勝天然記念物保存會(이하 보존회)'의 인력구성이 어떻게 되었는지 보겠다. 이 두 위원회 명단은 『일제강점기고적조사연구』[240]에 정리되어 있고, 이를 토대로 위원회의 현황을 재구성하면 다음과 같다.

---

240) '고적조사위원회 위원 명단'은 이 책의 93쪽에, '보물고적명승천연기념을보존회 위원 명단'은 236쪽에 각 연도마다 선임된 위원의 이름과 직책이 표로 정리되어 있다(이순자, 2009, 『일제강점기 고적조사사업 연구』, 景仁文化社).

표 25. 조선총독부 '위원회'와 '보존회' 위원 인력구성 현황

| 구분 | | 관료/조선인 수 | 중추원참의/조선인 수 | 학자/조선인 수 | 비고 |
|---|---|---|---|---|---|
| 위원회 | 1916 | 15명 | 3명/3명 | 7명 | |
| | 1917 | 13명 | 3명/3명 | 6명 | |
| | 1923 | 10명/1명 | 2명/2명 | 11명 | |
| | 1925 | 11명/1명 | 3명/3명 | 9명 | |
| | 1926 | 13명/2명 | 3명/3명 | 8명 | |
| | 1927 | 12명/2명 | 3명/3명 | 11명 | |
| | 1928 | 8명/1명 | 2명/2명 | 12명 | |
| | 1929 | 14명/2명 | 2명/2명 | 12명 | |
| | 1930 | 11명/1명 | 1명/1명 | 12명 | |
| | 1931 | 11명/1명 | 1명/1명 | 11명 | |
| | 1932 | 10명/2명 | 2명/1명 | 11명 | |
| 보존회 | 1934 | 13명/1명 | 1명/1명 | 20명/3명 | 학자는 1, 2부로 나뉨 |
| | 1935 | 12명/1명 | 1명/1명 | 20명/2명 | |
| | 1936 | 11명/1명 | 2명/2명 | 18명/1명 | |
| | 1937 | 17명/1명 | 2명/2명 | 19명/2명 | |
| | 1938 | 11명/1명 | 1명/1명 | 18명/1명 | |
| | 1939 | 13명/2명 | 0명 | 22명/4명 | |

앞의 표를 기준으로 위원회 인력 구성의 연도별 변화 과정을 도표로 전환하면 <표 26 · 27>과 같다.

<표 26>을 보면, '위원회'는 관료와 학자의 구성이 1916년 관료의 수적 우세 속에서 출발하여 관료 : 학자 비율이 점차 1 : 1로 변화된 경향이 보인다. 학자의 구성 비율이 관료보다 많았던 연도가 1923년, 1928년, 1930년, 1932년으로 네 번이다. 그러나 일제강점기에 지배권력의 거수기 역할을 했던 중추원참의中樞院 參議[241]를 관료집단에 포함하여 보면(표 27) 전반적으로 관료집단의 인원수가 우

---

241) 김윤정, 2011, 『조선총독부 중추원 연구』, 景仁文化社, 4쪽.

세했음을 알 수 있다. 이 경우 학자의 구성 비율이 관료집단보다 많았던 경우는 1928년 한 번으로 줄어든다. 외부 전문가를 포함한 별도의 '위원회'를 구성하기는 하였지만, 실제 구성 인원에서 관료를 중심으로 하는 지배권력의 비중을 크게 둠으로써 의사 결정이 조선총독부의 의지대로 될 수 있는 인적 구성을 하였음을 알 수 있다. 그리고 중추원참의는 시간이 지날수록 그 수가 3명에서 1명으로 줄어드는 경향으로 나타나는데, 이는 1920년대 후반기부터 참정권參政權·자치권自治權 문제를 거론한 인사들이 중추원에 있었던 시대적 상황[242]과도 무관하지 않은 것으로 보인다. 조선총독부 입장에서는 조선총독부의 정책에 이견異見을 보이는 인사를 굳이 정책 결정 과정에 참여시킬 필요를 느끼지 않았을 것이다.

표 26. 고적조사위원회 위원 인력구성 변화 1

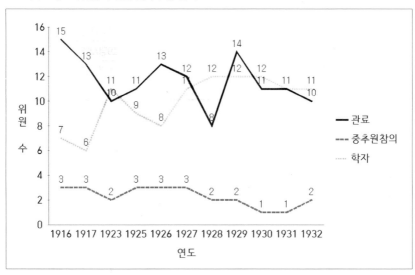

---

242) 김윤정, 2011, 『조선총독부 중추원 연구』, 景仁文化社, 177~193쪽.

**표 27. 고적조사위원회 위원 인력구성 변화 2**

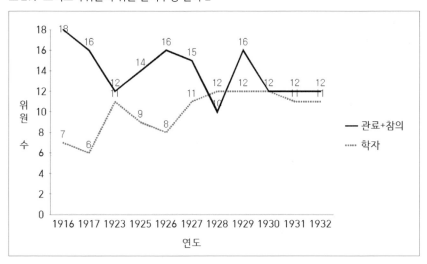

'보존회'의 경우에도 앞 '위원회'의 인력 구성과 크게 다르지 않다. 전체 인력 구성만 놓고 보면, 중추원참의를 포함시키더라도 학자집단이 수적으로 우세하다. 그러나 보존회는 출발부터 학자들의 전공분야를 구분하여 1부와 2부로 나누어 운영되었다. 1부는 '보물과 고적'에 관한 사항을 소관하였고, 2부는 '명승과 천연기념물'에 관한 사항을 소관하였다.[243] 따라서 학자들을 각 부로 분리하면 회의 시 관료의 비율은 더욱 높아지게 된다. 관료들은 2개 각 부에 동일하게 당연직 위원으로 참여했기 때문이다. 1937년 8월 당시 위원회 인력 구성을 보면 이 현상이 드러난다.[244]

---

243) 「조선총독부보물고적명승천연기념물 보존회 의사규칙」 제1조(1933.12. 총훈 제43호).

244) 朝鮮總督府, 1937(昭和12년).8, 『朝鮮寶物古蹟名勝天然記念物保存要目』, 59~62쪽.

표 28. 조선총독부 '보존회' 위원 인력구성 현황(1937년 8월)

| 구분 | 1부 위원 | 2부 위원 |
|---|---|---|
| 관료 | 11명 | 11명(1부 겸임) |
| 중추원참의 | 1명 | 0명 |
| 교수 | 7명 | 4명 |
| 위원 | 7명 | 2명 |

1부와 2부에는 관료가 당연직 위원으로 조선총독부 국장급 정도 되는 인사들이 겸직 자격으로 대거 참여했다. 이전 '위원회'의 당연직 관료 위원들이 과장급 정도 되는 인사들이었던 사실을 감안하면 보존회의 당연직 관료 위원들을 국장급으로 한 것은 의사 결정 과정에서 총독부 의견을 더 강하게 관철하려던 의도로 보인다. '위원회(보존회)' 구성에서 총독부 의견이 더 반영될 수밖에 없는 조건은 당시 규정에서도 확인된다.

표 29. 위원회(보존회)의 인력 구성과 의결에 관한 규정

| 위원회규정<br>(1916.7. 총훈 29호) | 제3조 위원장은 정무총감으로 한다. 위원은 조선총독부 고등관 중에서 임명하거나, 학식 경험이 있는 자 중에서 촉탁한다. |
|---|---|
| 보존회 관제<br>(1933.8. 칙령 224호) | 제3조 회장은 조선총독부의 정무총감으로 한다.<br>위원과 임시위원은 조선총독의 요청에 의해 내각에서 임명한다. |
| 보존회 의사규칙<br>(1933.12. 총훈 43호) | 제6조 의사는 출석한 위원과 임시위원을 합쳐 그 과반수로 결정하고, 가부 동수인 경우, 의장이 결정하는 바에 의한다. |

'위원회'와 '보존회' 모두에서 회의를 주도하는 위원장委員長을 조선총독부 2인자이며 행정책임자인 정무총감政務總監으로 명시하였고, 조선총독부 관료 위원 임명을 두 위원회 모두에서 규정으로서 가능케 하였다. 또한 '보존회 의사규칙'에서는 이미 과반수가 넘게 구성된 관료집단의 결정이 곧 위원회의 결정이 되도록 하는 '과반수의 결정' 규정을 명문화하였다.

'위원회(보존회)'의 구성과 관련하여 지금까지 정리한 자료를 바탕으로 그 특징과 의미를 보면 다음과 같다.

첫째, 조선총독부는 '위원회(보존회)'를 조선총독부의 의도에 맞게 운영하기 위한 제도적 장치를 마련했고 이를 실행했다. 조선총독부의 정책적 의도가 위원회의 결정에 반영되도록 정무총감을 위원장(회장)으로 하였으며, 조선총독부 관료가 위원회 위원에 포함되는 제도적 장치를 마련하였고, 실제 위원으로 임명된 관료의 숫자 또한 대부분 위원회에서 과반을 넘도록 하였다. 위원회에 속한 학자들 상당수는 한국에 상주하지 않는 일본 대학교수들이었다. 이점 또한 실제 회의 시 참석위원 중 관료들의 비중을 높이는 원인이 되었다. 이러한 경향은 '위원회'로부터 '보존회'에 이르기까지 그대로 이어진다. 이는 필연적으로 조선총독부 의중에 따라 정책이 결정될 수밖에 없는 체제로, 구성원의 직책과 참여 용이성만 보더라도 이 위원회의 의결이 조선총독부의 정책에 크게 영향을 받을 수밖에 없었다는 점을 알 수 있다.

둘째, 조선인朝鮮人의 배제이다. '위원회'는 일본에 부역한 일부 관료 인력(학무국장 이진호李軫鎬, 사무관 유만겸兪萬兼)과 친일인사로 구성된 중추원[245]참의 등을 제외하고는 대부분 일본인으로 구성되었다. '보존회'에서는 '위원회'보다 한국인의 수가 한두 명 많기는 하였으나, 여전히 절대다수가 일본인이었다. 일부였던 한국인 역시 총독부 관료(사무관 김대익金大翊)였거나 친일인사였다. 결국 일본은 한국 문화재의 인식과 제도적 결정 과정에 한국인을 배제시켜 일본인의 시각 위주로 한국 문화재가 재단될 수밖에 없게 하였다. 김용진金容鎭과 최남선崔南善처럼 일부 참여한 한국인이 있기는 하나, 당시 회의에서 논의하던 문화재의 주 대상 분야와는 전공분야에서 거리가 있었다.[246] 조선인의 친일화親日化가 상당히 진행

---

245) 대한제국기의 중추원에는 의회의 기능이 있었으나, 일제강점기의 중추원은 조선총독에 예속된 형식상의 자문기관이었고, 일제에 부역한 조선인 고위관료를 흡수하기 위한 장치일 뿐이었다(김윤정, 2011, 『조선총독부 중추원 연구』, 景仁文化社).
246) 위원회에 참여한 조선인 중 문화분야의 인물로는 이능화, 김용진, 최남선이 있다.

되었던 시기에 있었던 한국인의 한두 명 증가는 큰 의미가 없다.

결과적으로 일제강점기에 구성된 문화재 관련 위원회나 보존회는 형식적으로는 전문적 자문기구를 표방했으나, 실질적으로는 조선총독부의 정책적 의도대로 결정할 수밖에 없는 제도적 장치와 인력 구성을 하였다. 이러한 제도와 인력 구성은 한국의 문화재에 대해 일제가 가졌던 인식을 정책 결과로 반영되도록 하였으며, 그 결과로 나타난 것이 조선총독부에서 공식화한 '문화재 목록'이었다.

## 2) 사회 주체들의 문화재 인식과 대응

국민들이 문화재에 대해 가지는 인식은 국가를 경영하는 정부에 의해 주도되는 경향이 강하다. 문화재의 선정과 제도 운영을 정부가 주도하기 때문이다. 그리고 정부는 그들의 문화이데올로기 혹은 통치이념을 문화재에 반영한다. 이런 인식의 바탕 위에서 보면, 일제강점기 우리 국민들이 문화재에 가졌던 인식은 조선총독부가 지향했던 통치이념에 따라 주도되었을 수밖에 없는 상황이었다.

일제강점기 내내 항일독립운동을 통하여 일본과의 대척점에 서려고 했던 우리 민족이었지만, 문화재 분야에 대해서는 활발한 활동이 보이지 않는다. 독립운동의 주 무대가 우리 문화재가 없는 중국지역인 점이 가장 큰 이유였다. 국내

---

이능화는 사학자로서 일제가 주도했던 조선사 편찬사업에도 참여하였으나, 역사분야와는 거리가 있는 보존회 2부(명승과 천연기념물 소관)위원에 배속되었다.
김용진은 친일적 활동을 한 서화가이나, 고건축과 고고미술품을 주 논의 대상으로 했던 문화재분야화는 거리가 있는 인물이었다.
최남선은 3.1운동에 참여하고 복역까지 하였으나, 1920년대 일제의 문화정책 시기에 변절하여 20년대 후반부터 조선사편수회에 참여하는 등 일제에 부역하게 되었고, 보존회 위원에도 초기부터 참여하게 된다. 그러나 최남선 역시 문화재의 전문적 분야에는 문외한이라고 볼 수 있다.
그런데, 이 시기에 독일에서 고고학을 전공하여 박사학위를 취득했던 도유호(都宥浩)와 같은 조선인 문화재 전문가는 보존회에 참여할 수 없었다.

에서는 이충무공유적 보존회 결성과 현충사 중건, 대종교 계열 인사들의 단군
유적 답사, 간송 전형필과 같은 개인적 차원의 우리 문화재 수집 활동이 있던 정
도에 그친다. 평양, 부여, 경주와 같은 각 지방에서 고적 보존회 조직과 활동들
이 있었지만, 이는 조선총독부의 영향 아래 행해졌던 일들로,[247] 그 계기가 민족
주체성을 띠고 있었다고 보기는 어렵다. 더불어 조선총독부가 설정했던 평양과
같은 '고도古都'는 타율성론 등 식민사관을 현실에서 보여주는 장소들이었다. 이
러한 현상이 발생했던 이유는 우리 스스로 문화재를 인식하고 조사하고 제도화
하기에 너무 큰 현실의 벽이 있었기 때문이다.

조선총독부는 일본 중심적 인식에 기초하여 우리 땅에서 문화재 조사를 하
였고, 그 조사의 바탕 위에 문화재 지정을 하고 관리 및 홍보 활동을 하였다. 당
시 언론은 조선총독부의 고적 조사 및 지정활동을 평가하거나 조선총독부의 문
화재 관련 활동을 선전하는 수단이었다. 반면 이러한 조선총독부 주도의 우리
문화재 조사 및 관리 활동에 대응해서 민족주의 계열의 주체적 문화재 인식 및
보호 활동들이 있었다. 이렇게 다양한 사회 주체들이 우리 문화재에 대해 가졌
던 관점에 대해 구체적으로 살펴보겠다.

### (1) 조선총독부

일제강점기 문화재에 대한 인식은 조선총독부에 의해 주도되었다. 조선총독
부는 조선의 문화재를 그들의 시각으로 조사하여 재편하였고, 이 과정에서 식
민사관적 시각을 반영하였다. 당시 고적 조사와 지정 과정에서 낙랑樂浪, 임나任
那 관계 유적을 중요하게 다룬 것이 이를 증명한다. 그리고 이러한 전 과정은 신
문이라는 근대적이고 효과적인 수단을 통하여 조선 사회에 선전하고 내재화 시
켰다.

---

247) 최석영, 2002, 「식민지 시대 '고적보존회'와 지방의 관광화 -부여고적보존회를 중
심으로」『아시아문화』18, 한림대학교아시아문화연구소, 116쪽.

일본 주도로 형성된 고적 인식의 경향은 당시 민족지적 신문에도 반영되어 낙랑 유적의 조사와 홍보에 동참하게 되는 결과를 가져왔다.

일본의 고적 조사에 관해서는 조선 사회에서 일부 부정적 인식이 있었으나, 결국에는 신문이라는 선전 수단을 통하여 조선사회에 긍정적으로 내재화된 것으로 보인다. 이러한 변화는 3.1운동 후 조선총독부가 문화정책을 폈던 시기였다는 배경과 관련이 있다. 다음과 같은 기사에서 그 내용이 확인된다.

> 1919년 10월: "... 조선인은 고적조사 사업을 '총독부에서 고적조사라 칭하면서 능묘를 발굴하여 보물을 빼앗아 가는 것'으로 인식하고 있었다."[248)

> 1922년 10월: "... 日本人을 向하야 고맙다고 할 일이 잇다. 그는 다른 것이 아닌 「古蹟調査事業」이다. ..."[249)

20여 년에 가까운 시간 동안 우리 땅에 있는 문화재를 정밀 조사하고 정리한 조선총독부는 1933년 보존령을 제정하여 중요 문화재를 지정하고 보호하는 정책의 전환을 이루게 된다. 이러한 정책의 목표는 우선적으로 조선인의 정신적 교화였다.

1934년 우가키宇垣 총독이 '고적명승보존 제1회 위원회' 훈시에서 고적이나 명승의 보존으로 '조선 고대 역사와 고유한 자연을 빛나게 하는데 노력하여 문화 향상을 이룩하고 학술 발전에 이바지하여 이와 함께 민중의 정신적 도야에 제공한다'[250)고 한 점에서 이를 알 수 있다.

일본의 시각이 조사에 반영된 것은 물론이며, 일제강점 후기에 그들이 지정한 지정문화재 목록에는 일본의 통치 이념이 더 강하게 반영되었다. 지정문화재

248) 『每日申報』 1919년 10월 8일자, 「조선역사고적조사에 대하여(1)」.
249) 『東明』 6호, 1922년 10월 8일자, 「朝鮮歷史風俗講和 4」.
250) 『每日新報』 1934년 5월 3일자.

의 내용 중 조선시대의 비율이 상대적으로 적어지는 점과 식민사관을 반영하는 것들이 문화재로 지정된 점에서 이를 알 수 있다.[251]

그리고 당시 조선총독부 주도로 펼쳐진 고적애호운동의 내용들을 보면, 일제가 문화재를 통해 조선인을 어떤 방향으로 어떻게 유도하려 했는지가 드러난다. 문화재 활용의 이데올로기적 측면을 잘 보여주는 사례이다.

일본과의 밀접한 관련이 있는 부여 지역이 백제 고도로 설정되어 각종 조사와 보호 및 현창 활동이 활발했다. 그 예로 내선일체를 실천한 인물로 여겨진 왕인王仁의 유적을 현창하는 사업이 활발히 이루어지는가 하면, 고적 17호였던 부소산성扶蘇山城은 '황기皇紀 2600년(1940)'을 맞아 신사神社 설치를 위해 일부 지정 해제 되기도 하였다.[252]

특히, 세계가 전쟁의 소용돌이에 휘말리기 시작하는 1930년대 후반부터 1945년까지는 일제의 통치정책이 전쟁에 우선을 두게 되면서 전시 동원을 위한 사상적 교화와 전쟁물자 동원에 문화재가 활용되는 쪽으로 그 방향이 설정된다. 이러한 배경에서 급기야는 전쟁에 필요한 지하자원이 많이 매장된 고적 3호 휴류산성을 지정해제 하게 된다. 그리고 이러한 일련의 일들은 관변지로 전락한 친일신문들에 의해 정당성이 강조되며 국민들에게 알려지게 된다.

결론적으로, 조선총독부가 벌인 박물관 건립이나 고적보존운동 등 문화재 정책은 민중에 대한 사회교화를 통해 그들의 동화정책을 달성하기 위한 수단이었다. 그들이 조선에서 만들어낸 전통으로서 민족문화는 일본식 국민의식과 민족의식을 형성하기 위한 지배 이데올로기의 일환으로 변용된 것이다.[253]

---

251) 金志宣, 2008, 「조선총독부 문화재정책의 변화와 특성 -제도적 측면을 중심으로」, 高麗大學校 大學院 韓國史學科 碩士學位論文, 48~49쪽.

252) 『每日新報』 1939년 11월 18일자, 「보물고적보존회」.

253) 李智媛, 2004, 「日帝下 民族文化 認識의 展開와 民族文化運動 -民族主義 系列을 중심으로-」, 서울大學校 大學院 社會敎育科 歷史專攻 敎育學博士學位論文, 142~144쪽.

## (2) 언론(신문)

언론은 대중들의 시각을 전하기도 하지만 대중들에게 전할 시각을 담아내기도 한다. 일제강점기 언론에는 이 두 시각이 모두 담겨 있었으나, 후기로 갈수록 조선총독부의 정책을 홍보하는 수단으로 변질되어 갔다. 문화재에 관해 진행된 일들과 당시 사람들의 인식이 어떤 경향이었는지를 살펴보기 위하여 당시 발간된 신문 기사를 조사·분석하였다.[254] 당시 신문기사를 조사·분석하기 위한 기준 검색어는 '고적(古蹟, 古跡)'으로 하였다. 앞선 장에서 살펴본 것처럼 '고적'은 1950년대 이후 '문화재'라는 용어가 한국과 일본에서 상용화되기 전까지 문화재와 유사한 의미로 가장 넓게 쓰였던 단어였다. 이 고적을 기준으로 당시 신문의 기사 내용을 검색하였고, 고적과 함께 쓰인 연관어들을 분석하여 당시 문화재 인식의 경향을 찾고자 한다.

일제강점기 신문에 나타난 고적 기사는 1,370여 건이 검색되었고, 각 신문사별 현황은 다음과 같다.

표 30. 일제강점기 신문사별 '고적' 기사 수

| 신문명 | 東亞日報 | 每日申報 | 朝鮮新聞 | 朝鮮中央日報 | 京城日報 | 中央日報 | 中外日報 | 釜山日報 | 時代日報 | 기타(각 1건) | 계 |
|---|---|---|---|---|---|---|---|---|---|---|---|
| 기사 수 | 768 | 426 | 54 | 50 | 24 | 16 | 12 | 11 | 8 | 6 | 1,375 |

일제강점기 발간된 여러 신문 중 가장 많은 발간 부수와 발간 기간을 가지고 있던 신문은 『매일신보每日申報』인데, 고적 관련 기사는 『동아일보東亞日報』에서 훨씬 많이 확인된다. 『동아일보』의 존속기간이 훨씬 더 짧았던 것을 고려하면, 『동아일보』에는 고적 관련 기사가 상당히 집중되고 있는 경향임이 드러난다.

---

254) 국사편찬위원회 한국역사정보통합시스템-근현대신문(http://www.koreanhistory.or.kr).

표 31. 일제강점기 신문 고적 기사(신문사별)

| 연도 | 매일신보 | 부산일보 | 동아일보 | 시대일보 | 중외일보 | 조선신문 | 중앙일보 | 조선중앙일보 | 대련신문 | 경성일보 | 대판매일신문 | 북선일일신문 | 중선일보 | 평양매일신문 | 만주일일신문 | 총건수 |
|---|---|---|---|---|---|---|---|---|---|---|---|---|---|---|---|---|
| 1911 | 1 | | | | | | | | | | | | | | | 1 |
| 1912 | 10 | | | | | | | | | | | | | | | 10 |
| 1913 | 32 | | | | | | | | | | | | | | | 32 |
| 1914 | 4 | | | | | | | | | | | | | | | 4 |
| 1915 | 5 | | | | | | | | | | | | | | | 5 |
| 1916 | 18 | | | | | | | | | | | | | | | 18 |
| 1917 | | 2 | | | | | | | | | | | | | | 2 |
| 1918 | 9 | | | | | | | | | | | | | | | 9 |
| 1919 | 1 | | | | | | | | | | | | | | | 1 |
| 1920 | 1 | | 2 | | | | | | | | | | | | | 3 |
| 1921 | 28 | | 6 | | | | | | | | | | | | | 34 |
| 1922 | 4 | | 6 | | | | | | | | | | | | | 10 |
| 1923 | 1 | | 18 | | | | | | | | | | | | | 19 |
| 1924 | 2 | | 19 | 3 | | | | | | | | | | | | 24 |
| 1925 | 13 | | 12 | 3 | | | | | | | | | | | | 28 |
| 1926 | 9 | 1 | 169 | 2 | 1 | 1 | | | | | | | | | | 183 |
| 1927 | 13 | | 271 | | 6 | 11 | | | | | | | | | | 301 |
| 1928 | 8 | 1 | 33 | | | 4 | | | | | | | | | | 46 |
| 1929 | 9 | | 6 | | | 11 | | | | | | | | | | 26 |
| 1930 | 4 | | 10 | | 5 | 13 | | | | | | | | | | 32 |
| 1931 | 7 | | 34 | | | 9 | | | | | | | | | | 50 |
| 1932 | 11 | | 22 | | | 1 | 1 | | | | | | | | | 35 |
| 1933 | 19 | 3 | 35 | | | 2 | 15 | 9 | 1 | 1 | | | | | | 85 |
| 1934 | 9 | | 15 | | | | | 3 | | | 1 | 1 | | | | 29 |
| 1935 | 74 | 1 | 25 | | | | | 17 | | 14 | | | | | | 131 |
| 1936 | 46 | 1 | 7 | | | 2 | | 21 | | 3 | | | 1 | 1 | | 82 |
| 1937 | 26 | 1 | 20 | | | | | | | | | | | | | 47 |
| 1938 | 19 | | 25 | | | | | | | | | | | | 1 | 45 |

| 신문 \ 연도 | 매일신보 | 부산일보 | 동아일보 | 시대일보 | 중외일보 | 조선신문 | 중앙일보 | 조선중앙일보 | 대련신문 | 경성일보 | 대판매일신문 | 북선일일신문 | 중선일보 | 평양매일신문 | 만주일일신문 | 총건수 |
|---|---|---|---|---|---|---|---|---|---|---|---|---|---|---|---|---|
| 1939 | 15 | 1 | 24 | | | | | | | 6 | | | | | | 46 |
| 1940 | 10 | | 9 | | | | | | | | | | | | | 19 |
| 1941 | 7 | | | | | | | | | | | | | | | 7 |
| 1942 | 3 | | | | | | | | | | | | | | | 3 |
| 1943 | 4 | | | | | | | | | | | | | | | 4 |
| 1944 | 3 | | | | | | | | | | | | | | | 3 |
| 1945 | 1 | | | | | | | | | | | | | | | 1 |
| | 426 | 11 | 768 | 8 | 12 | 54 | 16 | 50 | 1 | 24 | 1 | 1 | 1 | 1 | 1 | 1,375 |

표 32.  일제강점기 신문 고적 기사(주제별)

| 신문 \ 연도 | 조사 | 발견 | 발굴 | 도굴 | 도난 | 손실화재재난 | 보존 | 소개 | 보존회 | 위원회 | 애호 | 석표 | 탐방 | 지정 | 복원정비 | 법령 | 전시 | 활용 | 박물관 | 연구(회) | 총건수 |
|---|---|---|---|---|---|---|---|---|---|---|---|---|---|---|---|---|---|---|---|---|---|
| 1911 | 1 | | | | | | | | | | | | | | | | | | | | 1 |
| 1912 | 3 | | | | | | 1 | 3 | 1 | | | | 1 | | | 1 | | | | | 10 |
| 1913 | 4 | | | | | | | 25 | 3 | | | | | | | | | | | | 32 |
| 1914 | 3 | | | | | | | 1 | | | | | | | | | | | | | 4 |
| 1915 | 1 | | | | | | | 1 | | | | | | | | | | | | | 2 |
| 1916 | 3 | | | | | | | 7 | | 4 | | | | | 2 | | | | | | 16 |
| 1917 | | | | | | | | 2 | | | | | | | | | | | | | 2 |
| 1918 | 8 | | | | | | | 1 | | | | | | | | | | | | | 9 |
| 1919 | | | | | | | | 1 | | | | | | | | | | | | | 1 |
| 1920 | | | 1 | | | | 1 | | | | | | 1 | | | | | | | | 3 |
| 1921 | | | | | | | | 27 | | 1 | | | 3 | | | | | | | | 31 |
| 1922 | 1 | | | 3 | | | | | 2 | | | | 3 | | | | | | | 1 | 10 |
| 1923 | 1 | | | | | | | 13 | 3 | | | | 1 | | | 1 | | | | | 19 |
| 1924 | | | 6 | | | | 1 | 9 | 1 | 2 | | | 5 | | | | | | | | 24 |
| 1925 | 2 | 1 | 1 | | 1 | | 2 | 9 | 3 | 1 | | | 6 | | | | 1 | | | 1 | 28 |
| 1926 | 1 | | 2 | | | | 11 | 162 | 1 | 1 | | | 4 | | | | 1 | | | | 183 |

| 신문\연도 | 조사 | 발견 | 발굴 | 도굴 | 도난 | 손실화재재난 | 보존 | 소개 | 보존회 | 위원회 | 애호 | 석표 | 탐방 | 지정 | 복원정비 | 법령 | 전시 | 활용 | 박물관 | 연구(회) | 총건수 |
|---|---|---|---|---|---|---|---|---|---|---|---|---|---|---|---|---|---|---|---|---|---|
| 1927 | | | | | 3 | | 4 | 278 | 1 | | | | 9 | | 3 | | 1 | | | | 299 |
| 1928 | 2 | 2 | | 2 | | 1 | 3 | 26 | 1 | | | | 5 | | 2 | | | | 2 | | 46 |
| 1929 | | 1 | 4 | 1 | | | 1 | 8 | 1 | | | | 5 | | 2 | 3 | | | | | 26 |
| 1930 | 1 | 1 | 1 | | 1 | | 6 | 8 | | 1 | | | 9 | | 2 | | | | | 2 | 32 |
| 1931 | | | 2 | | 1 | | 1 | 10 | 1 | 1 | | | 21 | | 2 | 4 | 2 | | | 5 | 50 |
| 1932 | | 1 | | | 1 | | 6 | 4 | 5 | | | | 12 | | 3 | | 2 | | | | 34 |
| 1933 | 2 | | 2 | 1 | 2 | | 2 | 18 | 3 | 8 | | | 9 | | 3 | 18 | 11 | 2 | | 4 | 85 |
| 1934 | | | | | | | 2 | 8 | 1 | 1 | | | 5 | 6 | 4 | 1 | | | | | 28 |
| 1935 | 4 | 1 | 3 | 1 | | | 13 | 34 | 5 | 2 | 16 | | 5 | 15 | 6 | 1 | 4 | 3 | 1 | | 114 |
| 1936 | 1 | 1 | 1 | | | | 20 | 7 | 7 | 1 | 10 | | 8 | 10 | 7 | | 3 | 2 | | | 81 |
| 1937 | | 1 | 2 | | | | 4 | 7 | 1 | 3 | 12 | | 2 | 8 | | | | 2 | 2 | | 46 |
| 1938 | 1 | | 4 | | | | 2 | 2 | 1 | 4 | 19 | 4 | 3 | 5 | | | | | | | 45 |
| 1939 | | | 1 | | 1 | | 4 | 8 | | 2 | 17 | 2 | 3 | 6 | 1 | | | | 1 | | 46 |
| 1940 | | | 1 | | | | 6 | 4 | | | 1 | | 1 | 5 | | | | | 1 | | 19 |
| 1941 | | | | | | | 2 | 1 | | | | | 2 | 2 | | | | | | | 7 |
| 1942 | | | | | | | | 2 | | | | | 1 | | | | | | | | 3 |
| 1943 | | | | | | | 3 | 1 | | | | | | | | | | | | | 4 |
| 1944 | | | | | 1 | | | | | | | | 1 | | | | | | | | 3 |
| 1945 | | | | | | | | | | | | | 1 | | | | | | | | 1 |
| | 39 | 8 | 30 | 7 | 6 | 6 | 96 | 687 | 44 | 32 | 75 | 6 | 126 | 57 | 39 | 33 | 17 | 14 | 10 | 12 | 1,344 |

위 고적 관련 신문 기사들 중 고적 관련 기사가 많이 실리고 있는 『동아일보東亞日報』와 『매일신보每日申報』의 고적 기사 내용을 살펴보면 다음과 같다.

① 『동아일보東亞日報』

일제강점기인 1920년에 창간하여 1940년에 정간된 『동아일보』에는 신문 발행 전 기간 동안 '고적' 기사가 총 768회 수록되었으며, 연도별 현황은 다음의 <표 33>과 같다.

표 33. 일제강점기 『동아일보(東亞日報)』 연도별 고적 기사 수

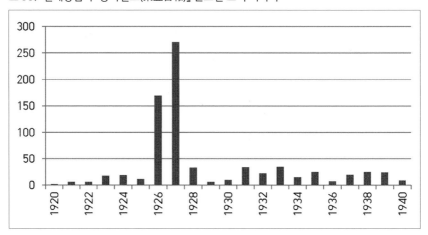

『동아일보』에 수록된 고적 관련 기사는 1926년과 1927년에 각각 169건, 271건으로 그 전후의 기사 수에 비해 상당히 많은 양을 보인다. 기사 내용의 대부분은 전국 각지의 현황을 지역별로 구분하여 연재로 소개하는 기획기사인데, 기사 항목 중 '명승고적名勝古蹟'이 지방마다 포함되어 소개되고 있다. 이 고적 관련 연재기사는 1926년 7월 5일 '공주지방대관公州地方大觀'을 시작으로 1928년 4월 8일 '황해안黃海岸의 옹진甕津…' 기사까지 436회에 걸쳐 거의 매일 게재되고 있다. 각 지방의 소개 항목 중 고적은 빠지지 않고 등장하여 각 지역을 이해하고 소개하는 데에서 고적을 중요하게 인식하고 있었다.

『동아일보』의 고적 관련 연재기사의 수록 취지는 연재 시작 시점에 따로 제시되고 있지 않아 당시 편집자의 의도를 직접 알 수는 없으나, 연재기사 시작 전 『동아일보』에서 고적에 관한 기사들을 비중 있게 다루고 있었다는 점에서 이미 고적에 대한 중요성 인식은 하고 있었음을 알 수 있다. 연재가 시작되는 1926년 7월 이전의 다음과 같은 기사들에서 이를 유추할 수 있다.

1924.10.31. 樂浪古跡 多數發堀, 大壺十二個와 其他鏡木棺等(平壤)
1925. 3.30. 創刊紀念 名勝古蹟 探勝, 本社 裡里支局에서 來四月一日에

1925. 8.25. 古蹟珍品發見, 日帝大原博士 慶州 雁鴨池附近에서 陰石으로 만든 도랑(溝)

1925.10.27. 山坂貸付許可받고 古蹟遺物까지 橫食, 酒杯에 醉한 郡守事實을 默認, 平壤農事會社 不法行爲

1925.10.28. 東洋文明의 精華, 新羅古蹟映寫 시내각학교를 순회하면서, 경주 南明學校 고적영사대

1926. 5. 7. 古蹟保存決議, 定州有志들이

1926. 5.30. 谷山古蹟保存 千餘圓으로 重修

1926. 6.13. 武器發掘, 安州郡의 古蹟

1926. 6.21. 古蹟巡廻映寫, 北靑靑聯에서

또한 『동아일보』 발행진의 구성을 보면, 유근柳瑾이 편집감독을 하고 『황성신문皇城新聞』 전 사장도 관여하였다고 한다.[255] 일제강점 직전 『황성신문』을 발행했던 인력들이 『동아일보』의 발행에도 관여한 것인데, 『황성신문』의 고적 관련 연재기사를 통해 국민의 계몽의식을 고취하려 했던 조선 지식인들이 대략 17년 후 『동아일보』를 통해 이를 다시 시도했다고 볼 수 있다.

전국의 고적을 소개하는 연재기사 외에, 『동아일보』의 고적 관련 기사에서 주목되는 것은 고적 탐방에 관한 기사이다. 일제강점기 동안 견학見學, 시찰視察, 탐승探勝, 탐방探訪 등 주제로 수록된 탐방 관련 기사는 총 126건인데, 이중 69건을 『동아일보』가 차지하고 있다. 탐방관련 기사 중 유력자의 방문에 관한 기사는 3건에 불과하며, 나머지는 대부분 다음과 같이 고적 탐방단을 모집하거나 탐방기를 기사화하는 내용들이다.

1922.11.16. 馬山昌信學校生徒新羅古蹟見學

1924.10.30. 樂浪古跡視察, 平壤府에서 團員募集

1927. 6.15. 參禮靑年會 扶餘와 公州 古跡探勝

---

255) 차배근 외, 2001, 『우리신문 100년』, 현암사, 109쪽.

1930. 9.28.　學生團 爲해 古蹟案內係, 본慶州지국서 신설
1931. 9. 6.　慶州古蹟探訪記[제1회 全7回]
1932. 5. 1.　嶺南名勝古蹟見學團募集 主催 東亞日報社 固城支局
1933. 4. 4.　古跡探勝團募集 東亞日報社 金海支局
1935.10.23.　進永支局主催로 各地古蹟探勝
1938. 9.29.　十月二日期해 古蹟을 探査 白馬本報支局 主催

　고적의 탐방이라는 행위를 통하여 조선 역사문화의 중요성이나 우수성을 국민들에게 알리려는 계몽적 의도가 있다고 보인다.

　『동아일보』 발행진이 고적의 중요성을 간파하여 이를 기획 연재기사로 2년에 가까운 기간 동안 기사화하고, 고적 탐방 운동을 벌였다는 점은 의미가 있다. 그러나 그 내용을 보면 조선총독부를 비롯한 일본인들이 재구성한 낙랑의 고적이 강조되는 사례에서 볼 수 있는 것처럼 일본인들이 만든 식민사관적 역사관과 문화재 구성의 틀 안에서 고적을 인식하고 활용하려 했다는 점은 한계라고 볼 수 있다.

　② 『매일신보每日申報』

표 34. 일제강점기 『매일신보(每日申報)』 연도별 고적 기사 수

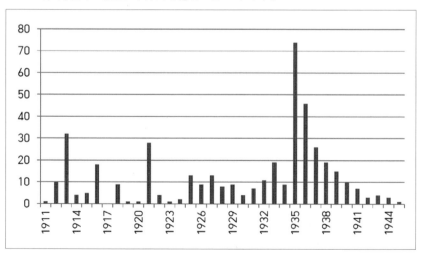

『매일신보』는 일제강점기 내내 존속했고 가장 많은 발행 수를 기록했던 신문이다. 고적 관련 기사는 총 426회 수록되었으며, 『동아일보』에 비해 전 기간에 걸쳐 연도별 편차가 비교적 적은 기사 분포 현황을 보인다.

『매일신보』의 고적 관련 기사 내용은 일본인들의 고적조사 내용을 소개하거나, 조선총독부의 고적에 관련된 행정적 내용을 소개하는 기사들이 많은 부분을 차지한다. 앞선 『동아일보』의 예처럼 지역의 고적을 소개하는 연재기사가 있으나, 이는 1916년(5회), 1921년(25회), 1935년(28회), 1940년(4회)에 간헐적으로 나타나고 있어 양과 질 면에서 『동아일보』와 큰 차이가 있다.

『매일신보』의 고적 관련 기사에서 주목할 것은 『매일신보』의 지면을 통한 조선총독부의 문화재 정책을 선전하는 내용이 큰 비중을 차지한다는 점이다. 기사에 드러난 조선총독부의 문화재 정책을 성격별로 분류하여 살펴보면 다음과 같다.

## 가. 고적조사

고적조사에 관한 기사는 1911년부터 1938년까지 총 31회 등장하며, 대부분 1918년 이전(23회)에 집중된다. 세키노 타다시를 중심으로 한 고적조사의 행적과 이를 선전하기 위한 강연 내용을 소개하는 기사들이 주를 이룬다. 고적조사 관련 기사에서 주목할 것은 1910년대 까지의 고적조사 성과를 기반으로 1918년 2월 11일부터 20일까지 8회에 걸쳐 '임나任那'와 '만주인滿洲人의 조선이주朝鮮移住' 등에 대해 다루고 있다는 점이다. 이들 모두 식민사관의 대표적인 사례들이다. 이 기사를 통하여 조선총독부가 고적조사에 기반 한 그들의 식민사관을 기초부터 논리적으로 설명하려 했음을 알 수 있다.

표 35. 『매일신(每日申報)』 1918년 2월 '조선고적조사' 기사

| 발간일 | 제목 |
|---|---|
| 1918.2.11. | 朝鮮古蹟調査(1), 任那에 對하여 |
| 1918.2.13. | 朝鮮古蹟調査(2), 任那＝加羅＝伽倻 |

| 발간일 | 제목 |
|---|---|
| 1918.2.14. | 朝鮮古蹟調査(3), 任那＝加羅＝伽倻 |
| 1918.2.15. | 朝鮮古蹟調査(4), 任那에 對한 日本의 勢力 |
| 1918.2.16. | 朝鮮古蹟調査(5), 滿洲人의 朝鮮移住 |
| 1918.2.17. | 朝鮮古蹟調査(6), 任那와 日本과의 要衝 |
| 1918.2.19. | 朝鮮古蹟調査(7), 日本府의 組織權能 |
| 1918.2.20. | 朝鮮古蹟調査(8), 百濟의 勢力이 任那에 及함 |

### 나. 고적보존회 진흥

고적보존회는 전국 각 지방에서 자발적으로 발생한 조직과 활동이라는 형식을 취하였지만, 실상은 조선총독부의 영향 하에 기획되고 운영되었다. 친 기관지적 성격을 가지고 있는 『매일신보每日申報』에 고적보존회 구성과 활동에 관한 기사가 다른 신문들에 비해 빈번히 등장(총 44회 중 32회)하고 있는 점이 이를 간접적으로 증명한다. 고적보존회의 조직은 일제강점기 내내 진행되었으며, 『매일신보』를 통해 그 성과를 홍보했다. 대표적인 사례는 다음과 같다.

표 36. 『매일신보(每日申報)』 '고적보존회 조직' 관련 기사

| 발간일 | 제목 |
|---|---|
| 1912.12.26. | 古蹟保存會 |
| 1913.5.15. | 최근의 경북: 新羅古蹟보존회 |
| 1913.6.4. | 最近 陜川, 普校 낙성식 성황, 古跡保存會 조직, 鳳山면장의 美蹟, 窮民 戶稅 替結 |
| 1922.5.13. | 周王山古蹟保存會 組織 |
| 1927.12.16. | 扶餘古蹟 保存會 二萬圓을 積立하야 財團法人計劃 不足額은 各面에 分配 考古學上好消息 |
| 1929.9.28. | 晉州古蹟 保存會 八氏가 發起 |
| 1931.4.18. | 駕洛國의 古都金海 古蹟保存會設立 市區改正까지하기로 |
| 1932.5.7. | 鏡城古蹟 保存會組織 |
| 1932.8.17. | 李栗谷先生의 古蹟保存會組織 瀧澤郡守發起로 |
| 1932.12.12. | 財團法人으로 誕生된 江陵古蹟保存會 多年懸案 맞춤내 實現 |
| 1933.3.21. | 馬山古蹟保存會 任員까지 決定 |

| 발간일 | 제목 |
|---|---|
| 1935.7.28. | 平壤 江西外에 古蹟保存會增設 |
| 1935.9.15. | 高敞面古蹟保存會創立 |
| 1935.10.1. | 熙川에 古蹟保存會 設立 |
| 1935.12.5. | 寶物, 古蹟名勝等 全南保存會組織 道內各府郡에 通牒 |
| 1936.4.4. | 古蹟遺物을 保存 心田開發에 貢獻 平南各郡에 保存會組織코 保護와 修理를 徹底 |
| 1936.8.1. | 康津郡大口面서 古蹟保存會結成 |
| 1936.9.4. | 平南道內各郡에 古蹟保存會設立 三郡은 벌서 完了 |
| 1936.9.6. | 古蹟保存會 大同郡서도 組織 官民六百餘名으로 |
| 1936.11.26. | 谷城名勝古蹟 保存會 創立 |
| 1942.4.29. | 輯安에 古跡保存會 |

특히 1912년 12월 26일 기사를 보면, 이즈음에 고적보존회 조직이 일제 지배 세력의 차원에서 진행되고 있었음을 알 수 있다.[256]

"朝鮮은, 數千年 文明古域이라, 全□허 時代에는, 諸般壯麗와, 諸般奇怪가, 足히 世界의 眼目을 感動홀지라, 然호나, 後來에 至호야는, 其制度가, 湮滅無傳홀 뿐안이라, 遺來古物까지 愛惜홀줄를 不知하야 至於古塔古佛像等을 移去或倫賣호는 者가 種多호더니, 今에, 貴族諸氏가, 此를 慨惜호야, 古蹟保存會를 刱立 호야, 各地에 遺傳호 古蹟을 保存호기로 計劃혼다 호니, 吾人은, 此會에 對호야 贊成을 不勝호노라."[257]

위 기사의 내용을 보면, '조선에는 세계의 안목을 감동하게 할 유산이 있었으

256) 1912년 2월에 '개성보승회(開城保勝會)'와 6월에 '평양명승구적보존회(平壤名勝舊蹟保存會)'가 설립된 것으로 연구되고 있다. 평양명승구적보존회의 회장과 임원 대부분은 일본인으로, 이 단체의 성격을 대변해주고 있다(최혜정, 2007, 「일제의 평양지역 고적조사사업과 고적보존회 활동」『역사와 세계』32, 효원사학회, 190, 209쪽).

257)『每日申報』1912년 12월 26일자, 「古蹟保存會」.

나 지금 전하지 않아 애석한데, 이제 귀족들이 고적보존회를 설립하여 각지 유적을 보존하기로 하였다'고 언급하고 있다. 이를 해석하면 '(조선인들은) 조선의 문화재를 아낄 줄 몰라 점차 사라져갔는데, 새로운 지배세력(貴族諸氏)이 보존을 하게 되어 다행이다'라는 내용이다. 고적보존회의 필요성에 대한 인식과 설립이 무지한 조선인들을 대신하여 새로운 지배세력에 의해 진행되어 다행이라는 식으로 언급하고 있는 것이다. 이러한 조선총독부의 인식은 전국 각지에 고적보존회가 지속적으로 설립되게 하는 배경이 되었다. 실제로, 전국 각 지역의 고적보존회 대표는 그 지역의 군수나 도지사와 같은 총독부 관리였으므로,[258] 이 단체의 관변적 성격은 강하다고 본다.

다. 고적 보호활동 선전

『매일신보每日申報』는 조선총독부가 조사하고 지정한 문화재를 보존하는 활동 내용을 선전하는 수단으로도 활용되었다. 그 두 가지 사례는 '고적애호古蹟愛

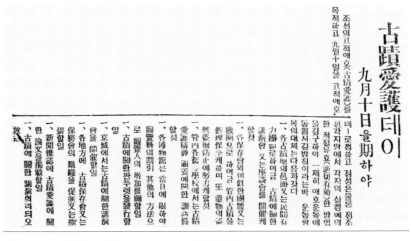

사진 6. 고적애호데이 기사(1935.7.26. 조선중앙일보)

---

258) 이순자, 2009, 『일제강점기 고적조사사업 연구』, 景仁文化社, 391쪽.

好데이-day'와 '석표石標의 설치'이다.

1935년부터 시작한 고적애호데이는 매년 9월 10일을 지정하여 전국적인 고적 애호운동을 한 날이었다. 1935년 이후 고적애호데이는 여러 신문을 통하여 선전되었는데, 그 중『매일신보』가 가장 큰 비중(전체 75건 기사 중 48건)을 차지하여 이 운동이 조선총독부 주도의 성격이었음을 증명하고 있다.

표 37. 일제강점기 신문별 고적애호 기사 수

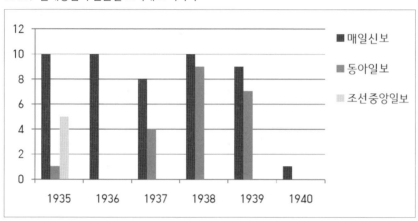

조선총독부가 고적애호데이를 기획한 취지는 1935년 7월 26일『매일신보』 기사에서 다음과 같이 확인된다.

"근자에 고적애호(古蹟愛護) 운동이 점차고취되고 발흥하야가는 경향인바 이것은 력사의증징(歷史證徵) 학술의참고(學術參考)와 민중의상고적정서(尙古的情緒)와 예술적 취미를 조장하고 아울너 향토애(鄕土愛)의 정신과 동양문화의선양(東洋文化宣揚)에 심대한영향이있는것입으로 본부사회과(社會課)에서는 금후 이에대한 애호정신을 일층고취 선전하기위하야 오는구월십일을『고적애호데이』-古蹟愛護日-로결정하고 경성(京城)을 비롯하야 각 지방단체를 동원시켜 적절 유효한방법으로 고적애호운동을 일제히 일으키기로되엇는데 이번운동의 실행 항목은 다음과 갓다

사진 7. 고적애호정신고취 기사(1935.7.26. 매일신보)

一. 各古蹟地의邑面又는民間有力團體로하야금古蹟에關한講演會又는座談會
　　등을開催케하야愛護精神을普及케할일
一. 各保存會及此와類似한團體又는其他機關으로하야금管內古蹟修理保全에
　　擔富케하고遺物의盜難及古蹟盜掘防止에努力케할일
一. 管內各初等學校에서는古蹟愛護精神涵養에關한訓話를行할일
一. 各博物館에서는當日에限하야觀覽料割引 其他方法으로觀覽人의增加를圖
　　할일
一. 古蹟에關한『팜푸레트』를 發行할일
一. 京城에서는古蹟에關한講演會를開催할일

一. 地方에古蹟保存會又는保勝會등의組織을 慫慂하고 그擴充을 圖할일
一. 新聞雜誌에古蹟愛護에關한論文을揭載할일
一. 古蹟에關한 講演을『라듸오』로放送할일."259)

앞 기사(사진 8)와 그 전의 기사(사진 7)를 보면 고적애호운동이 조선총독부의 세부 행동지침에 따라 조직적으로 기획되고 진행되었음을 알 수 있다. 앞 기사 이전에는 고적애호운동에 관한 기사가 1건도 확인되지 않는데, 위 기사 이후로 각 신문에 고적애호에 관한 기사들이 집중적으로 나타나는 데서 이를 알 수 있다.

고적애호운동의 취지는 향토애와 동양문화의 선양과 고취였다. 이중 '향토애'는 1930년대 일본이 강조하던 문화 이데올로기적 표어인데, 이를 통해 '향토애의 함양 → 본업에의 충실 → 생산력의 증강 → '총후銃後' 조선의 역할 수행'의 구도를 형성하였다.260) '고적애호'가 단순한 문화재 사랑 차원의 운동이 아닌 전시동원을 위한 내선일체의 도구로서 기능하고 있었다.

고적애호데이 운동은 1940년을 끝으로 기사에서 사라진다. 1940년의 기사는 '고적애호행사 각 도별로 실시' 1건인데, 이를 제외하면 각 신문을 동원한 고적애호운동 선전 활동은 1939년이 마지막이라고 볼 수 있다. 이 시기는 2차 세계대전이 발발(1939.9.1.)하고 국민징용령(1939.10.1.)과 창씨개명(1940.2.11.)을 통해 내선일체와 강제동원이 절정으로 치닫는 시기로, 고적애호운동이 조선사회에서 큰 의미를 가지기가 어려워진 시기였다.

고적 보호활동 선전 수단으로 활용된 또 다른 주제는 석표石標의 설치이다. 석표는 문화재로 지정된 지역에 설치하는 표석인데, 이의 설치와 선전으로 조선총독부의 문화재 지정에 따른 선전효과를 더 높일 수 있었다. 고적 석표 관련 기사는 『매일신보』와 『동아일보』에 같은 수준으로 나타난다.

---

259) 『每日申報』1935년 7월 26일자, 「古蹟愛護精神鼓吹【尙古的情緖培養과 鄕土愛助長】東洋文化宣揚注力」.

260) 金志宣, 2008, 「조선총독부 문화재 정책의 변화와 특성 -제도적 측면을 중심으로」, 高麗大學校 大學院 碩士學位論文, 39쪽.

사진 8. 석표설치 기사(1938.1.11. 매일신보)　　사진 9. 대한민국 표석(좌 2개)과 조선총독부 석표

　　　　　　　　　　　　　　　　　　　　　　　　　　　　　　　(우 2개)(저자 촬영)

표 38. 『매일신보(每日申報)』와 『동아일보(東亞日報)』의 고적 석표(石標) 설치 기사

| 신문명 | 발간일 | 제목 |
|---|---|---|
| 每日申報 | 1938.1.11. | 保護의 完璧期하야 寶物古蹟에 石標 각도로부터 신청을 밧어서 爲先三百三十個處 |
| 東亞日報 | 1938.1.11. | 古蹟의 派守꾼「石標」332個, 各道에 通牒 |
| 每日申報 | 1938.2.13. | 寶物과 古蹟에 石標를 세우기로 江原서 十九個所 |
| 東亞日報 | 1938.5.25. | 石標를 세워서 寶物古蹟을 守護 總督府三百個 製作 |
| 每日申報 | 1939.1.10. | 新寶物・古蹟에도 "名札" 八十八個石標를 樹立 |
| 東亞日報 | 1939.1.10. | 名勝古蹟에 石標 今年八十八個建立 |

## 라. 유력자의 고적방문

또한 『매일신보每日申報』는 일본 권력자의 고적 방문을 기사로 선전하였다.

일제강점기에 발행된 신문에서 고적 견학見學, 시찰視察, 대람台覽, 탐승探勝 등 주제로 고적을 찾는 탐방에 관한 기사는 총 126건(표 32)인데, 이중『매일신보』에는 34건이 실렸다. 일제강점기의 전체 탐방기사 중 황실관계자, 관리, 저명학자 등 유력자의 방문 기사는 총 32건인데, 이중 23건이『매일신보』에 실렸다. 이는 『매일신보』의 관변지적 성격을 보여주는 사례이며, 고적으로 포장된 우리의 역사 및 전통문화가 일본이라는 권력의 통제 아래 있음을 보여주고 이를 국민들에게 각인시켜주는 사례였다.『매일신보』에 실린 유력자의 고적 탐방 기사는 다음과 같다.

표 39. 『매일신보(每日申報)』'유력자의 고적 탐방' 관련 기사

| 발간일 | 제목 |
|---|---|
| 1912.03.27 | 최근의 大邱: 李도장관 교육연설, 農業校 졸업식, 경찰서장 古跡歷訪 |
| 1921.07.12 | 뽐베 古蹟御視察 |
| 1925.08.07 | 美術學校 正木校長來鮮 古蹟視察로 |
| 1925.09.20 | 金知事古蹟視察 |
| 1925.10.21 | 樂浪古蹟을 視察한 細川侯 |
| 1926.07.02 | 慶州平壤의 古蹟을 台覽하실 瑞典皇儲 산현식부관이 보고확정 |
| 1926.08.23 | 瑞典皇太子 兩地古蹟視察 |
| 1926.10.15 | 北歐의 國賓殿下 樂浪古蹟차자 平壤에 십사일 아츰 경성을 써나시와 평양에서는 기생춤도 어태람 |
| 1927.04.17 | 三韓時代의 古蹟과 鎭海의 偉觀을 御巡覽 수륙천여리를 닷새 동안에 도라보시게 된다 李王殿下南朝鮮行啓御日程 |
| 1928.04.22 | 兪知事巡視 名勝古蹟標榜 |
| 1928.08.24 | 李學務局長 古蹟視察 |
| 1928.09.09 | 女子中等校長 會議八日終了 古跡視察後歸任豫定 |
| 1929.04.18 | 平壤에 高松宮殿下 古蹟名勝御巡覽 을밀대의 절경을 어탄상 鐵道호텔에 御宿泊 |
| 1929.10.16 | 閑院宮殿下 蔚山古蹟을 視察 東萊에서 一泊하시고 |
| 1934.08.09 | 穗積博士 百濟古蹟視察 忠南에서는 講演會準備 |
| 1934.10.08 | 東伏見伯 百濟古都探勝 古蹟美術研究로 |
| 1935.07.23 | 德川慶光公 開城古蹟視察 |

| 발간일 | 제목 |
|---|---|
| 1935.10.23 | 赤十字副社長一行 慶州古蹟視察 |
| 1936.09.26 | 內地 醫學界 權威 百卄名 學者團 醫學會에 出席途上 慶州古蹟을 見學 |
| 1936.10.04 | 梨本統監宮殿下 慶州古蹟御視察後 釜山으로 御向發 |
| 1941.05.11 | 滿洲軍官校生들 統軍亭古蹟見學 |
| 1944.11.12 | 아름다운 史話聽取 遠藤總監, 百濟의 古蹟을 視察 |
| 1945.02.26 | 新羅古跡視察-內地專門教授團에서 |

고적 탐방 관련 기사의 내용을 보면, 『매일신보』와 『동아일보』가 탐방에 관해 서로 다른 관점을 가지고 있음을 알 수 있다. 『매일신보』는 유력자의 고적 방문을 선전하는 데 집중하는 반면, 『동아일보』는 일반인의 탐방이라는 행위를 주도하여 국민들에게 역사의식을 고취하려 하였다. 각 신문 기사의 분포를 보면 이와 같은 내용이 확인된다.

표 40. 일제강점기 신문별 고적탐방 기사 수

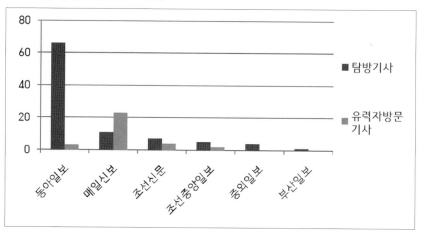

일제강점기의 언론은 민심을 전하기도 했지만, 통치를 홍보하는 수단이기도 했다. 이 속에서 민족주의적 시각을 가진 신문들은 고적 홍보를 통해 민족적 정

신을 높이고자 했지만, 이 고적의 인식 기반이 일제가 식민사관적 관점에서 조사한 유적들에 있었다는 한계를 가지고 있었다.

### (3) 한국인의 '문화재' 인식과 고적보존운동

통치 권력에 의해 인식 체계와 방향이 설정되는 문화재의 속성을 고려하면, 일제강점기에 우리 문화재에 대한 민족 주체적인 인식과 활동이 진행될 환경은 제대로 갖춰지지 않았다고 볼 수 있다. 현지에 실체로 존재하는 문화재의 또 다른 특징을 고려하면, 해외의 독립운동 세력에게도 우리 문화재에 대한 정책적 접근은 어려운 일이었다. 그럼에도 불구하고 일제강점기 우리 문화재에 대해 우리 민족이 가졌던 주체적인 인식과 보호 운동에 관한 일들을 검토하는 것은 민족사 측면에서 의미가 있으므로 이에 대해 살펴보고자 한다.

우선 앞서 말한 문화재의 현지성을 고려하면, 우리 문화재에 대해 주체적으로 접근할 수 있는 세력은 국내에서 활동한 민족주의자들이었을 가능성이 높다. 좌파세력은 사회주의 이데올로기 속성 상 전통적 유산을 보는 관점이 호의적이지 않기 때문이다. 실제 사례에서도 민족주의 우파세력이 주도적으로 발행한『동아일보東亞日報』에서는 고적 등 민족 유산에 관한 기사가 조선총독부 기관지인『매일신보每日申報』보다 많은 것에서 이를 간접적으로 유추할 수 있다. 또한 일제강점기 국내 민족주의 세력의 주요 활동 중 하나로 고적보존운동이 있었음이 연구된 사례도 있다.[261]

일제강점기에 진행되었던 민족주체적 문화재 인식에 관한 일들은 다음과 같다.

---

261) 1930년대 부르주아 우파는 '당면과제의 해결'을 내걸고 농촌계몽운동, 표현단체재건운동, 정책청원개선운동, 만주동포구제운동, 고적보존운동 등 '탈정치적인' 운동을 전개하였다(전재호, 2011, 「식민지 시기의 민족주의 연구: 국내 부르주아 우파와 사회주의 세력을 중심으로」『동북아연구』16, 경남대학교 극동문제연구소, 81쪽).

① 이충무공李忠武公 위토位土 보존운동

1931년 5월 13일자 『동아일보』에 다음과 같은 기사가 실린다.

> "임진란, 거북선과 함께 역사를 지은 민족적 은인 리충무공(李忠武公)의 위토
> 六十두락지기가 장차 경매에 부틀 운명에 잇다고 한다. 그 위토는 ... 갑지 안흐
> 면 단연히 경매처분을 하겟다고햇다 그러나 문제는 위토뿐이 아니라 충무공의
> 묘소가 잇는 산판도 역시 다른 곳에 채무관계가 ... 묘소와 사당과 종가집 등은
> 여러해 동안 수리를 하지 못하야 한업시 퇴락해잇다고한다 ..."[262]

위 기사에서 『동아일보』는 이충무공李忠武公 위토位土가 경매에 넘어가게 되
고 묘소와 사당과 종가집 등이 퇴락하고 있다는 점을 민족적 위기상황으로 부
각하고 있다. 이 기사를 계기로 이충무공 위토 보존을 위한 성금 모금운동, 보존
회 조직, 현충사 중건, 유물과 유적 보호 등이 이루어졌다.

1931년 5월 13일에 위 기사가 나간 이후 전국에서 성금이 답지하기 시작했
고, 같은 달 23일 이충무공 유적 보존회가 설립되었다. 이 보존회는 곧바로 현충
사 재건을 결의(1931.6.10).하고, 결의 후 3일 만에 채무변제 및 위토저당 해제라
는 성과를 이룩한다. 이후 한 달도 안되어 현충사 재건을 위한 공사계약을 체결
(1931.7.9).하고, 1년도 안되어 현충사 낙성 및 영정 봉안(1932.6.5).을 한다. 현재 기
준으로도 상당히 신속한 진행 과정이었다.

민족주의 우파계열이 중심이 되어 추진한 이충무공 유적 보존운동은 한 말
부터 잠재되어 있던 이순신 상像이 이충무공 위토 문제로 발단이 되어 대중운동
으로 승화된 것이다.[263]

---

262) 『東亞日報』 1931년 5월 13일자, 「二千圓빗에 競賣當하는 李忠武公의 墓所位土 /
    묘소가 잇는 산판도 빗에 들어가 / 債權者東一銀行에서 最後通知」.
263) 김도형, 2019, 「'이충무공유적보존운동'과 현충사 소장 관련 자료」 『겨레가 지킨 위
    토, 겨레가 세운 현충사』, 문화재청 현충사관리소, 92쪽, 109쪽.

이 운동에서 또 하나 주목할 것은 1935년부터 조선총독부 주도로 전국적으로 진행되었던 고적애호운동 보다 먼저 유적보존운동이 민족 자체적으로 일어났고, 구체적 성과를 단시간에 이뤄냈다는 점이다.

현충사를 비롯한 이충무공 관련 유적은 일제강점기 고적조사사업의 조사 목록에 포함되지 않았고, 1933년 이후 지정된 문화재 목록에도 포함되지 않았을 정도로 조선총독부에게는 철저히 관심 밖의 일이었다.[264] 오히려 이순신은 독립운동가들의 민족정신 앙양 수단으로 활용되었으며, 일제에게는 탄압의 대상이기도 했다.[265]

이런 시대적 환경 속에서 유적 보존회가 조직되고 단시간에 현충사 중건이라는 성과를 이뤄낸 것은 당시 유적을 통해 드러난 역사적 인물에 대한 민족적 인식과 주체적 대응을 보여주는 사례이다.

② 단군檀君 성지 순례와 수축운동

일제강점기 민족주의 사학계 활동에서 주목해야 할 단체는 대종교大倧敎이다. 일제강점 직전 대일항쟁의 최전선에 있던 나철羅喆은 국파민멸의 근본 원인이 민족의식이 가려졌던 까닭이라고 여겼다. 그는 민족의식을 고취하기 위해 1909년 1월 15일 서울에서 「단군교포명서檀君敎佈明書」를 공표하여 단군교를 민족종교로 새로 밝힌다는 의미로 단군교를 중광重光하였다.[266] 단군교는 1910년 7월 30일에 대종교로 개칭되었다.

대종교의 숭앙 대상이 단군이었기 때문에 이들이 단군의 유적지를 답사하는 것은 너무나 당연한 일이었다. 그리고 일제강점 초기 대부분 민족주의 사학자

---

264) 현충사는 해방 후 대략 14년이 지난 1959년 5월 22일에 사적 112호로 지정되었다.

265) 김도형, 2019, 「'이충무공유적보존운동'과 현충사 소장 관련 자료」『겨레가 지킨 위토, 겨레가 세운 현충사』, 문화재청 현충사관리소, 94~96쪽.

266) 박걸순, 2009, 『국학운동(한국 독립운동의 역사 34)』, 독립기념관 한국독립운동사연구소, 169쪽.

들은 대종교 신도이거나, 신도가 아니라도 그 영향 아래에서 역사 연구를 진행하였다.[267]

대표적 민족사학자인 신채호는 대종교과 관련을 맺으면서 1914년 만주의 고대사 유적지와 광개토왕릉비를 답사하였다. 그는 실지에서 문화재를 보는 것이 사서를 만독萬讀하는 것보다 낫다고 하였다.

박은식 또한 대종교 교도가 되면서 만주의 고대사 관련 유적지를 답사하고 다수의 고대사 관련 저술을 하였다.

민족주의자들의 단군 관련 활동은 1920년대 단군 선양운동으로 확장되었다. 그 효시는 동아일보 창간과 함께 벌인 '단군영정현상모집'이었다. 『동아일보』를 통해 단군 숭배의식을 대중화 하고자 한 것이다.[268] 1923년부터 1936년까지 평양 강동에서는 단군릉 수축사업이 진행되었다. 그런데 이 당시 단군릉 수축사업을 진행하기 위한 기성회에 강동군수 등 친일계열 인사들이 포함되어 있었기 때문에 이 수축운동을 부르주아 민족운동가들과 연계하여 이해하는 데는 한계가 있다.[269] 이는 1930년대 후반 부르주아 우파 민족진영이 일본 국가주의에 흡수되며 사라지는 문제점이 드러나는 사례라고 본다.[270]

일제강점기 대종교 계열의 역사가들은 강화 마니산 삼랑성三郎城과 참성단塹星壇을 단군檀君의 유적지로 보았는데, 현진건은 1932년 7월 8일부터 9월 23일까지 『동아일보』 주최로 단군성적순례단을 맡아, 태백산, 금강산, 평양 대박산,

---

267) 박걸순, 2009, 『국학운동(한국 독립운동의 역사 34)』, 독립기념관 한국독립운동사연구소, 179쪽.

268) 李智媛, 2004, 「日帝下 民族文化 認識의 展開와 民族文化運動 -民族主義 系列을 중심으로-」, 서울大學校 大學院 社會敎育科 歷史專攻 敎育學博士學位論文, 197쪽.

269) 김성환, 2007, 「일제강점기 「단군릉기적비」의 건립과 단군전승」 『사학연구』 86, 한국사학회, 184~186쪽.

270) 전재호, 2011, 「식민지 시기의 민족주의 연구: 국내 부르주아 우파와 사회주의 세력을 중심으로」 『동북아연구』 16, 경남대학교 극동문제연구소, 99쪽.

동명왕릉 숭녕전, 구월산, 강화 마니산 제천단(塹星壇)을 직접 답사하였다.[271]

참성단 역시 민족시조 단군의 성지로, 조선총독부에게는 관심 밖의 장소였고 문화재 지정 역시 이뤄지지 않았다.[272] 이런 유적에 대해 민족의식을 가진 인사들에 의해 유적 답사 행사가 진행되었다는 점은 위 현충사의 사례처럼 우리 땅의 유적을 민족적·주체적으로 인식한 사례이다.

### ③ 개벽사開闢社의 조선문화 기본조사

천도교 계열 민족주의 인사들이 주축이 된 개벽사開闢社는 1923년부터 잡지 『개벽開闢』에 '조선문화 기본조사' 사업 계획을 발표하고 조사를 실시했다. 이 조사는 우리 민족의 주체적 문화인식 바탕 위에서 스스로 만들어간 종합적 문화 조사라는 점에 의미가 있다. 그러나 조사 추진 주체가 가지는 재정적, 인력적 제반 역량의 한계 때문에 조사 과정은 순탄치 않았고, 따라서 전국적으로 세밀한 조사가 이루어지지 못했다. 그럼에도 불구하고 그들이 실시한 조사의 결과는 당시 민족주의 인사들이 우리 문화에 대해 가졌던 인식의 일면을 보여준다는 점에서 의미가 있다.

차상찬이 주도하여 실시한 이 조사는 조선 각 지방의 조선 고유 '문화'를 그 대상으로 하였다. 문화라는 대상의 모호성 때문에 조사 결과의 체계성은 잘 보이지 않으나, 대체로 의식주, 성품, 역사, 종교, 예술, 사상 등으로 분류된다. 조사 자료로는 각종 읍지나 선행 연구결과들을 참고 했는데, 고적에 관련해서는 세키노 타다시와 같은 일본인 연구자들의 연구 결과를 그대로 받아들이고 있는 한계도 보인다.[273] 이 조사가 진행되던 1920년대는 이미 일본에 의한 기본적 고

---

271) 조남호, 2019, 「일제강점기 강화의 마니산 참성단과 삼랑성에 대한 대종교계열 학자들의 연구」『仙道文化』 27, 176쪽.

272) 강화 참성단은 1964년 7월 11일 사적 136호로 지정되었다.

273) 조형열, 2019, 「1920년대 開闢社의 조선지식 수집과 조선연구 토대 구축 -'조선문화 기본조사'의 추진과정과 내용 분석을 중심으로」『역사연구』 36, 역사학연구소,

적조사가 마무리되고 일본인들에 의한 각종 연구결과가 한참 발표되는 시기였다. 우리 문화재의 기본 조사와 여기에 기초한 연구를 진행한 일본인의 벽을 우리 지식인이 극복하기에는 그 격차가 너무 컸다.

조선문화 기본조사 결과 중 문화재에 관한 것은 대부분 조선이 자랑할 만한 것들이 선정되었다. 예를 들면 석굴암, 첨성대, 팔만대장경, 고려자기, 금속활자, 훈민정음과 같은 것들이다.[274]

## (4) 개인의 '문화재' 인식과 보호

일제강점기 조선 내에서 문화재 인식 및 보존과 관련하여 의미 있는 역할을 한 인물들에 대해 살펴보겠다. 일제강점기 조선인의 문화재에 대한 일반적 인식은 확인하기 어려우나, 조선 내에서 재력가 혹은 행정가로 활동한 인물들에 대해서는 그 자료가 있어 그들의 문화재 인식에 대한 일면을 간략히 살펴보겠다.

### ① 전형필全鎣弼의 '문화재' 수집

일제강점기에 문화재 수집가로 활동한 간송澗松 전형필全鎣弼(1906~1962)은 서울의 재력가 집안 태생이었다. 일제강점기 부르주아 계층이었음에도 불구하고 그는 위기의 민족사학 보성학교를 인수하여 운영하였고, 오세창 등 민족주의자들과 교류[275]하였다. 그렇기 때문에 그가 적극적 독립운동가는 아니더라도 민족 중심적 성향을 가졌을 가능성은 높다. 전형필은 그의 재산을 자신의 영달을 위해 쓰기보다는 민족 문화재 수집과 민족 교육에 투자하였다.[276]

그는 각종 국보급 서화와 도자기 등을 비롯, 『훈민정음訓民正音』과 같은 귀중

---

241쪽.

274) 家永祐子, 2012, 「『개벽』과 『별건곤』을 통해 본 한국인의 한국자랑」 『인문과학연구』 33, 강원대학교 인문과학연구소, 173~179쪽.

275) 백인산, 2015.11, 「간송이 지나온 길과 간송이 가야할 길」 『월간 미술세계』, 65쪽.

276) 간송미술관, 2018, 『대한콜랙숀』, 간송미술문화재단.

본 도서를 매입하고 보관하였다. 그리고 1938년에는 우리나라 최초의 사립박물 관인 보화각葆華閣을 성북동에 건립하여 그의 수집품을 안전하게 보관하고 대 중에게 공개하기 위한 시설을 만들었다. 특별한 사상이나 조직에 기반하지 않 은 민족적 활동이라도 개인적 차원에서 수집한 이 문화재들은 현재 우리나라 역사와 문화 분야에 상당히 귀중한 자료를 제공하고 있다.

### ② 최준崔浚의 경주고적보존회 활동

최준崔浚(1884~1970)은 경주 최부잣집 12대손이다. 그는 일제강점기에 경주 지 역의 명망가였으나 조선총독부와 적당한 거리를 두고 보이지 않게 독립운동 자 금을 지원한 사실은 유명하다. 그의 집안은 예전부터 최익현, 손병희 등 독립운 동가들과 교유한 것으로 유명하며, 그의 사촌 매형은 대한광복회사령관을 지낸 박상진이다. 그런데 그의 거주지는 경주였기 때문에 외부로 드러나는 적극적 독 립운동을 할 수 없었다. 그는 재력을 기반으로 배후에서 독립운동 또는 민족운 동을 하였는데, 이 연장선에서 그의 경주고적보존회 참여를 해석할 수 있다.

경주의 고적은 민족의 자랑이었다. 1930년대 경주 지역의 이슈였던 금관총 유물의 경주보관 문제[277]가 있었는데, 경주 지역민들은 금관총 유물이 경주에 남기를 원했다. 이 유물의 경주 보관을 위한 건물 건립비용의 상당 부분을 최준 이 냈다고 한다.[278] 최준의 민족적 의식이 금관총 유물 보관고 사업비 지원으로 나타났다. 또한 최준이 발행한 『동경통지東京通志』 능묘陵墓 기록 조條의 서두에 당시 사람들이 고분에 대한 경외심을 갖지 않고 그 부장품을 재화로 인식하는 세태에 대해 비판하는 글이 있는데,[279] 이는 최준의 문화재에 대한 다른 차원의

277) 荒木潤, 2018, 「식민지시기 경주 유적·유물의 미시정치: 다양한 이항대립의 교 차」, 韓國學中央研究員 韓國學大學院 人類學專攻 博士學位論文, 93~135쪽.

278) 荒木潤, 2018, 「식민지시기 경주 유적·유물의 미시정치: 다양한 이항대립의 교 차」, 韓國學中央研究員 韓國學大學院 人類學專攻 博士學位論文, 118쪽.

279) 荒木潤, 2018, 「식민지시기 경주 유적·유물의 미시정치: 다양한 이항대립의 교

인식을 보여주는 사례이다.

2018년 7월에 최준 가옥 내부의 나무 궤짝에서 경주 최씨 가문에서 400여 년간 보관해오던 서류와 서책 등 1만여 점의 유물이 발견되었다. 여기에는 국채보상운동 참여자료 등 경주 최씨 집안의 독립운동 관련 증거자료도 포함되어 있었다. 이 유물들의 발견은 최준을 비롯한 그의 집안이 대대로 옛 유물遺物에 대해 특별한 관심을 가지고 보관을 해왔음을 보여주는 사례이기도 하다.


# 3. 대만


## 1) 대만의 '문화재' 인식과 제도

### (1) 일제 식민지화 후 조사 및 보존

일본은 1895년 대만을 점령한 후 통치의 필요로 관습조사와 고고·인류학 조사를 하였다. 점령 초기에는 고적古蹟과 같은 유적·유물에 관한 조사 필요가 크지 않았고 그 대상도 많지 않았기 때문에, 이에 대한 전문적 조사는 별도로 이루어지지 않았다. 이 시기 대만에 문화재 관련 별도의 법령이 시행되지 않은 것도 비슷한 이유일 것이다.

또 다른 이유로 생각해 볼 수 있는 것은 일본의 문화재 관련 법이 일본 내지 중심의 국체를 강화하는 민족주의적 성격이 강했으므로 총독부의 동화정책이라는 면에서 보면 이런 법률을 대만에 굳이 펼칠 이유가 없었고, 기초 건설 등 사회기반 사업이 더 시급했다고 보는 이유가 있기도 하다.[280] 하지만 유사한 식

---

차」, 韓國學中央研究員 韓國學大學院 人類學專攻 博士學位論文, 118쪽.

280) 王世安, 2016, 「台灣有形歷史保存法制發展史(1895-2015): 從國家目標與權利保障之互動談起」, 國立臺灣大學法律學院法律學界 碩士學位論文, 42쪽.

민지 통치 기간과 체제를 가진 한국에서는 일제 강점 초기부터 문화재 조사 활동이 활발하게 있었다는 면을 보면, 법의 성격과 총독부의 정책이라는 원인만으로는 대만에서 고적 조사가 한국에서만큼 활발하지 않았던 이유를 설명하기는 어렵다. 당시 대만과 한국의 가장 큰 차이(문화재 측면에서)가 남아 있는 문화재의 규모와 일본 내지와의 관련성이었다면, 이런 점이 일제강점 초기에 대만과 한국에서 문화재 조사 수준의 차이를 발생하게 하는 합리적인 원인일 수도 있다.

이러한 배경의 차이에도 불구하고 대만총독부 차원에서 대만 내의 고적에 대한 정책이 없었던 것은 아니다. 그 사례가 1896년 대만 초대총독(가바야마 스케노리 樺山資紀)이 발표한 「관어본도재래사사보호지유고關於本島在來社寺保護之諭告」이다. 그 내용은 묘궁사원廟宮寺院은 규범도덕規範道德과 치민보안治民保安의 기능이 있기 때문에 군대가 이를 사용할 때에는 파괴할 수 없으며, 부득이 파괴할 때에는 보존 및 수복에 주의해야 한다는 것이다.[281]

왕세안은 당시 문화보존을 한 목적이 대만인의 민심 반항을 피하기 위한 것이라고 했다. 그러나 여기서 더 알 수 있는 점은 일제가 대만의 묘궁사원을 군주둔지로 사용했다는 점이다. 점령지 내 가장 좋은 위치와 규모로 있던 건물이 묘궁사원이었을 텐데, 이는 이민족을 통제해야 하는 군대가 주둔하기에는 가장 적당한 자리였을 것이다. 피지배민들이 신성하게 여기는 공간을 피지배민들을 배려해 사용하지 않는 것이 아니라, 일단 사용하되 그들의 반항을 고려하여 조심하라는 것이다. 대만총독부의 대만 내 고적에 대한 정책은 선의적 '보존'보다는 무리 없는 '활용'이었다.

군대가 잘 주둔할 공간으로 식민지 주요 건물들이 선택되었는데, 이는 대만 점령 15년 후 역시 일본의 식민지가 되는 조선에도 적용되었다. 일본 내 건축 전문가(세키노 타다시關野貞, 구리야마 슌이치栗山俊一[282])로 하여금 점령 전 미리 그 전체규

---

281) 王世安, 2016, 「台灣有形歷史保存法制發展史(1895-2015): 從國家目標與權利保障之互動談起」, 國立臺灣大學法律學院法律學界 碩士學位論文, 42~43쪽.

282) 구리야마 슌이치(栗山俊一)는 1919년부터 1931년까지 대만총독부 영선과 기사로

모를 파악하게 하는 조사[283]가 진행되었다.

대만에서는 일본의 점령 후 약 20년 정도가 지나서야 총독부 주도로 고적에 관한 종합 조사와 기록이 진행되었다. 이러한 조사 및 기록의 결과로 1916년 대만총독부는 스기야마 야스히로杉山靖憲가 『대만명승구적지臺灣名勝舊蹟誌』를 발행하게 했는데, 이 책에는 대만 전역의 자연물을 포함한 331개의 명승구적名勝舊蹟을 나열하였다.[284] 적지 않은 규모의 구적舊蹟(古蹟)이 수록되었으나, 이는 당시 각종 지리지를 참고하여 그 내용을 정리하고 편집한 것이기 때문에,[285] 조선에서 학자들이 현장 조사 및 고고학적 기록을 토대로 진행했던 고적 조사와는 그 수준이 다르다.

일제의 점령 초기 대만에서는 조선에 견줄 만큼의 고적조사는 진행되지 않았으나, 인류학조사와 자연과학 조사는 비교적 활발하게 진행되었던 것으로 보인다. 특히, 인류학적 측면에서는 일본 유명 인류학자들이 활발하게 조사를 하여

---

근무하였으며, 대만건축회를 창립하여 1929년부터 1934년까지 회장을 맡았고, 고건축을 포함한 건축관련 여러 논문을 발표하였다(臺灣大百科全書(http://nrch.culture.tw) 참고).

그가 대만에서 활발하게 활동할 수 있었던 데에는 조선에서의 대규모 고적조사 참여 경험이 작지 않게 작용했을 것으로 보인다.

283) 이 조사는 식민정부시책의 일환으로 기획된 것이었다. 통감정치를 확립하고 지방의 식민통치 기구를 정비하는 과정에서 일제가 조선의 고건축물을 행정시설로 사용할 필요에 따라 역사상 중요한 가치가 있는 유적이 파괴·소멸되는 일이 생겨났다. 당시 통감부는 조선시대의 관아·廟祠·향교 등을 舊건축물로 인식했는데, 그러한 건축물의 취급에 관해서 건축전문가의 의견을 구할 필요가 있었다(金志宣, 2008, 「조선총독부 문화재정책의 변화와 특성 -제도적 측면을 중심으로」, 고려대학교대학원한국사학과 석사학위논문, 11쪽).

284) 이 책은 대만에서 문화재로서 중요하다고 볼 수 있는 331개의 풍경과 건물에 관한 사랑을 행정구역별로 구분하여 수록한 것이다(王世安, 2016, 「台灣有形歷史保存法制發展史(1895-2015): 從國家目標與權利保障之互動談起」, 國立臺灣大學法律學院法律學界 碩士學位論文, 43쪽).

285) 국립중앙도서관 원문정보 데이터베이스(http://www.nl.go.kr/nl/search/'臺灣名勝舊蹟誌').

조사보고와 관련 연구를 진행했고, 그 자료가 많이 남아 있다.[286)]

일본과는 다른 대만의 특수한 종족 구성과 자연환경이 일본 학자들의 호기심을 자극했고, 일본 제국주의라는 배경 아래에서 그들은 활발하게 조사 활동을 할 수 있었다.

위와 같은 조사 성과에 기초하여 1905년 오사카에서 개최된 만국박람회에 '대만관臺灣館'을 설치하여 대만 원주민의 생활 모습을 전시하였고, 1908년에는 대만 최초 공공박물관인 '대만총독부민정부식산국부속박물관臺灣總督府民政部殖産局附屬博物館'을 세웠다. 이 안에서 제일 유명했던 것이 원주민의 생활상을 전시한 '번족진열실蕃族陳列室'이었다.[287)]

이후 대만 각지에는 박물관이 생겨났고, 1910년에는 대만 박물학회가 신설되었다. 1910년대 이후에는 대만 각계각층에서 문화재 관련 조사 및 보존에 대한 건의들이 다음과 같이 나왔다.

- 1919년 櫻峽學人郞, 『新台灣』에 「史蹟名勝保存及其調査之必要」를 게재.
- 1923년 素木得一, 총독에게 보존사업을 바로 시작해야 한다는 건의서를 올림.
- 1930년 佐佐木舜一, 『台灣山林會報』에 「關於臺灣史蹟名勝天然紀念物(特別是天然記念物)保存之考察」을 게재.

위와 같은 분위기 속에서 당시 대만총독부가 시라키토쿠이치素木得一의 건의를 받아들였고, 1924년 각 지방정부에 사적명승천연기념물의 보존에 대한 자료를 내게 했는데, 지방정부의 비협조와 재요청 등 어려운 과정을 거쳐 1927년에

---

286) 그 사례로 다음의 자료가 있다.
　　臺灣總督府番族調査會, 1913, 『番族調査報告書』; 臨時臺灣舊慣調査會, 1913,
　　『番族慣習調査報告書』; 臺灣總督府番族調査會, 1921, 『臺灣番族慣習研究』 1~8.

287) 王世安, 2016, 「台灣有形歷史保存法制發展史(1895-2015): 從國家目標與權利保障之互動談起」, 國立臺灣大學法律學院法律學界 碩士學位論文, 45쪽.

70건의 자료를 받았다.[288]

이 시기에는 1919년 일본 내지에서 「사적명승천연기념물보존법史蹟名勝天然記念物保存法」이 제정되어 문화재 보존에 관한 국가적 분위기가 고양되고 있었고, 1922년에는 「행정제법대만시행령行政諸法臺灣施行令」이 공포되어 앞 「사적명승천연기념물보존법史蹟名勝天然記念物保存法」이 그대로 대만에 적용될 환경을 갖추고 있었다. 이렇게 문화재 보존 분위기가 상승되는 환경에서 1930년에 대만 최초 근대적 문화재 법령인 「사적명승천연기념물보존법시행규칙史蹟名勝天然記念物保存法施行規則」이 대만총독부 부령으로 공포되었다.

## (2) '문화재' 관련 법령 제정 및 지정

앞선 시기 문화재에 관한 활동들을 배경으로 1930년 9월 21일, 대만 최초로 근대적 문화재 관계 법령인 「사적명승천연기념물보존법시행규칙史蹟名勝天然記念物保存法施行規則」이 대만총독부 부령 35호로 고시되었다. 1922년 「행정제법대만시행령行政諸法臺灣施行令」으로 1919년에 일본에서 제정된 「사적명승천연기념물보존법史蹟名勝天然記念物保存法」이 대만에서도 공식적으로 시행되고는 있었으나, 실효적 법 제정과 시행은 1930년 「사적명승천연기념물보존법시행규칙」 제정 이후이다.

이 법은 일본 내지 법률인 「사적명승천연기념물보존법」을 모법母法으로 하여 대만에서 문화재 지정 및 관리와 행위제한 등에 관한 내용을 전문 11개 조에 담았다.[289]

대만에서는 이 법과 부속 규정을 기초로 '사적명승천연기념물조사회史蹟名勝天然記念物調査會'의 조사 · 심의 · 의결을 거쳐 대만총독부 관보에 공고하여 문화

---

288) 王世安, 2016, 「台灣有形歷史保存法制發展史(1895-2015): 從國家目標與權利保障之互動談起」, 國立臺灣大學法律學院法律學界 碩士學位論文, 46쪽

289) 오춘영, 2018, 「일제강점기 대만(臺灣)의 문화재 제도화 과정과 조선 비교」 『文化財』 51-4, 267쪽.

재를 지정하였다.

문화재 지정은 1933년, 1935년, 1941년 모두 3차례에 걸쳐 진행되었는데, 모든 지정 수량이 50건(사적 31건, 천연기념물 19건)으로 비교적 많지 않다.[290]

표 41. 대만총독부가 지정한 사적 중 일제의 지배 관련 건

| 지정 회차/ 연도 | 1차 지정 / 1933 | 2차 지정 / 1935 | 3차 지정 / 1941 | 계 |
|---|---|---|---|---|
| 역사유적 내용 건수 | 4건 | 11건 | 1건 | 16건 |
| 일제지배 내용 건수 | 2건 | 4건 | 9건 | 15건 |
| 계 | 6건 | 15건 | 10건 | 31건 |

사적 31건 중 일본의 통치와 관련된 것들이 15건으로 절반에 이르는데, 일제강점기 대만에서 시행된 문화재 지정의 정치적 성격을 나타낸다(부록 2). 대표적으로 다음 사례가 있다.

- 기타시라카와노미야 요시히사신노 유적(北白川宮能久親王御遺蹟, 사적 6~8호): 1895년 대만 영유 전쟁에 참가하여 병사한 일본의 왕족 기타시라카와노미야 요시히사신노(北白川宮能久親王) 관계 유적. 1, 2, 3차 지정 시 개별적으로 지정 절차가 추가로 진행되었고, 총 3건이지만 그의 상륙지와 군 주둔지 등 사적으로 지정된 곳들은 모두 38곳이다.
- 石門戰蹟(사적 17호): 타이완 주민이 일본어민을 살해한 사건(1874년)을 구실로 일본군이 상륙하여 전투한 것을 기리는 유적.
- 乃木館(사적 25호): 대만총독부 3대 총독 노기 마레스케(乃木希典, 재임 1896.10.~1898.1.)의 관저.
- 乃木母堂之墓(사적 26호): 3대 총독 노기 마레스케와 함께 대만에 왔으나 두 달 후 병으로 죽은 어머니(長谷川壽子)의 무덤.[291]

---

290) 오춘영, 2018, 「일제강점기 대만(臺灣)의 문화재 제도화 과정과 조선 비교」『文化財』51-4, 270쪽.

291) 林會承, 2011, 『臺灣文化資産保存史綱』, 台北: 遠流, 219~223쪽.

다음 표를 보면, 전체 문화재 지정 건 중 일본의 대만 지배와 관련된 것들이 많이 있으며, 후기로 갈수록 그 정치적 경향이 더 강해지고 있다.

표 42. 대만총독부 지정 사적 중 일제지배 관련 수량 변화

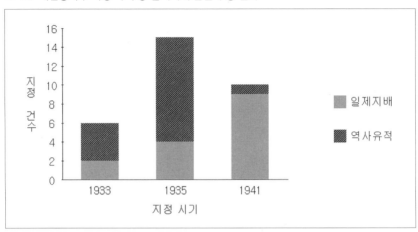

앞서 본 것처럼, 일제강점기 대만 지역에서 문화재 지정은 별도 법령을 시행하였음에도 불구하고, 한국에 비해 그 수량은 많지 않았고, 내용면에서도 정치적 성격이 강했다. 다음과 같이 대만에서 일제강점기와 해방 후에 사적(고적) 지정과 관련된 수량의 변화를 보면 더 분명해진다.

- 1916년 대만총독부 주관으로 『臺灣名勝舊蹟誌』 발행, 331건의 유적 수록.
- 1933년~1941년 간 3차에 걸쳐 사적 총 31건 지정(이 중 15건은 일본 관련).
- 1979년 대만 內政部 주관으로 고적 총 334건 지정(1급 53건, 2급 84건, 3급 207건).[292]

---

292) 林會承, 2011, 『臺灣文化資産保存史綱』, 台北: 遠流, 204쪽.

## 2) 총독부 체제 하 대만과 한국의 문화재 정책

### (1) 법률

일제강점기에 대만과 한국에서는 비슷한 시기에 비슷한 문화재 관계 법령이 공포되고 시행되었다. 같은 권력의 지배하에 있었기에 당연한 순서였겠지만, 두 법령 사이 3년이라는 시간 차이는 전자가 후자에 영향을 주었음을 유추할 수 있게 한다. 다음의 표에서 그 관계가 드러난다.

표 43. 일본 · 대만 · 한국 문화재 관련 법령제정 시기 비교

| 일본 | 대만 | 한국 |
|---|---|---|
| 1919.4. 사적명승천연기념물보존법 | | |
| | 1922.12. 행정제법대만시행령 | |
| 1929.7. 국보보존법 | | |
| | 1930.9. 사적명승천연기념물보존법 시행규칙 | |
| 1933.4. 중요미술품등의보존에관한법률 | | |
| | | 1933.8. 朝鮮寶物古蹟名勝天然記念物保存令 |

일본과 대만에서 공포되고 시행된 관계 법령들을 보면, 1933년 한국에서 시행된 「조선보물고적명승천연기념물보존령朝鮮寶物古蹟名勝天然記念物保存令」이 일본과 대만 두 곳의 법령을 상당 부분 참고하여 만들었음이 확인된다.

각 조문의 내용을 보면, 보물은 일본의 「국보보존법國寶保存法」과 「중요미술품등의 보존에 관한 법률重要美術品等ノ保存ニ關スル法律」을 상당부분 인용했으며, 고적명승천연기념물은 대만의 사례가 역시 인용되었음을 알 수 있다. 즉, 일본과 대만에서 시행되던 문화재 관련 법령을 종합하여 한국의 법령을 만들었다.[293] 그 구체적인 내용은 다음과 같다.

---

293) 현재까지의 국내 연구성과로는 朝鮮寶物古蹟名勝天然記念物保存令의 법률적 뿌리로 일본만 언급되고 있는데(金志宣, 2008, 『조선총독부 문화재 정책의 변화와

표 44. 일본과 조선의 국보와 보물 관련 벌칙 비교

| 일본 國寶保存法 | 朝鮮寶物古蹟名勝天然記念物保存令 |
|---|---|
| 허가 없이 수·이출: 5년 이하의 징역이나 2천엔 이하의 벌금 | 허가 없이 수·이출: 5년 이하의 징역이나 2천원 이하의 벌금 |
| 파괴 은닉: 5년 이하의 징역이나 5백엔 이하의 벌금 | 파괴 은닉: 5년 이하의 징역이나 5백원 이하의 벌금 |
| 자기소유 문화재 파괴·은닉: 2년 이하의 징역이나 2백엔 이하의 벌금 | 자기소유 문화재 파괴·은닉: 2년 이하의 징역이나 2백원 이하의 벌금 |

표 45. 대만과 조선의 위원회 관련 규정 일부 비교

| 대만 史蹟名勝天然記念物調查會規定 | 朝鮮寶物古蹟名勝天然記念物保存會官制 |
|---|---|
| 제1조 대만총독부 설치 사적명승천연기념물조사회는 사적명승천연기념물 조사 및 지정 보존 등 관련 사항 심의에 책임이 있다. | 제1조 조선총독부보물고적명승천연기념물보존회는 조선총독 감독에 속하여, 그 자문에 응하여 보물·고적·명승 또는 천연기념물 보존에 관한 중요사항을 조사 및 심의한다. |
| 제3조 회장은 대만총독부 총무장관이고, 부회장은 대만총독부 내무국장이 맡는다. | 제3조 회장은 조선총독부 정무총감으로 한다. |
| 제6조 조사회 내에 서기 약간 인을 두는데, 대만총독이 임명한 부내 판임관이 맡는다. 서기는 상관의 지휘를 받아 보존에 관련된 서무를 한다. | 제7조 보존회에 서기를 둔다. 총독부 판임관 중 조선총독이 이를 임명한다. 서기는 상관의 지휘를 받아 서무에 종사한다. |

또한 대만과 한국의 두 법령을 비교하면, 다음과 같은 차이가 있음을 알 수 있다.

표 46. 대만과 조선 총독부 문화재 법령 비교

| 구분 | 대만 | 조선 |
|---|---|---|
| 명칭 | 史蹟名勝天然記念物保存法施行規則 | 朝鮮寶物古蹟名勝天然記念物保存令 |
| 공포시기 | 1930년 9월 | 1933년 8월 |
| 조문 수 | 11개 | 24개 |

특성 -제도적 측면을 중심으로』, 高麗大學校 大學院 碩士學位論文, 42쪽), 3년 먼저 관련법이 시행된 대만의 예도 참고가 되었을 가능성이 높다.

| 기본 성격 | | 내지연장적 성격 | 특별통치적 성격 |
|---|---|---|---|
| 법 지위 | | 내지(일본 본토) 보존법의 하위법 | 내지(일본 본토) 보존법과는 별도 법령 |
| 동산 문화재 관련 | 역외 반출 | 규정 없음 | 보물 수 · 이출 금지 |
| | 문화재 전시 | 규정 없음 | 보물 전시의무 |
| | 처벌 | 규정 없음 | 무단 수이출 5년 또는 2000원<br>보물 손괴은닉 5년 또는 500원<br>상기 자기소유 2년 또는 200원<br>현상변경 등 금지행위 1년 또는 500원<br>관리.조사 비협조 또는 200원 |
| 처벌규정 | | 행정상 신고의무(6, 7조) 위반 20원 이하 | 유사규정(8, 18조) 100원 이하 |

대만의 보존령은 일본 내지에 적용된 법의 하위적 성격이 강한데, 한국의 보존령은 정의부터 처벌에 이르기까지 자세한 내용이 일본 내지의 영향을 크게 받지 않고 독자 시행이 가능하도록 되어 있다. 이는 일본의 내지연장주의가 한국에서는 형식적으로도 시행되지 않았음을 반증한다.

대만에서는 한국보다 3년 먼저 「사적명승천연기념물보존법史蹟名勝天然記念物保存法」이 시행되었지만, 문화재 관련 법령의 제도화라는 측면에서 한국이 대만보다 늦었다고 보기도 어렵다. 한국에서는 독자적 「고적및유물보존규칙古蹟及遺物保存規則」이 1916년에 이미 시행되었기 때문이다. 이 규칙에 근거하여 문화재 조사와 목록화가 진행되었고, 미진하나마 보존에 관한 법적 기반이 형성되었다. 1933년 12월 「조선보물고적명승천연기념물보존령시행규칙朝鮮寶物古蹟名勝天然記念物保存令施行規則」의 부칙에 「고적및유물보존규칙」을 폐지한다고 명시되어있는 점을 보면, 「조선보물고적명승천연기념물보존령」이전 문화재 관련 법령으로서 「고적및유물보존규칙」이 한국에서 그 기능을 담당했음을 알 수 있다.

## (2) '문화재' 지정

대만과 한국은 그 역사와 문화적 배경이 많이 달랐다. 이런 이유로 일본측 역사학자나 정부기관의 관심도 대만과 한국에서 온도차가 있었다. 그럼에도 불구하고 일제강점기 문화재 지정은 대만이 한국보다 먼저 진행되었다. 대만과 한국의 문화재 지정을 비교하면 다음과 같다.

표 47. 일제강점기 대만과 한국 문화재 지정 현황 비교

| 구분 | | 대만 | 한국 |
|---|---|---|---|
| 총 지정 횟수 | | 3건 | 9건 |
| 총 지정 건수 | | 50건 | 710건 |
| 분류별 지정 수 | 사적/고적 | 31건 | 145건 |
| | 명승 | - | - |
| | 보물 | - | 419건 |
| | 천연기념물 | 19건 | 146건 |

지정 수량은 대만이 한국보다 훨씬 적지만, 정치색이 강한 대상물의 지정 비율은 대만이 훨씬 많다(표 42, 47 참조).

일제강점기 한국에서 지정된 문화재 중 대만처럼 일본의 왕족 · 총독 · 군대 등과 같이 당대 살아있는 정치권력의 흔적을 유적으로 보고 지정한 사례는 없으며, 한국에서 지정된 문화재 중 굳이 일본에 관련된 문화재를 꼽자면 경남 지역 왜성倭城 2기 정도이다.[294]

한국에서 '사적史蹟' 대신 '고적古蹟'이라는 단어를 사용한 점을 일제의 차별의 사례로 보는 시각도 있다. 대만에서도 '사적'이라는 단어를 사용했으니, 이런 시각 기준으로 보면 한국은 대만보다도 더 차별을 받았다. 그러나 결과적으로는 대만에서의 문화재 지정이 한국보다 더 일제의 '정치수단'으로 활용되었다. 물론 이 이유로 한국이 대만보다 더 일본에게 우호적인 대우를 받았다고 보는 것도 적절하지 않다.

---

294) 古蹟 61호 釜山日本城, 古蹟 62호 馬山日本城.

한국에서 '고적'이라는 단어를 사용한 의미에 관해서는 정치적 지향을 배제하려는 목적이었다는 연구[295]가 참고할 만하다. 일제강점기 대만에서 지정된 '사적'이 정치적 지향이 강했다는 점은 이 연구를 증명한다. 이러한 이유 때문이었는지 현재 대만에서는 일제강점 당시의 '사적'이라는 용어를 버리고 '고적'으로 고쳐 쓰고 있다.[296]

대만과 한국의 문화재 제도 분야 비교 검토를 통해 다음과 같은 사실을 확인했다.

첫째, 법이나 제도적 측면으로 보면 대만에서는 일본 내지연장주의가 어느정도 반영되었다. 이에 따라 대만의 「사적명승천연기념물보존법시행규칙史蹟名勝天然記念物保存法施行規則(이하 시행규칙)」은 일본의 내지 법에 종속적이었고, 한국의 「조선보물고적명승천연기념물보존령朝鮮寶物古蹟名勝天然記念物保存令(이하 보존령)」은 대만의 경우보다는 독립적이었다. 그러나 이 두 차이를 일본의 압제 수준의 차이로 보기는 어렵다. 단지 지배 환경 혹은 체계의 차이였다고 보는 것이 합리적이다.

둘째, 한국의 「보존령」제정에는 일본에서 시행되었던 관련 법들이 참고되었으나, 대만의 「시행규칙」 역시 참고 되었을 가능성도 크다. 한국의 「보존령」을 제정할 때는 일본과 대만의 문화재에 관계된 모든 법령을 참고했다고 보는 것이 적절하다.

---

295) 제도화된 문화재로서의 고적은 패총, 고분, 사지, 성지, 요지 등으로 제한되었는데, 역사적 서사가 배제된 물질 중심의 고고학과 긴밀히 관련 되었다. 일본에서 사적은 먼저 황실 관련 유적을 들고 있으며 역사적 사건이나 인물, 심지어 전승지까지 포함시킴으로써, 근대 국민국가 성립 과정에서 천황제 이데올로기의 고양이나 국민 정체성의 확립에 적극 활용한 반면, 식민지 조선에서는 그러한 지향을 배제하기 위한 의도가 있었던 것은 아닐까. 식민지에서는 역사가 깃든 사적보다는 역사가 배제된 고적이 채택되었던 것으로 볼 수 있다(오영찬, 2015, 「'고적'의 제도화: 조선총독부 문화재 정책의 성립」 『광복 70주년, 식민주의 청산과 문화재』, 국외소재문화재재단, 74쪽 인용).

296) 林春美, 2002, 「文化資産的概念」 『歷史文物』 111, 國立歷史博物館, 87~93쪽.

셋째, 문화재 지정 수량과 내용 면에서 대만과 한국의 차이가 컸다. 대만과 한국의 지정 수량 차이는 두 지역 사이의 전통문화 자원 수량 차이가 가장 크며, 일본과의 문화적 연계성도 관련이 있다. 이에 따라 한국에서 지정된 문화재가 대만의 경우보다 14배 정도 많았다. 더불어 대만의 사적 중에서 절반 가까이는 일본 지배의 흔적들이었던데 비해, 한국에서 지정된 고적 중에는 일본 지배의 흔적이 거의 없었다. 이는 두 지역에 있던 서로 다른 총독부가 지배지역의 문화재에 관해 가졌던 시각의 차이를 보여주는 것이다.

결론적으로, 대만은 한국의 경우와 유사하게 조사 → 제도화 → 지정 과정을 거쳤으나, 사적史蹟(한국은 古蹟으로 지정됨) 지정에서는 한국의 경우보다 더 일제의 제국주의 지배 이데올로기에 활용되었다.

## 4. 소결

이 장에서는 일제강점기를 중심으로 일본과 한국·대만의 문화재 인식과 이에 기반한 제도화 내용들에 대해 살펴보았다. 이를 정리하면 다음과 같다.

먼저 일본은 동아시아에서 먼저 근대화를 이루고 제국주의로 진행한 국가로, 이후 대만과 한국의 문화재 제도 형성에 막대한 영향을 주었다. 일본은 근대화의 시작과 함께 중앙집권 체제를 이룩하였다. 이 과정에서 전통문화의 파괴현상이 발생하고 이 현상이 통치세력에 위협으로 다가오자, 민심수합을 위하여 1871년 「고기구물보존방古器舊物保存方」을 발표하는데, 이것이 일본 근대 문화재 관련 법의 시초가 되었다. 이후 1876년 「유실물취급규칙遺失物取扱規則」, 1897년 「고사사보존법古社寺保存法」, 1919년 「사적명승천연기념물보존법史蹟名勝天然記念物保存法」, 1929년 「국보보존법國寶保存法」, 1934년 「중요미술품 등의 보존에 관한 법률重要美術品等ノ保存ニ關スル法律」 제정 등의 과정을 거쳐 문화재 관련 법제도를 발전시켰다.

일본 역시 전통적으로 인지하고 있었던 고적의 개념과 그들이 진행했던 문화재 관련 근대 법체계를 통하여 한국이나 대만과 같은 피지배지역에 고적 조사와 문화재 관련 법령 이식이라는 정책을 펼쳤다.

일제강점 하 한국은 통치세력의 교체라는 커다란 변화를 맞아 문화재 인식과 제도화의 큰 변화를 맞았다. 통치세력이 조성하는 환경에 의해 인식 변화가 일어난다는 전제를 하면, 통치세력의 변화에 따른 인식 변화는 당연한 수순이었다. 조선총독부도 이 점에 착안하여 문화재 관련 정책을 펼쳤다. 그 문화재 정책의 기저에는 임나일본부설, 신공왕후신라정벌설, 낙랑유적의 평양 비정(타율성론) 등 식민주의 사관을 증명하기 위한 인식이 깔려있었다.

조선총독부는 먼저 전국에 대한 고적조사를 실시하여 한국 내 유적의 분포와 보존 현황을 파악하였다. 그들이 조사한 결과는 목록으로 정리되었는데, 첫째는 고적 예비조사 목록 시기, 둘째는 고적조사 목록 시기, 셋째는 지정 목록 시기였다. 각 목록마다 주체적으로 관여한 일본인의 변화가 있었고, 이 안에는 그들의 관계와 영향이 반영되었다.

조선총독부는 표면적으로는 문화재 정책 결정에 대한 객관성을 높이기 위해 위원회(보존회)를 설치하여 운영했다. 그러나 위원회(보존회)의 수장은 조선총독부 정무총감이었고, 위원 중 관료의 비율이 절반에 가깝게 구성되고, 조선인은 거의 없다시피 하게 편성하는 현황을 보였다. 이 위원회(보존회)는 조선총독부의 정책에 따라 결정할 수밖에 없는 구조를 가졌다.

조선총독부의 문화재 정책에 따라 이에 적극 동조하게 되는 최남선과 같은 지식인도 있었으나, 고적을 통하여 민족 자주성을 높이고자 한 민족주의 계열의 주체적 활동도 있었다. 동아일보를 통해서 진행된 고적 답사운동, 이충무공 위토 보존운동, 대종교 계열의 단군 성지 순례운동, 개벽사의 조선문화 조사 등이 있다. 전형필이나 최준과 같은 당시 유력 계층의 개인적 민족문화 보존 관여도 역사적으로 의미가 있다.

동아일보의 고적 답사와 같이 민족 역사의식 고양을 위한 활동들이 가졌던 근본적인 한계는 그 인식이 일본인이 주도한 식민사관적 관점에서 조사하고 정리한 정보의 바탕 위에 있었다는 점이다. 그 사례로 동아일보가 평양의 낙랑 유적을 답사하고 가치를 국민과 공유하고자 하는 운동이 있었는데, 평양의 낙랑 유적은 한사군이 한국 고대 문화에 절대적 영향을 끼쳤다는 식민사관의 타율성론을 증명하는 유적이다. 일본의 조사와 연구 결과를 그대로 흡수한 당대 지식인의 한계가 드러나는 부분이다.

민족주의 계열의 주체적 고적 인식과 보존운동은 당시 민족주의 진영이 가졌던 진화론적 이념의 근본적인 한계와 일제의 민족말살 정책으로 1930년대 말 일본의 국가주의로 통합되며 사라진다.

대만은 한국보다 15년 먼저 일본의 식민지가 되었고, 총독부에 의한 통치라는 유사한 지배구조를 갖춘 곳이었기 때문에 이 시기 한국의 상황을 이해하는 데 좋은 비교가 된다.

일본은 대만 점령 이후 인류학 분야를 제외하고는 한국의 경우처럼 활발한 조사활동을 하지 않았다. 일본의 대만 점령 기간 동안 발간된 고적조사보고서도 기존의 지방지 정보들에 근거한 경우가 많았다. 여기에는 청의 변방이면서 일본과 역사적 관련성이 적은 지리적·역사적 배경이 원인이 되었을 것이다. 문화재 지정 수량 또한 대만이 한국보다 훨씬 적었다. 그리고 그 지정 내용도 일제의 식민지배에 관련된 전승지나 일본 왕가와 관련된 당대의 사적들이 큰 비율을 차지하여 한국의 경우와 차이를 보였다.

문화재 인식의 측면에서 보면, 대만의 연구성과와 비교사례는 다음과 같은 점이 한국의 문화재 인식사 연구에 참고가 된다.

첫째, 대만의 문화재사 연구자들은 문화재 인식의 시작을 일제강점기가 아닌 청대로 올려보고 있다. 이에 대한 근본적이고 구체적인 인과관계 설명은 부족하지만, 청조의 개별 건축물 보존사례와 고적에 대한 기록 사례를 들어 대만 문화재 인식의 시작을 청대로 올리는 점은 한국의 적용에 참고할 만하다.

둘째, 일제강점기의 문화재 정책을 근대적 문화재 행정의 시작으로 보는 시각은 한국의 기존 연구 경향과 유사하다.

셋째, 일본의 패망 후 대만은 문화재 행정에서 일본의 체계를 철저히 배척했으며, 1980년대에 이르러 중국과도 다른 독자적인 법적 체계를 갖추었다. 일제강점기 이래로 일본 법의 영향을 잇고 있는 우리와는 다른 상황으로 비교가 된다.

# IV

# 문화재의 식민지적 변용과 내적 연속성

## 1. 문화재 인식의 형성과 한계

문화재의 의미를 '집단이 과거로부터 이어온 것을 자신의 문화적 가치를 반영하여 중요하게 보호하는 대상'이라고 본다면 근대 이전 시기 한국에서도 문화재에 대한 인식과 보호활동이 있었음은 여러 사례를 들어 논증하였다.

그 인식의 기원은 청동기시대의 고인돌부터로 볼 수 있으며, 역사시대에 들어와서는 고려시대부터 유적을 인식한 기록이 등장한다. 고려시대 기록에서는 유적이 지금과 같은 땅에 남은 옛사람의 흔적으로 인식되는 경우가 있었고, 매장문화재적 개념으로 인식되기도 했고, 무형적 옛 자취를 의미하기도 했다. 유물의 경우에는 6~7세기 신라시대부터 유물을 특별한 장소에 보관했음이 사서의 기록에 나타난다. 예로부터 전해 내려오는 특별한 유물을 특별한 장소에 보관한다는 건 대상 유물을 보존해야 하는 문화재와 같은 존재로 인식하고 있었다는 점을 증명한다. 신라의 '천존고天尊庫'와 '남고南庫', 고려의 '청연각淸讌閣', '보문각寶文閣', '천장각天章閣' 등이 유물을 보관하는 특별한 장소였다.

고대로부터 전해 내려오는 유적·유물에 대한 인식은 자연스럽게 조선시대로 이어져 그 기록들이 여러 문헌에서 나타난다.

조선시대에 문화재에 관한 행정체계가 있었다고 보는 인식은 많지 않다. 실제로 조선시대에 일제강점기처럼 고적을 보존하기 위한 구체적 법령이나 보존조치를 진행한 행정적 사례는 확인되지 않으므로 고적을 기준으로 볼 때 조선시대에 문화재에 관한 행정체계가 없었다고 보는 것도 자연스러울 수 있다.

그러나 앞 장의 인식 사례에서 본 것처럼 조선 왕실이나 지배층에서는 '고적'을 부동산과 동산을 모두 포함하는 옛것을 의미하는 집합단수대명사로 인식하고 있었다. 이런 인식의 증거들을 『조선왕조실록朝鮮王朝實錄』이나 『지리지地理誌』와 같은 자료에서 확인하였다.

그리고 그들이 인식한 고적 내에는 조선의 왕릉이나 왕실 관련 유물들도 포함되어 있었다. 이 왕릉과 왕실 유물들은 조선이 국가 차원에서 법에 근거하여 구체적으로 보존과 수리를 하는 대상이었다. 이 체계는 현재의 문화재 인식 및 관리체계와 유사하다. 실제 사례로, 정조 16년(1792)에 왕이 광릉에 행차하면서 '왕실의 무덤이 법령으로 엄히 관리되는 대상인데, 백성들이 화전을 일구고 돌을 캐내는 등 관리가 정상적으로 되지 않고 있다'는 질책을 하고 이를 개선하고 수리할 것을 신하에게 명하였다는 기록이 있다. 이 기록에서 정조는 왕실의 무덤을 고적으로 칭하고 있다.

조선의 법전에 고적의 보호에 관한 사항이 명시적으로 포함되어 있었다면 조선시대 문화재 행정체계의 존재 여부는 논란거리가 되지 않을 수 있다. 그러나 고적의 보호에 관한 사항은 조선의 법전에 등장하지 않는다. 조선의 법전에서는 왕실을 정점으로 한 왕릉이나 왕실 상징물 등에 대한 관리를 상세하게 규정하고 있을 뿐이다. 현재의 관점을 기준으로 보면, 바로 이 지점에서 조선의 문화재 인식에 대한 불일치가 발생한다. 일반적으로 고적은 문화재로 등치하지만, 왕릉은 고적으로 등치하지 않는다. 그런데 조선의 왕실과 지배계층에서 왕릉 및 왕실 상징물들을 고적으로 인식했다는 기록들이 확인되므로 이들을 문화재로 인식했다는 관점도 고려할 필요가 있다. 일제강점기의 고적 조사 및 지정, 관리 등에 관한 일들을 문화재 행정의 역사에 포함한다면 유사한 인식과 관리가 있었던 조선의 왕실 상징물 보호에 관한 일들도 문화재 인식의 역사에서 관심 있게 볼 필요가 있다.

문화재의 발생을 근대 민족주의 발흥에 따라 국가의 필요에 의해 소환된 과거의 유물이라고 한정한다면, 조선시대 유적·유물에 대한 인식의 역사는 문화재 인식의 역사에 포함되지 않는 것이 맞다. 이 경우에 조선의 문화재 인식은 문화재 자체의 인식이 아니라 근대적 문화재 인식의 맹아적 전사前史로서 다루어질 수 있을 것이다.

조선왕조가 멸망하는 날까지 문화재에 대해 근대적 인식이 발생하지 않았다고 볼 수도 있는 이유는 문화재의 본질적 특성과 관련이 있다. 머리말에서 살펴본 것처럼 문화재는 국가의 문화 이데올로기적 필요에 의해 정의되고 관리된다. 그런데 조선은 유교적 왕조국가라는 탄탄한 문화 이데올로기가 있었고, 이에 근거해서 왕릉 및 왕실 상징물에 대한 상세한 보호 관리체계가 작동하고 있었다. 이미 탄탄한 문화 이데올로기에 의한 보호물의 선정과 관리체계가 있었기 때문에 그 기초가 되는 통치체제가 무너지지 않는 이상, 조선이 고유하게 지닌 문화재 인식 및 관리 체계도 공고히 유지되는 것이 당연했다.

조선 말기에 조선 통치의 정점이 무력해졌고 그 공간을 일본 제국주의가 채워나갔다. 문화 이데올로기의 근간이 희미해진 상태에서 외국인이 새로운 시각과 조사 기법으로 조선의 문화재를 조사하고 기록으로 남겼다. 그 결과 조선 정치의 정점에서 중요하게 여겼던 것들은 소홀히 다루어졌고, 새로운 시각의 문화재 조사 결과들이 조선인들에게 알려졌다. 또한 역사적 내러티브의 화자가 바뀌었고, 조선인들은 바뀐 내러티브를 받아들이게 되었다.[297] 일제의 고적 조사 결과가 우리 땅에서 최초의 문화재 조사로 여겨지게 된 이유가 여기에 있다.

문화재 인식에 대한 사례 외에, 근대적 문화재 인식의 전사前史로서 조선시대에서 또 하나 살펴볼 부분은 후기 실학자들의 고증학적 시각이다. 조선 후기 실학자들은 청 고증학의 영향으로 역사 서술을 비롯한 학문의 제 분야에서 실증

---

297) 역사적 내러티브를 국가가 창출하고, 국가에 의해 유도된 내러티브를 국민들은 그대로 받아들이게 된다는 시각이 이 상황을 이해하는 데 매우 유효하다. 최석영의 연구를 참고하였다(최석영, 2009, 「'역사적 내러티브'의 국가적 창출 -이순신과 도요토미 히데요시에 관한 문화재 지정을 중심으로」 『전통의 국가적 창안과 문화변용』, 혜안, 73~74쪽).

적, 과학적 저술들을 남겼다. 문화재 인식과 관련하여 주목해 볼 부분은 고적, 금석학, 고고학 등의 분야였다. 역사의 검증 재료로서 현실에 존재하는 역사의 증거물들을 논리적으로 고찰하고자 하는 시각들이 있었다. 황초령비黃草嶺碑를 주체적인 시각에서 역사 해석에 적극적으로 인용하고 경주 왕릉의 위치 비정과 석기와 같은 고고학적 유물의 역사적 해석에 현대 고고학과 궤를 같이하는 논리적 시각을 보여 주었던 김정희가 대표적 인물이었다. 이와 같은 학문적의 내재적 발전에도 불구하고 고증학적인 역사해석 계보가 조선 학문의 근대적 발전, 특히 문화재에 관련한 분야의 학문적 발전으로서 적극으로 계승되지 못하였다는 한계는 분명히 있다.

마지막으로 조선의 문화재 인식에서 살펴볼 부분은 동산문화재에 관한 사항이다. 이는 서화 수장문화로 대표되는 것으로서 조선 사회에서 고도로 발달된 수집 및 감상 문화였다. 고대로부터 이어졌던 조선의 수집 및 감상문화는 왕실 내에도 여러 보관 전각을 갖추는 등 크게 발전하고 있었다. 그리고 조선 후기 이후로는 중인들의 경제적 발전에 따라 서화 수집 및 감상 문화가 조선 사회에 더 폭넓게 확대되었다. 서화 외에 도자기로 대표되는 골동품 역시 조선인들의 수집 및 감상품으로 중요하게 여겨지던 대상이었고, 조선 말기에 이르러서는 외국인의 수집열이 더해져 고분의 도굴로까지 이어지는 폐단을 낳았다.

개항 후 근대화의 물결과 함께 외국인과 신문물이 들어오고 외국에 관리를 보내 서양의 근대적 발전을 경험케 했던 시기에 조선왕조는 동도서기론東道西器論적 관점에서 전통문화 체제를 공고히 유지하려 하였다. 따라서 외국 경험을 한 조선 관리들이 외국의 문화재 제도를 습득하여 조선에 이식하기에는 근본적인 한계가 있었다.

대한제국의 국운이 다 되어가던 민족 위기의 시기에 계몽주의자들은 영웅과 역사에 주목하였다. 이들은 영웅들의 이야기와 역사나 고적과 같은 주제들을 신문에 수록하여 민족의식을 고취하려 하였다. 대한제국 말기에는 일본인에 의해 진행되던 고적 조사에 자극을 받고 역사의 살아있는 증거인 선조의 유적에 착안하여 자체적으로 문화재에 대한 신조어 대명사大名辭를 만들어 신문에 소개했다. '명소고적名所古蹟'으로 지칭된 이 대명사는 유적과 유물, 명승을 모두 망라하여 현재의 문화재와 유사하게 하위 단위들을 포함하는 개념이었다. 그러나 이 대명사는 지식인들의 주장에 그쳤고, 이 '명소고적'이라는 개념이 형성된 지 1년도 되지 않아 한국은 일본에 강제병합되었다. 이 명소고적은 1919년 11월 5일 「대한민국임시관제大韓民國臨時官制」에 문화재를 지칭하는 대명사로 부활하였으나, 법 집행이 본토에서 실효적으로 집행되지 못했다는 한계가 있었다. 그리고 이 명소고적이라는 단어는 일제강점기와 해방 후 문화재보호법이 시행되기 전까지 잡지(1927년)이나 신문(1928년), 책(1958년)과 같은 발간물 등에서 문화재를 뜻하는 대명사로 쓰이기도 하였다.

## 2. 조선총독부의 '문화재' 인식과 영향

일반적으로 한국 문화재 인식 역사의 시작을 일제강점기라고 생각하는 이유는 현재 문화재 인식 체계가 일제강점기의 모습과 상당히 닮아있기 때문이다. 문화재를 분류하는 체계와 지정문화재 명칭이 상당히 닮아있고, 여러 문화재 중 중요한 것을 따로 골라 지정하는 문화재 관리 형식도 현재와 상당히 유사하다. <표 48>을 보면 문화재의 지정 내용 또한 1934년의 최초 지정 목록과 크게 다르지 않음을 알 수 있다.

하지만 앞서 조선시대와 대한제국기의 사례에서 본 것처럼, 문화재의 본질적 특성을 고려하면 주체적 문화재 인식과 제도화의 토대는 이미 갖춰져 있었고 이를 실행하려는 시도도 있었다. 이 주체적 문화재 인식이 지배세력 교체 혹은 이민족의 통치라는 커다란 역사의 흐름을 맞아 단절되고 새롭게 형성되었을 뿐이다.

표 48. 1934년과 2022년 문화재 체계 비교

| 구분 | | 1934년 | 2022년 |
|---|---|---|---|
| 문화재 분류 | | 古蹟 | 史蹟 |
| | | 寶物 | 國寶, 寶物 |
| | | 名勝 | 名勝 |
| | | 天然記念物 | 天然記念物 |
| 지정문화재 | | 京城南大門(보물1호)<br>京城東大門(보물2호)<br>京城普信閣鐘(보물3호)<br>圓覺寺址多層石塔(보물4호)<br>圓覺寺碑(보물5호) | 서울崇禮門(국보1호)<br>서울興仁之門(보물1호)<br>옛普信閣銅鐘(보물2호)<br>서울圓覺寺址十層石塔(국보2호)<br>서울圓覺寺址大圓覺寺碑(보물3호) |

강점 이전부터 일본은 고적에 대해 우리와 유사한 개념적 인식을 했을 것으로 보인다. 그들 역시 지리지 등을 통해 그들 땅의 옛 것들에 대해 고적이라는 이름으로 인식하고 정리했기 때문이다. 에도 시기는 물론이고, 메이지 시기 초기에 발간된 지리지에도 고적 항목이 있어 그들 또한 고적에 대한 개념적 인식을 이미 하고 있었음을 알 수 있다. 그들은 이와 같은 인식의 바탕 위에서 점령 대상지인 조선에 대해 고적조사라는 명목으로 조사를 하였다.

근대화를 이루면서 제국주의 성향을 지닌 일본은 지리적으로 가장 가까운 조선의 역사에 관심이 많았고, 이 관심은 고적 조사라는 형태로 나타났다. 조사 후 제도화는 일본이 이미 그들의 나라에서 진행했던 문화재 제도화의 형태였다. 그들의 조선 고적에 대한 관심에는 자국 중심적 역사관 혹은 식민사관이 투영되어 있었기 때문에 그들의 고적조사 대상 선정에는 이런 관점이 반영되었다. 일제의 고적조사 초기에 한사군漢四郡의 위치를 남으로 끌어내리고 타율성론을 증명할 수 있는 평양 일대 중심의 낙랑樂浪유적 조사나 임나일본부任那日本府를 통해 일선동조론을 증명할 수 있다고 본 경남 일대의 가야伽耶유적 조사 등이 그 예이다. 이런 문화재에 대한 일본의 문화이데올로기적 접근은 머리말에서 언급한 문화재가 가지는 본질적 특성 중의 하나이다.

일본은 그들의 문화재 조사 성과를 『조선고적도보朝鮮古蹟圖譜』로 대표되는 전문 서적의 발간과 더불어 조선총독부박물관, 평양부립박물관과 같은 박물관 건립 등의 수단으로 홍보하여 그들이 우리 문화재에 투영한 관점을 조선 사회에 공고화하였다. 이와 같은 문화재 인식 체계의 공고화는 일제강점 후기 문화재 지정이라는 제도를 통해 더욱 강화되었다.

이 시기의 고적은 일제의 문화 선전수단으로 활용되었다. 1935년부터 매년 9월 10일을 고적애호일로하여 일제의 문화적 선전 도구로 활용하였고, 각 유적에 석표를 세워 일반에게 문화재의 존재를 소개하고 보호를 도모하였다.[298] 조선총독부가 주도한 문화재 조사와 보호에 관한 활동들은 우리 땅의 옛 것들을 그들의 뜻대로 해체하고 재구조화하며 조선인들에게 각인시키는 역할을 하였다.[299] 문화재자체에 대한 역사와 연계된 것들에 대한 맥락적 가치보다는 식민 사관에 의한 가치나 외형적 특수성이나 시간적 희소성을 강조하는 일차원적 형태의 문화재 인식 구조를 형성했다.

이런 고적 조사와 제도화에 따른 문화재 인식의 체계는 당시 지식인들에게도 영향을 미쳐 최남선의 경우는 적극적으로 일본의 문화재 조사 성과를 받아들여 조선인에게 전파하고자 하였다. 최남선이 발행한 잡지『동명東明』에서 그는 일제의 조사 성과 위에서 학술적으로 정리된 패총貝塚과 고분古墳을 조선 역사 설명의 중요 소재로 활용하고 있다. 다음의 내용을 보면 조선 선사先史 유물에 대한 그의 관점이 드러난다.

> "... 石器時代를 흔히 舊石器·新石器의 兩時代에 난호는데, 舊石器時代의 것은
> 麤拙한 打製 뿐이오, 新石器時代에 와서는 打製 밧게 磨製가 생기고 ...
> ... 石鏃을 가지고 보건대 日本에는 打製도 꽤 만히 잇지마는, 朝鮮에는 대개 磨

---

298) 金志宣, 2008,「조선총독부 문화재정책의 변화와 특성 -제도적 측면을 중심으로」, 高麗大學校 大學院 韓國史學科 碩士學位論文, 49~50쪽.

299) 전경수는 이러한 상황을 '원적지로부터 강제이주하여 식민지 문화재를 불구화한 것'이라고 했다(전경수, 1998,「한국 박물관의 식민주의적 경험과 민족주의적 실천 및 세계주의의 전망」『한국 인류학의 성과와 전망』, 집문당, 688쪽).

製뿐인데, 滿洲의 石器는 磨製요, 蒙古는 打製인 즉 이로써 朝鮮과 滿洲가 어떠케 石器上으로 密接한 關係가 잇슴과 …"300)(밑줄: 필자)

일제가 한국 땅에서 구석기시대의 존재를 부정한 관점과 만주와 조선이 역사적으로 밀접하다고 하는 관점을 그대로 이어받고 있다. 문화재에 관한 주체적 인식의 토대가 사라진 장에서 새로운 정치체가 제시한 내러티브를 당시 지식인이 어떻게 수용하였는가를 보여주는 사례이다.

다음은 고분에 대한 최남선의 인식 사례를 보겠다.

"조개무디의 버금되는 寶物的 歷史는 墳墓이다. … 古代史를 밝혀주는 上에 조개부디는 관솔불쯤되면 古墳은 화루불 노릇을 한다. 古墳은 진실로 古代史 硏究의 寶庫다. …
그러나 미운 日本人은 동시에 고마운 日本人임을 생각하지 아니치 못할 것이다. 한가지, 그래, 똑 한가지 日本人을 向하야 고맙다고 할 일이 잇다. 그는 다른거시 아닌 「古蹟調査事業」이다. … 일본인의 古蹟調査事業은 아마 世界의 人類에게 永遠한 感謝를 바들일인지도 모르고, 또 우리들도 다른 틈에 끼어서 남만한 感謝를 주는 것이 當然한 일이지마는, 제가 할 일을 남이 한 - 남도 하는 데 저는 모른체 한 - …"301)(밑줄: 필자)

이 글은 『동명東明』지의 5단 한 면을 모두 차지하고 있는데 앞의 2단가량은 고분 연구의 정당성을 설파하는 데, 뒤의 3단가량은 일본의 고적연구 성과를 찬양하고 우리 민족을 비판하는 데 할애하고 있다.

최남선의 이 글은 조선에서 전통적으로 금기시하고 제도적으로도 보호했던 분묘를 역사연구라는 이름 아래 파헤쳐지게 하는 일에 면죄부를 주었고, 일본의 고분 조사 결과를 긍정적인 성과로 보게 하는 인식을 유도하였다. 이는 일제

---

300) 崔南善, 1922.9.24, 「朝鮮歷史通俗講話[2] - 先史時代 - 石器」『東明』 4, 11쪽.
301) 崔南善, 1922.10.8, 「朝鮮歷史通俗講話[4] - 古墳」『東明』 6, 11쪽.

의 문화재 연구 체계가 우리 지식인에게 영향을 끼치는 데에서 더 나아가 오히려 지식인을 통해 확대 재생산된 사례이다.

최남선처럼 일본의 시각을 적극적으로 받아들여 쉽게 드러나는 사례도 있지만, 겉으로 잘 드러나지는 않으면서 일제의 의도적 정책에 따라 광범위하게 영향을 받은 사례도 있다.

그것은 일제가 진행한 고적에 대한 관심과 보호운동이다. 일제는 표면적으로는 조선의 고적을 객관적으로 조사하고 제도적인 보호장치를 마련하였지만, 여기에는 그들의 식민사관과 같은 문화 이데올로기가 반영되어 있었다. 그런데 고적은 우리 선조가 만든 유물로서 민족주의자들에게는 국민 계몽의 수단이었다. 그러나 당시 민족주의자들은 일제가 구성한 고적 체계의 이면을 포착하여 옳고 그름을 거르는 수준으로까지 인식하지는 못했다.

『동아일보東亞日報』는 일제강점기 내내 다른 신문들보다 고적을 신문 지면에 훨씬 많이 소개하고 고적 답사운동을 펼쳐 민족의식을 고취하려 했지만, 『동아일보』가 인용한 고적은 일제의 조사 결과로 구성된 것이었다. 일례로 『동아일보』는 평양의 낙랑유적과 낙랑 고분의 발굴성과를 많은 회차를 할애하여 소개하고 있다.

현재의 체계를 기준으로 보면, 일제강점기에 동산문화재는 거의 보호관리 대상이 되지 않았다. 이를 바꾸어 말하면 동산문화재는 문화재로 인식되지 않았다는 것이다. 이러한 현상은 문화재의 무단반출과 연계되어 그 문제점이 지적되고 있다.[302]

「고적및유물보존규칙古蹟及遺物保存規則(이하 '보존규칙')」이 제정된 1916년 이전에는 일부이기는 하나 고적조사 목록에 동산문화재가 포함되어 있어 고적이라는 개념은 동산과 부동산을 모두 포함하고 있었음을 알 수 있다. 1916년 보존규칙이 제정되면서 문화재의 이동 가능성 여부를 기준으로 고분古蹟은 부동산문

---

302) 최석영, 2015, 『일제의 조선 「식민지 고고학」과 식민지 이후』, 서강대학교출판부, 121~137쪽.

화재로, 유물遺物은 동산문화재로 구분되어 인식되기 시작하였다. 보존규칙 제1조의 정의문을 보면 고적과 유물에 대한 세부 내용이 나오는데, 문화재의 정의와 분류가 통합적 연계성과 맥락이 배제된 단위객체로 분화되었음을 알 수 있다.

> "「古蹟及遺物保存規則」
> 제1조 본령에서 古蹟이라 칭하는 것은 패총, 석기·골각기류를 包有하는 토지 및 수혈 등의 선사유적, 고분과 도성, 궁전, 城柵, 관문, 교통로, 역참, 봉수, 官府, 祠宇, 壇廟, 사찰, 陶窯등의 遺址및 戰跡기타 史實에 관계있는 遺跡을 말하며, 遺物이라 칭하는 것은 연대를 거친 탑, 비, 종, 금석불, 당간, 석등 등으로서 역사, 공예, 기타 고고의 자료로 할 수 있는 것을 말한다."303)

이렇게 단위별로 분화된 객체에는 연관 문화재와의 관계와 역사적 맥락이 배제되기 용이하다는 단점을 내포하고 있다. 또한 정의된 동산문화재(유물)의 내용을 보면 당시 골동품으로 거래가 활발하던 서화나 도자기류는 제외되었고 대부분 불교 관련 문화재를 적시하고 있음을 알 수 있다. 동 시기에 존재했던 이왕가 박물관 소장품 중 도자기가 상당 비율을 점하고 있었음을 볼 때, 동산문화재에 대한 일제의 자의적 선택과 배제가 있었음이 추측된다. 보존규칙 상 목록화와 관리의 대상으로는 1911년에 제정된 사찰령에 규정304)되어 통제가 어렵지 않은 불교문화재를 선택했다고 볼 수 있는데, 이 불교문화재 내용에 있던 고문서와 고서화도 보존규칙에서는 제외되었기 때문에 당시 골동품 거래 대상품에 대해

---

303) 김종수, 2019, 「한국 문화재 제도 형성 연구」, 忠南大學校 大學院 國史學科 韓國史專攻 博士學位論文, 258쪽.

304) 사찰령 제6조에 다음과 같이 사찰에 속하는 것의 내용과 제한사항을 규정하고 있다. 제6조 사찰에 속하는 토지·삼림·건물·불상·석물·고문서·고서화 등의 귀중품은 조선총독의 허가를 받지 않으면 이를 처분할 수 없음(김진원, 2012, 「朝鮮總督府의 佛敎文化財 政策 研究」, 中央大學校 大學院 史學科 韓國史 專攻 博士學位論文, 115쪽 인용).

서는 의도적 배제가 있었음을 추측할 수 있다.

표 49. 조선총독부 법령의 동산문화재 관련 변화

| 규정 | 문화재 내용 |
|------|-------------|
| 사찰령<br>(1911) | 사찰에 속하는 삼림 · 토지 · 건물 · 불상 · 석물 · 고서화 · 고문서 등의 귀중품 |
| 보존규칙<br>(1916) | 遺物: 연대를 거친 탑 · 비석 · 종 · 금석불 · 당간 · 석등 등 |
| 보존령<br>(1933) | 보물: 건조물 · 서적 · 전적 · 회화 · 조각 · 공예품 및 기타 물건으로 역사의<br>증징이나 미술의 모범이 될 만한 것 |

보존규칙의 보호 대상에는 '대장에 등록된 것만으로 한다'는 한계는 있었으나, 문화재에 대한 보호 규정이 근대적 법 체계에 처음 반영되었다는 의미는 있다.

「조선보물고적명승천연기념물보존령朝鮮寶物古蹟名勝天然記念物保存令(이하 '보존령')」이 제정된 1933년 이후에는 서화나 도자기와 같은 동산문화재도 보물로 지정되면 공식적 보호관리의 대상에 포함될 수 있는 길이 열렸다. 그리고 보존령 시기에 이르러서는 문화재의 분류가 보물 · 고적 · 명승 · 천연기념물로 나뉘었는데, 이 분류가 현재 문화재보호법의 뿌리가 되었다는 의미 또한 있다.

개념적 정형화(집합단수대명사화)를 기준으로, 1530년 조선의 고적에서 확산된 문화재 인식의 역사는 1916년에 고적과 유물로 분화된다. 이 지점에서 동산문화재인 유물이 별도로 분리되어 인식되기 시작하였다. 1933년에는 문화재가 더 세분되어 보물 · 고적 · 명승 · 천연기념물로 나뉘어 현재와 같은 문화재 인식의 구조를 형성해나갔다.

이와 같은 변화의 과정은 국민들에게 문화재 인식의 확대라는 영향을 미쳤는데, 근대 시기에 이르러 대중에게 문화재가 공개되는 과정에서 인식이 확산되면서 문화재가 공공재적 성격을 가지게 되었다는 점도 특징적이다.

## 3. '문화재' 인식과 대응의 내적 연속성

일제강점기 민족주의 우파 계열을 중심으로 이루어진 민족 문화재에 대한 보존운동이나 답사, 문화재 수집은 고적이나 금석문에 대한 조선 후기 실학자들의 주체적 관심에서 그 계보가 시작된다고 볼 수 있다. 하지만 앞서 살펴본 바와 같이 추사 김정희의 진보적 인식으로 형성된 금석학이나 고고학 연구가 그 후에 제대로 계승되어 학사적으로 진보하지 못하였다는 한계는 분명히 있다. 그럼에도 불구하고 고적을 주체적으로 인식하고 활용한 실학자들의 인식은 조선 말기 계몽주의적 지식인들에게 이어져 유적이나 명승 등을 하나로 묶어 '명소고적名所古蹟'으로 하여 문화재의 대명사大名辭를 만드는 단계로까지 진화하였다. 그러나 이 역시 지배세력에 의해 제도화되지 못하였다는 한계가 있다.

조선 말기에 역사 관련 자료의 실증적인 취급 태도를 취하는 역사연구의 방법은 조선 후기 실학자들의 역사연구를 계승하면서 근대 사학으로 전환[305]된 것인데, 이를 계승하여 계몽운동의 차원에서 역사연구를 한 대표적인 인물들로 박은식朴殷植, 장지연張志淵, 유근柳瑾 등이 있다.

이들 중 문화재 인식과 관련해서 특히 유근을 주목할 필요가 있다. 유근은 대한제국기 『황성신문皇城新聞』과 일제강점기 『동아일보東亞日報』를 발간하는 데 핵심적으로 활동한 인물이다. 이 두 신문에서 공통적으로 확인되고 다른 신문들보다 더 강조되는 경향으로 나타나 우리 문화재에 대한 민족주의적인 인식은 조선 후기 실증적 역사학의 계보를 이어 조선 말기 계몽주의적 역사학의 입장을 나타낸 유근의 영향이었을 것으로 추측된다. 선대 민족이 남긴 문화재들을 현재 민족에게 알려 민족의식을 고취하고자 한 유근의 의도가 『황성신문』과 『동아일보』에 나타나고 있다.

---

305) 조동걸 · 한영우 · 박찬승 엮음, 1994, 『한국의 역사가와 역사학』 하권, 창작과비평사, 58쪽.

하지만 일제강점기 민족주의 우파 중심으로 전개된 민족 문화재 보존운동은 1930년대 후반 일본 국가주의로 통합되며 사라지는 한계를 보인다.[306] 여기에는 민족주의 노선이 지녔던 진화론적 이념의 근본적 한계와 일제의 문화말살 정책이 주요 원인이 되었을 것이다.

일제강점기 동안 있었던 우리 문화재에 대한 주체적 인식과 활동은 조선 후기 실학자들의 주체적 역사인식 경향에 뿌리를 두고 있다고 볼 수 있다. 이러한 경향은 조선 말기 계몽주의 역사학자들과 일제강점기 민족주의 활동가들에게까지 그 계보가 면면히 이어져 오래된 옛 것들을 주체적으로 인식하고 보호하려는 활동을 하였으며, 이들을 묶는 별도의 대명사를 만드는 단계로까지 진화하였다. 그러나 일제의 침략이라는 커다란 정치적 변화로 문화재 인식과 제도화에 대한 자생적 진보는 그 결실을 맺기 어려웠다.

# 4. 소결

이 책은 '문화재 분야에서 식민지 근대화론은 타당한가'라는 물음에서 출발하였다. 이를 알아보기 위해 고대부터 일제강점기까지 여러 문헌 자료와 선행연구 성과를 살펴보았다. 그 결과 다음과 같은 측면에서 문화재 분야의 식민지 근대화론은 극복할 수 있다는 결과를 도출하였다.

우선 전근대 시기인 조선시대에 넓은 의미의 문화재 인식과 보호제도가 있었음을 확인하였다. 그런데 조선시대 문화재 인식이 근대적 문화재 인식에 수렴하기 위해서는 필자가 머리말에서 설정한 문화재 정의의 네 가지 조건을 충족해야 했다. 그러나 조선 왕실 상징물들은 집합단수대명사화되지 못했고, 고적은 제

---

306) 전재호, 2011, 「식민지 시기의 민족주의 연구: 국내 부르주아 우파와 사회주의 세력을 중심으로」 『동북아연구』 16, 경남대학교 극동문제연구소, 99쪽.

도적 보호 단계까지 진화하지 못했다. 따라서 조선시대 문화재 인식과 제도화는 근대적 문화재 인식 단계까지 가지 못했다. 다만 근대적 문화재 인식의 전사前史로서 근대적 문화재 정의의 요소들, 즉 문화재 정의의 네 가지 요소는 많은 부분에서 충족하고 있음을 확인하였다. 이는 곧 문화재의 일반적 정의에는 부족한 면이 있지만, 본질적 정의를 충족한다는 의미도 된다.

표 50. 조선시대 문화재 정의요소 부합 여부

| 문화재 내용 | 문화재 정의요소 | | | |
| --- | --- | --- | --- | --- |
| | 국가의 인식 | 문화적 가치 | 대명사적 개념 | 특별한(제도적) 보호 |
| 왕실 상징물 | ○ | ○ | △ | ○ |
| 고적 | ○ | ○ | ○ | × |

조선시대의 문화재 인식이 집합단수대명사화나 보호 제도화 단계까지 근대적으로 나아가지 못한 이유는 조선 사회의 문화 메커니즘이 문제없이 작동했기 때문이다. 반면 일본에서 먼저 근대적 문화재 제도가 생긴 이유는 '천황제 강화'와 '전통 재발견 필요'라는 강력한 문화적 변화 요인이 일본 사회에 새롭게 등장했기 때문이다.

다음으로 조선의 근대 전환기인 대한제국 시기에 이전보다 더 근대적 문화재 인식에 가까운 인식이 계몽지식인들을 중심으로 있었음을 확인하였다. 당시 문화재의 의미로 사용한 집합단수대명사는 '명소고적名所古蹟'이었다. 그러나 이 명소고적도 너무 늦은 1909년에 개념화되었기 때문에 주체적 문화재 제도화로 연계되지 못하였다. 대한제국이 일본처럼 근대적 문화재 제도화를 진행하지 않은 이유는 대한제국이 조선의 문화전통을 그대로 이어받아 새로운 문화제도를 만들 필요가 없었기 때문이었다. 대한제국 시기 문화재 의미로 사용한 명소고적은 이후 대한민국 임시정부 관제에서 정부의 임무 중 하나로 표현되었다. 이는 정책의 실효적 집행을 못 했다는 한계에도 불구하고 문화재를 근대적으로 제도화한 사례라는 의미가 있다.

일제강점기에는 조선총독부가 문화재 조사와 정책을 진행하였다. 그들의 정치적 필요가 그 내용에 반영되어 문화재 조사와 지정 결과를 수단으로 일제의 식민사관을 증명하고 홍보하였다. 조선총독부의 문화재 정책 홍보에는 조선총독부기관지인 『매일신보每日新報』가 많이 활용되었다. 민족지인 『동아일보東亞日報』에서는 조선의 고적을 소개하고 답사하는 운동을 펼쳐 계몽운동 차원에서 민족의식을 고취하려 했으나, 조선총독부가 형성한 인식의 토대 위에서 활동했다는 한계가 있었다. 낙랑유적 조사 성과를 적극적으로 홍보한 것이 대표적 사례이다.

조선총독부가 주도한 문화재 인식의 흐름에도 불구하고 민족 주체적인 문화재 인식과 보존운동은 있었다. 이충무공 위토 보존운동과 단군성지순례, 전형필의 문화재 수집과 같은 사례가 있다.

일제강점기가 끝날 때까지 지금과 같은 문화재를 의미하는 단일한 집합단수대명사는 일본이나 한국, 대만에서도 공식적으로 사용하지 않았다. 문화재는 보물, 고적, 명승, 천연기념물 등 각기 다른 분류와 명칭으로 인식되고 제도화되었다. 현재의 문화재 제도를 기준으로 본다면 일본은 1950년, 한국은 1962년에 문화재라는 단일한 집합단수대명사가 생겼기 때문에 일제강점기에도 문화재 제도가 완성된 것은 아니었다.

조선에서 일제강점기에 이르는 동안 지배세력이 바뀜에 따라 문화적 지향점이 바뀌었고, 이는 문화재의 인식과 보호에도 영향을 미쳤음을 앞의 사례들에서 확인하였다. 지배권력의 관점에서 역사문화적으로 중요한 것에 대한 인식과 선정과 보호가 바뀐 것이다.

지배세력의 문화 이데올로기에 따라 문화재의 내용이 변한다는 전제를 하고, 대한제국이 침탈당하지 않고 근대화에 성공했다는 가정을 하면 대한제국에서 우선순위에 둔 문화재는 조선 선왕들과 관련된 유적과 유물이었을 것이다. 일본의 문화재 제도 형성이 천황가의 현창과 관련되었다는 점과 현재 일본에서 천황가의 유적이나 유물이 특별히 보호되고 있다는 점이 이 가설을 증명할 수 있다. 또한 근대 시기에 왕조국가가 해체되고 우리 민족이 세운 공화정 국가가 수립되었다고 가정하면, 우선순위에 둔 문화재는 민족과 관련된 유적과 유물이었을 것이다. 대한민국임시정부 관제에 '명소고적'이라고 문화재를 표현하고 이를 정부의 업무에 편성한 사례를 보면 이 또한 가능성이 있다.

불행하게도 우리의 근대 시기에는 민족 주체적인 입헌군주국도 공화정도 수립되지 못했고, 36년 동안 이민족의 통치를 받았다. 이 과정에서 타자에 의한 문화재 인식 체계가 형성되었고 오늘에 이르게 되었다.

일반적인 근대화 이행 과정에서 나타나는 특징 중 하나가 공공성 확대이고 문화재 또한 마찬가지다. 우리 문화재는 사회 많은 분야에서 공공성이 확대되는 근대 시기에 일본의 영향을 크게 받았다. 근대 시기에 문화재 인식을 일반 대중에게까지 확산하는 과정에서 무엇이 중요하고 강조되어야 하는지, 어떻게 분류하는지를 결정한 주체가 당시 문화권력을 지배한 일본이었다. 문화재 인식의 체계를 결정한 주체가 배타적 타자의 시선을 가졌던 일본이었기 때문에 그 영향이 긍정적으로 작용했다고 보기는 어렵다. 일제가 가졌던 근대 역사 배경에서 형성된 문화재 제도의 틀을 조선에 기계적으로 이식했기 때문에 이 틀이 일본과 다른 역사 문화적 배경을 가진 우리의 문화재에 어울리는 것이었다고 보기도 어렵다. 현재 우리나라 문화재 지정 체계가 정연하지 않게 보이는[307] 원인도 여기에 있다.

표 51. 한국 문화재의 사회적 인식과 제도의 변화

| 구분 | 문화재 인식 | 문화재 제도 |
|---|---|---|
| 고려 이전 | 고인돌은 기념물적 성격이 있음<br>옛것들을 유적·유물로 인식<br>수집품에 대한 보관문화는 삼국시대 이래로 계속됨 | 미확인 |

---

307) 漢陽都城은 사적 10호이고, 한양도성의 일부인 崇禮門과 興仁之門은 각각 국보 1호와 보물 1호이다. 英祖大王의 道袍, 高宗 翼善冠, 英親王 一家 服飾, 九章服, 五爪龍 王妃 補, 高宗 갓, 皇后 黃圓衫과 같은 왕실 복식들은 모두 국가민속문화재이다.

| 구분 | 문화재 인식 | 문화재 제도 |
|------|------------|-------------|
| 조선 | 1530년 이후 고적 인식 확산, 왕릉 및 왕실상징물을 고적으로 인식 | 왕릉 및 왕실상징물을 법적으로 보호 및 관리함 |
| 대한제국 | 조선의 인식을 계승, 말기에 계몽주의자 중심으로 '명소고적'을 대표로 하는 새로운 근대적 인식 시도 | 조선의 법체계를 유지 |
| | 인식 정점에 있는 정치권력의 교체에 따라 새로운 인식 체계 형성 | |
| 일제강점기 | 조선총독부 중심의 문화재 인식 체계 형성, 조선인들의 수용과 민족주의 진영의 대응 | 조선총독부가 1916년과 1933년에 문화재 관련 법령 제정, 1934년 이후 문화재 지정 |
| 대한민국 | 일제강점기에 형성된 내러티브 존속 | 일본 영향의 법률체계 존속 |

# V

# 해방 후 문화재 인식

## 1. 집합기억과 이데올로기

1945년 해방 후 문화재의 사회적 인식과 대응의 역사에서 큰 영향을 끼친 것은 정치적 이데올로기였다. 1945년 이전을 민족과 반민족의 관점에서 볼 수 있다면, 해방 후 문화재의 사회적 인식과 대응은 정치 이데올로기적 관점에서 볼 수 있다. 통치이념이 문화재 인식에 영향을 준다는 점은 앞에서 여러 번 강조하였는데, 해방 후 한반도는 정치 이데올로기의 광풍이 휩쓰는 시공간이었기 때문에, 자연히 문화재 인식에도 정치 이데올로기의 영향이 있을 수밖에 없었다.

여기에서 이데올로기(이념)는 좁은 의미에서 사회주의와 자유주의로 볼 수 있고, 넓은 의미에서는 민족주의까지 포함하여 일제강점기까지 볼 수도 있다. 해방 후 한반도의 시공간에서 있었던 문화재 인식을 이데올로기적 관점에서 보기에 앞서, 이와 관련한 기억과 이데올로기의 관계에 대해 기초적 정리를 하겠다.

앞(1장 연구의 전제 - 정의)에서 살펴본 문화재의 정의가 문화재 인식과 구성의 표면적이거나 구조적인 문제라면, 기억과 이데올로기는 문화재 인식의 근원적인 문제라고 볼 수 있다. 다시 말하면 정의는 '어떻게'의 문제이며, 기억과 이데올로기는 '왜'의 문제이다.

문화재를 왜 이데올로기적 관점에서 보려고 하는가에 대하여, 문화재와 관련된 '집합기억'이 어떻게 이데올로기적으로 작동하는지 알아보겠다. 집합기억은 집단의 기억이며, 이 집합기억은 문화재와 이데올로기를 이어주기 때문이다.

문화재는 과거 기억의 증거물이라는 점에서 기억행위와 관련이 깊다. 이 기억행위는 개인적 기억이 아닌 집단의 기억이다. 또한 기억은 과거 전체의 재생이 아닌 '선택'에 의한 재생이다. 개인적 차원에서도 그렇고, 집단적 차원에서도 마찬가지이다. 이 집단적 기억 선택의 과정에서 집단의 과거에 대한 관점, 사상이 투영된다.

집단의 기억은 집단을 이끌어가는 주체에 의해 형성되고 확산될 수 있다. 따라서 집단기억(혹은 집합기억) 측면에서 이 기억이 어떻게 다루어지고 있는가를 본다면, 문화재가 형성하는 사회적 현상의 의미에 대한 이해를 더 깊게 할 수 있다.

집합기억Collective Memory 문제를 최초로 연구한 모리스알박스Maurice Halbwachs는 우리의 과거관이 현재적 문제해결의 욕구로써 채색되며 집합기억은 본질적으로 현재적 고려에 준거한 과거의 재구성임을 강조하였는데, 다시 말하면 집합기억은 하나의 문화적 · 이데올로기적 실천이면서 그 실천에 의한 구성물이기도 하다는 것이다.[308] 집단적 차원의 기억문제가 이데올로기적임을 논증한 것이다.

또한 집합기억은 반영적(사회적 모델) 측면과 조형적(사회를 위한 모델) 측면을 드러낸다고 하는데,[309] 이를 통해 기억의 증거물인 문화재 인식이 당대의 인식을 반영함과 동시에 유도하는 성격을 가지고 있다는 점을 말할 수 있다. 이러한 집합기억의 특성이 정치권력이 문화재를 그들의 이데올로기에 활용한 이유가 되었다고 본다.

문화재와 관련하여 '집단'이 왜 기억에 관여하는가, 또는 관여하려 하는가에 대한 문제는 150년 전 프랑스에서도 논쟁이었다. 1871년 프랑스 혁명 과정에서 나폴레옹을 상징하는 파리 방돔Vendôme 광장 원주圓柱의 파괴와 복원에 관

---

308) 김영범, 1999, 「알박스(Maurice Halwachs)의 기억사회학 연구」『사회과학연구』, 大邱大學校社會科學硏究所, 584~587쪽.

309) 김영범, 1999, 「알박스(Maurice Halwachs)의 기억사회학 연구」『사회과학연구』, 大邱大學校社會科學硏究所, 590쪽.

한 논쟁은 정치집단이 어떻게 기념물에 관여하려 하는가를 잘 보여주는 사례이다.[310] 콜럼버스Columbus, Christopher(1451~1506)와 같이 과거의 동일한 문화적 객체에 대하여 서로 다른 집단의 다른 기억과 해석 사례는 미국에서도 있었다.[311]

집합기억이 집단의 이해관계에 따른 이데올로기적 영향을 받는다는 전제를 하면, 과거 기억의 표상인 문화재 또한 이데올로기적 영향을 받을 수 있다. 그리고 당대의 정치권력은 집합기억의 이러한 측면을 활용하여 과거 기억의 표상인 문화재를 그들의 뜻에 따라 규정하고 보호하였다고 볼 수 있다.

다음 장에서는 앞서 살펴본 조건적 정의와 이데올로기의 영향을 받은 문화재라는 인식의 바탕 위에서 해방 후 한국 문화재 인식의 역사를 간략히 살펴보겠다.[312]

## 2. 1기: 1945~1960년

일본으로부터 독립한 후 한국 사회의 화두는 민족 정체성 회복이었다. 민족 소멸의 위협을 경험했기 때문에 해방 후에는 민족 정체성을 되찾는 일이 남과 북 모두에게 시급한 과제였다. 남과 북 각각의 정부를 수립하고 국가 기반을 다

---

310) 최호근 · 민유기 · 윤영휘 옮김, 매트 마쓰다(Matt K. Matsuda), 2006,「황제의 우상: 나폴레옹 승전 기념비에 대한 프랑스인의 기억 변화」『국가와 기억』, 민주화운동기념사업회, 110~119쪽.

311) 최호근 · 민유기 · 윤영휘 옮김, 매트 마쓰다(Matt K. Matsuda), 2006,「황제의 우상: 나폴레옹 승전 기념비에 대한 프랑스인의 기억 변화」『국가와 기억』, 민주화운동기념사업회, 194~199쪽.

312) 필자의 지난 논문(2020,「한국 문화재 인식의 이데올로기적 영향과 변화」『문화재』 53-4호, 국립문화재연구소)에서는 20세기를 대상으로 하여 문화재 인식의 역사를 네시기로 구분한 바 있다. 이 책에서는 20세기의 전반기에 해당하는 부분을 이미 서술하였으므로, 앞 두 시기를 생략하고 해방 후 두 시기만을 다루었다.

져가던 1949년 문화재에 관한 인식을 남북 각각의 통치세력 시각에서 비교해보면 다음과 같다.

> 남: 고적 보존에 대하여(1949)[313]
> 누대(累代) 궁실 사찰 등은 가장 우리의 특색을 이어서 고대문명의 발전을 자랑할 만한 것이 많았으나 일본이 우리를 속박한 이후로 우리의 기왕 건물은 다 퇴락파손(頹落破損) 하도록 만들어 놓고, 우리 고대문명을 다 이저버리게 만들어 온 것이 사실이다. 그 중에 우리가 가장 통분히 여기는 것은 지금 중앙청(中央廳)이라는 것을 하필 경복궁(景福宮)의 신성한 기지(基地)를 쓰고 광화문(光化門)을 옮기고 그 자리에 새 건물을 세워 경복궁 설계를 다 파손시켜 놓았으니, 우리가 그 악독한 심정을 볼수록 가통(可痛)한 것이다. 우리 민족이 외적의 압박 하에서 우리의 자랑할 만한 것은 지금 몇 가지 부지(扶持)해 있는데, 그 건물이 원체 견고히 된 연고요, 또 어떤 것은 애국정신을 가진 남녀들의 모험정신으로 부지했던 공효이다. 지금 세계 각국이 문화를 상통하고 사상을 교환하여오는 이때에 우리의 득색인 몇백년, 혹은 몇 천년 나려오는 유적은 부강발전한 나라에도 없는 것으로 우리가 자랑할 것이다.
> 정부 측에서는 문교주관 하에 전국적으로 조사해서 소관 각처를 일일히 조사하여 민간의 힘으로 할 수 있는 것은 다 자유로 착수할 것이요, 만일 그렇지 못한 경우에는 정부에 요청해서 곧 관민 합작으로 착수하도록 해야 할 것이니 이와 같이 하므로서 거대한 재산을 보호하는 동시에 귀중한 고적을 보유하여 우리의 후생에 유전(遺傳) 하여 세계 모든 우방들에게 구경시켜야 할 것이다 일편으로 반란 분자들의 파괴운동을 방지하여 건축 건설에 더욱 힘써 부여족속(扶餘族屬)의 빛나는 문화를 발전시키기에 굳굳이 노력하기를 바라는 바이다.

> 북: 『조선중앙년감』(1949), 137쪽[314]
> 일제는 1933년 평양박물관을 신축하고 소위 그 날조적 『내선일체』의 자료와 중

---

313) 공보처, 1953, 『대통령이승만박사담화집』(행정안전부 국가기록원 대통령기록관/기록콘텐츠/연설기록/고적(古蹟)보존에 대하여, http://www.pa.go.kr).

314) 남보라, 2015, 「국가건설과정의 북한 문화유산 관리 연구 -1945년~1956년을 중심으로」, 북한대학원대학교 사회문화언론전공 석사학위논문, 25~26쪽.

일전쟁시대의 헌 누덕의 군복따위들을 나열하고 『대화혼』을 조선인민에게 강요
하였으며 조선민족으로 하여금 역사적으로 문화적으로 노예화하는 도구로 박물
관 및 고적보존사업을 이용하였다.

오랜 역사를 지난 조선의 민족문화 탐구 및 계승사업이 30유여년의 일제의 문화
폐멸정책으로 말미암아 찬연한 민족적인 역사자료가 발굴계승되지 못했고 조선
에는 단 한곳의 현재적인 시설의 역사박물관도 존재하지 못했다.

그렇기 때문에 북조선에 있어서의 고적보존 및 발굴사업은 실로 문자 그대로 처
녀지를 개척하지 않으면 아니될 그러한 처지에 놓여있었던 것이다.

남과 북 모두 일본이 민족의 유산을 훼손한 일을 질타하며, 새로운 조사와 복
원을 할 것임을 천명하고 있다. 그러나 해방 후 남과 북 모두 사회의 근간에서부
터 일본의 영향을 탈피하지는 못했다. 다른 대부분의 사회분야처럼 문화재 분
야도 일제강점기에 형성된 문화재 제도와 지정문화재 목록, 박물관과 같은 사
회적 기반들을 거의 그대로 유지하였다.

일제강점기 문화재 관련 기본법이 「조선보물고적명승천연기념물보존령」이
었는데, 남에서는 미군정의 군정법령에 따라 일제강점기의 보존령을 거의 그
대로 유지하였고,[315] 북에서는 1946년 4월에 '북조선림시인민위원회 위원장 김
일성, 서기장 강량욱'의 명의로 「보물고적명승천연기념물보존령」을 반포하였
다.[316] 이 역시 일제강점기의 보존령을 거의 그대로 유지한 것이다. 정치적 환경
은 달랐지만, 일본으로부터 독립 후 국민당 정부 주도로 일본색을 배격하고 나
름의 「고물보존법古物保存法」을 시행[317]한 대만의 경우와 다른 일들이었다.

1945년 독립 후 시작된 이데올로기 대립은 민족정체성 회복이라는 민족주의

315) 金鐘洙, 2019, 「한국 문화재 제도 형성 연구」, 忠南大學校 大學院 國史學科 韓國
史專攻 博士學位論文, 144쪽.

316) 남보라, 2019, 「북한문화재 보호법제 변화와 최신 동향」 『2019년 남북 문화유산의
이해 과정』, 한국전통문화대학교 전통문화교육원, 20쪽.

317) 林會承, 2011, 『臺灣文化資産保存史綱』, 台北: 遠流, 67쪽.

이데올로기 가치를 전통 시대에 없었던 사회주의나 자유주의와 같은 이데올로기 가치보다 우선하지 못하게 하는 요인이 되었다. 즉, 사회주의나 자유주의가 민족주의보다 우선시 된 것이다. 좌우를 막론하고 민족정체성 회복을 위한 문화재 보호를 주장하는 여론 또한 있었으나,[318] 이는 해방 직후 잠시간의 상황이었고, 이내 진행된 남북 각각의 정부 수립과 이데올로기 대립은 모든 가치를 사회주의와 자유주의 이데올로기의 뒤에 서게 하였다. 이 대립의 정점은 한국전쟁이었고, 이 과정에서 민족주의의 상징인 문화재들은 파괴되었다.

한국전쟁 중 파괴된 무수한 문화재들은 민족주의의 가치보다 남과 북 각각의 이데올로기적 가치가 더 컸음을 증명한다.[319] 한국전쟁으로 파괴된 문화재들은 남과 북 모두에서 시급한 복원의 대상이었지만, 전후 복구 과정에서 우선순위에 들지는 못했다. 1950년대까지 복구된 문화재로 남에서는 숭례문, 광화문, 지광국사탑의 응급복구, 북에서는 개성 성균관, 숭양서원, 안악3호분, 공민왕릉, 전금문, 청류정, 대동문, 보통문, 부벽루 등의 복구나 수리가 있었다.[320]

한국전쟁 후 북한에서 문화재는 '사회주의적인 민족 문화 형성'을 위해 중요한 의미가 있는 대상이었다. '과학원 고고학 및 민속학 연구소'의 고고학 분야를 주도한 김용간이 '형식은 민족적이며 내용은 사회주의적인 건전한 민족 문화 형성을 촉진하며 나아가서는 혁명을 촉진하는 데 그 목적이 있는 것은 두말할 것도 없다'[321]라고 한 말은 문화재가 사회주의혁명의 완수라는 이데올로기적 목적을 위해 중요한 수단으로 여기고 있었음을 나타낸다.

318) 金鐘洙, 2019, 「한국 문화재 제도 형성 연구」, 忠南大學校 大學院 國史學科 韓國史專攻 博士學位論文, 145쪽.

319) 국립고궁박물관, 2020.6.19, 『6.25 전쟁과 문화유산 보존』, 국립고궁박물관.

320) 장호수, 2020.6.19, 「전쟁과 문화유산 -전후 복구와 문화유산 제모습 찾기」 『6.25 전쟁과 문화유산 보존』, 국립고궁박물관, 50~54쪽.

321) 김용간, 1958, 「문화 유물 조사 보존에 대한 조선 로동당의 시책」 『문화유산』 1호, 11쪽.

한국전쟁 후 남한에서 문화재와 관련하여 주목할 것은 일본과의 외교정상화 회담에 따른 문화재 반환이다. 한일회담은 동아시아 지역 정세를 사회주의에 대응하는 미국적 자본주의 영향권 아래 두려는 미국의 강한 요구라는 배경 속에서 전쟁 중에도 불구하고 1951년부터 시작되었다. 이 회담은 일본에 의한 피지배 기억을 가진 국민들의 강한 반발을 불러 대규모 시위가 일어나기도 했다. 그러나 이 회담은 미국의 요구와 정권의 필요라는 배경 아래 이승만에서 박정희로 정권이 교체됨에도 불구하고 계속 진행되어 1965년 「한일기본조약」을 맺게 되었다. 그리고 이 조약의 4개 부속협정 중 하나로 「문화재·문화협력에 관한 협정」이 포함되었고, 이는 이듬해 1,326점의 문화재 반환을 받는 근거가 되었다.[322] 이 협상 기간 중 1958년에는 창녕 교동고분군 출토유물 등 문화재 106점을 일본으로부터 돌려받았다.[323] 한일협정 15년 동안 벌어진 일련의 사건들은 민족주의 이데올로기가 미국을 중심으로 한 자유주의 세계를 구축하려한 미국의 정치적 영향 하에 있었음을 보여준다.

전후 남과 북의 문화재에 관한 인식으로 또 하나 살펴볼 것은 살아있는 정권 지도자의 우상화에 그들의 흔적이 문화재적 관점에서 사용되었다는 점이다. 1950년대 김일성 우상화 사업에 관한 자료는 발굴이 필요하지만, 현재는 우상화가 완료되어 있음은 주지의 사실이다. 이승만 역시 문화재를 통한 개인 우상화를 시도하였다. 1958년에 편찬된 『서울 명소고적』에는 서울 시내의 유명한 유적을 망라하고 있는데, 곳곳에 이승만의 친필현판 등 그의 흔적을 소개하는 것

---

322) 협정문에서 문화재를 돌려받는 것에 대한 표현을 '일본인이 소유한 것을 자발적으로 기증(합의의사록 문서)'한다거나, '인도(협정 문서)'한다는 식으로 하여 되돌려 받는다는 의미를 포함시키지 못했다는 표현의 한계가 있으며(국립문화재연구소, 2012, 『환수문화재 조사보고서』, 624~625쪽), 문화재의 내용 또한 20세기 초에 사용했던 빈 문서용지(괴지)나 도장, 짚신 등이 포함되어 있기 때문에(국립문화재연구소, 2012, 『환수문화재 조사보고서』, 454~459쪽) 당시 온전히 진정성 있는 '문화재' 환수를 받았는가에 대한 문제도 있다.

323) 국립문화재연구소, 2012, 『환수문화재 조사보고서』, 15쪽.

을 제외하더라도 '리대통령동상(132쪽)', '리대통령송수탑(385쪽)'과 같은 것들이
별도의 유적으로 등장한다.[324]

독립 후 1950년대까지 문화재는 민족주의를 회복하는 혹은 강화하는 수단
으로 인식되었으나, 이데올로기 대립이라는 극한의 정치적 대치 속에서 문화재
는 보호 우선순위에서 배제되고 전쟁으로 인한 큰 피해를 입게 되었다. 전후의
문화재 역시 남북 각각의 정권에서 규정한 민족주의를 발현하기 위한 수단으로
복구나 수리가 진행되었으나, 그 속도는 국가재건에 밀려 더디게 진행되었다.
문화재에 대한 관심이 크지 않았던 것이다.[325]

이 시기에 형성된 문화재에 관한 규정이나 지정목록, 기반시설은 일제강점기
의 것을 거의 그대로 이어받은 것들이고, 이러한 것들의 타당성을 다시 살펴볼 겨
를도 없이 전쟁이라는 이데올로기의 극한 대립이 진행되었기 때문에, 전후에도
그 전부터 있었던 문화재에 관한 사회적 토대는 그대로 유지될 수밖에 없었다.

독립 후 약 15년의 기간 동안 한국은 자유주의나 사회주의와 같은 새로운 이
데올로기의 물결에 휩싸여 큰 혼란이 있었고, 이 속에서 민족주의 이데올로기의
표상인 문화재는 정치적 사건의 부속물이 되거나 파괴되는 상황에 놓였다. 이
런 상황에서 민족주의가 주체적으로 혹은 우선적으로 발현될 수 없었고, 민족
주의와 관계가 깊은 문화재 역시 종전의 관리 체제를 답습할 수밖에 없었다.


# 3. 2기: 1960~2000년

1950년대 말 전후 복구와 함께 형성된 문화적 여유와 국가와 민족의 위상을

---

324)  서울특별시사 편찬위원회, 1958, 『서울 명소고적』.

325)  장호수, 2020.6.19, 「전쟁과 문화유산 -전후 복구와 문화유산 제모습 찾기」 『6.25
전쟁과 문화유산 보존』, 국립고궁박물관, 47쪽.

높이려는 정부의 의도[326] 속에 1957~1959년에는 미국에서 '한국고대문화전'을 열었고, 1958년에는 한일회담 중 일본으로부터 '창녕교동고분군 출토품'과 같은 문화재를 반환받았다. 이런 일들은 우리 문화재에 대해 국가적 관심이 확산되는 계기가 되었고, 이런 분위기 속에서 1960년 8월 15일에는 김원룡, 진홍섭 등 국내 고고미술 분야를 선도하는 학자들이 참여하며 '고고미술동인회考古美術同人會'를 결성하였다. 1950년대 말 진행된 이런 일들은 정부가 문화재 전담 정부조직과 관련 법을 제정하게 되는 하나의 계기가 되었다.

1961년 문화재관리국 설치와 1962년 문화재보호법 제정은 한국의 문화재 보호 행정이 본궤도에 이르기 시작했다고 볼 수 있는 일들이다. 그런데 문화재보호법 제정이 주체적 문화재 인식에 근거한 자발적인 보호운동의 결과라기보다는 「구법령 정리에 관한 특별조치법」에 따른 보존령 폐지시효에 이끌린 다급한 상황[327]이었다는 점 때문에 독자적 문화재 관련 법 제정은 어려웠고, 1950년에 이미 제정된 일본 문화재보호법을 거의 그대로 베낄 수밖에 없는 상황이었다. 문화재가 민족주의를 강화하는 수단임에도 그 법체계를 반민족적인 대상의 것을 옮겨오는 모순적인 상황이 발생하였다.

법의 이러한 모순적 상황에도 불구하고, 문화재보호라는 화두는 민족주의적 색채를 강하게 표방하며 민족문화 관련 정책[328]을 펴려 한 박정희 정부에는 중요한 이슈였다. 박정희는 문화재를 국민의 자긍심을 높이는 수단으로 삼아 중요 유적 발굴과 사적지 정비를 대대적으로 추진하였다. 1970년대는 문화재 수리업자들에게는 소위 황금기라고 불릴 만큼 문화재 보수복원에 대한 국가사업이 성대하게 진행되었다.[329] 문화재 보수뿐만 아니라, 중요 유적에 대한 대대적

326) 국립중앙박물관, 2009, 『한국 박물관 백년사 - 본문편』, 893쪽.

327) 오세탁, 1997, 「문화재보호법과 그 문제점」 『문화재』 30, 6쪽.

328) 정갑영, 2016, 「조국 근대화와 민족문화」 『사회이론』 50, 16쪽.

329) 장호수, 2020.6.19, 「전쟁과 문화유산 -전후 복구와 문화유산 제모습 찾기」 『6.25 전쟁과 문화유산 보존』, 국립고궁박물관, 56쪽.

발굴도 이루어져 유명한 경주 황남대총, 황룡사지와 같은 유적이 이 시기에 발굴되었다. 박정희가 발굴 현장을 직접 수차례 방문하고 격려한 사실은 문화재계에서는 유명하다. 박정희는 그가 주도하여 정비하고 발굴한 유물 유적이 민족주의에 기반한 정권의 정통성을 공고히 할 것으로 기대했을 것이다.

박정희 정부 시기 다음으로 주목할 시기는 1993년 출범한 김영삼 정부 시기이다. 김영삼 정부 5년 동안 문화재와 관련하여 의미 있는 사건들이 있었다. 외규장각의궤 환수, 일제잔재 청산 정책에 따른 옛 조선총독부 건물 철거, 문화유산의 해 사업과 문화유산 헌장 제정 등이다.

1993년 시작된 외규장각 의궤 환수는 문화재를 매개로 한 프랑스 고속철 사업과 한국 민족주의의 타협이라고 볼 수 있는데, 이를 '문화민족으로서의 자긍심을 고취하고 우리나라의 국격을 높일 수 있는 계기'로 평가[330]한 것은 이 문제가 우리나라에는 민족주의에 바탕하고 있었음을 보여준다.

1995년 첨탑 철거로 시작한 조선총독부 건물 철거는 당시 한국 사회에 문화재 보존에 관한 큰 논쟁을 불러일으켰던 사건이다. 국내의 적지 않은 반대 여론에도 불구하고 김영삼 대통령이 '우리 조상의 빛나는 유산이자 민족문화의 정수인 문화재를 옛 조선총독부 건물에 보존하는 것은 분명히 잘못된 일'[331]이라고 언급한 것은 이 문제 역시 민족주의에 기반하고 있었음을 보여준다. 또한 당시 해체한 첨탑을 독립기념관의 음지 하단에 의도적으로 배치한 것은 이 건물 철거 행위 역시 민족주의적 이데올로기의 연장선에 있음을 상징한다. 시각을 달리하면, 조선총독부 건물 해체로 복원하게 될 경복궁은 현재와 다른 이념체계를 가지는 봉건적 지배 이데올로기를 가지는 정치세력의 핵심 건물이었지만, 민족적 전통을 상징하는 자산으로 재규정되었다.[332] 이것은 민족주의 이데올로기

330) 정상천, 2011, 「프랑스 소재 외규장각 도서반환 협상 과정 및 평가」『한국정치외교사논총』 33, 255쪽.

331) 문화재청, 2011, 『문화재청 50년사·본사편』, 376쪽.

332) 정근식, 2006, 「기억의 문화, 기념물과 역사교육」『역사교육』 97, 299쪽(De Ceuster

가 과거 봉건적 이데올로기의 상징물까지 포섭하는 현상이라고 볼 수 있다.

1997년 문화유산의 해 사업과 문화유산 헌장 제정은 문화재가 민족주의 이데올로기의 상징일 뿐 아니라 이데올로기 자체의 성격을 가지게 된 일이었다. 당시 정부 주도로 '문화유산의 해'를 선포하고 각종 선양사업을 한 것은 문화재가 한국 사회에서 차지하는 비중이 그만큼 커졌다는 것을 의미한다. 당시 김영삼 대통령은 선포식 축하 메세지에서 '값진 문화유산을 잘 가꾸고 지키는 것은 우리 모두의 숭고한 책무이며, 민족문화를 꽃피운 세종대왕의 탄신 600주년이 되는 올해를 문화유산의 해로 정한 것은 매우 뜻깊은 일'이라고 하였다.[333] 봉건적 이데올로기 시대의 대표적 인물 역시 민족주의 이데올로기의 표상으로 포섭된 예라고 볼 수 있다.

문화유산의 해 말미에 제정된 문화유산 헌장은 문화재 그 자체가 이데올로기가 된 예이다. 이데올로기는 '사회 집단에 있어서 사상, 행동, 생활 방법을 근본적으로 제약하고 있는 관념이나 신조의 체계'로 정의된다.[334] 다시 말해 국민들을 국가가 원하는 방향으로 이끄는 신념의 체계이다. 다음 문화유산 헌장(일부 인용)은 이에 부합한다.

> 문화유산은 ... 민족문화의 정수이며 그 기반이다. ... 나라사랑의 근본이 되며 겨레사랑의 바탕이 된다. ...
> 1. 문화유산은 원래의 모습대로 보존되어야 한다.
> 1. 문화유산은 ... 개발로부터 보호되어야 한다.
> 1. 문화유산은 ... 도굴되거나 불법으로 거래되어서는 안된다.
> 1. ... 보존의 중요성은 가정·학교·사회교육을 통해 널리 일깨워져야 한다.
> 1. 모든 국민은 ... 찬란한 민족문화를 계승·발전시켜야 한다.

---

K., 2000, "The Changing Nature of National Icons in the Seoul Landscape", The Review of Korean Studies 3-2, 재인용).

333) 문화재청, 2011, 『문화재청 50년사-본사편』, 422쪽.

334) 국립국어원 표준국어대사전(https://stdict.korean.go.kr).

20세기 마지막 기간은 문화재의 사회적 비중이 커지며 문화재가 민족주의적 이데올로기를 실현하는 대상이 되는 것을 넘어 문화재 그 자체로 이데올로기가 된 시기이다. 국민교육헌장이 국가주도로 국민을 국가가 원하는 인간으로 개조하려는 목적으로 제정 및 보급되었다[335]는 언급을 고려하면, 문화유산 헌장이 가지는 민족주의적·국가주의적·계몽주의적 성격이 우리 사회에 어떤 의미를 가지는가를 살펴볼 필요가 있다.

## 4. 소결

과거의 모든 것을 기억할 수 없으므로 기억은 선별적 선택의 결과이다. 이 과정에서 선택자의 관점이 투영되는데, 선택자가 정치권력이라면 정치권력의 관점이 투영되기 쉬운 환경이 조성된다. 역사의 증거물들 중에서 무엇을 남기거나 남기지 않을지에 관한 선택은 당대 권력자의 몫이었다.

지난 20세기 동안 우리나라에서 문화재는 정치권력의 선택에 따라 그 내용이 변하였고, 이 선택에는 당시 권력이 문화재에 대해 가지는 문화적인 이데올로기가 반영됨을 확인하였다. 그리고 이런 메커니즘의 배경에는 개념어와 사회의 상보적 관계, 집합기억의 이데올로기적 특성이 작동하고 있었음을 확인하였다. 지배 집단은 그들의 이데올로기를 피지배집단에 각인시키려 하는데, 전통문화에 관련된 집합기억, 즉 문화재 선정과 활용에 관여함으로써 이를 실현하려고 했다고 볼 수 있다.

해방 후 남과 북 모두에서 민족주의를 표방하며 문화재의 중요성을 강조했지만, 곧바로 있었던 이념대립과 한국전쟁은 문화재가 사회주의나 자유주의와

---

335) 곽민지, 2018, 「사회교육을 통한 국민교육헌장의 이념 보급(1968~1972)」 『역사문제연구』 40, 410쪽.

같은 이념보다는 소중하지 않은 존재였음을 확인하는 사건이었다. 그러나 전후 복구 과정에서 남과 북 각자 민족주의를 강조하며 다시 문화재의 중요성이 강조되었고, 훼손된 문화재는 일부나마 복구·수리되었다.

남한에서 문화재가 본격적으로 사회적 비중이 커지기 시작한 것은 1970년대부터였다. 전통문화 강조를 정권의 정통성과 연계한 박정희 정부의 의도가 있었으며, 이 기간 동안 많은 문화재 정비와 발굴이 있었다. 1990년대 중반 김영삼 정부 시기에는 일제잔재 청산의 일환으로 옛 조선총독부 건물의 철거가 있었고, 이는 문화재 보존에 관한 사회적 논쟁을 불러일으켰다. 당시 정부가 추진한 이 사업 또한 민족주의에 기반하였다고 볼 수 있다. 그리고 1997년 제정한 '문화유산 헌장'은 문화재가 이데올로기 실현의 도구를 넘어 그 자체가 된 상징적 일이라고 볼 수 있다.

20세기 동안 우리나라에서는 여러 번의 지배 권력 교체가 있었다. 그리고 그 각각의 지배 권력은 자신들의 이데올로기를 문화재에 투영하였다. 왕권의 강조, 식민지배의 정당성, 민족주의의 발현과 같이 문화재는 이데올로기를 실현하는 도구였고, 마지막에는 그 자체가 되기도 했다.

모든 사회집단은 나름의 이데올로기가 있고, 그 이데올로기는 고정불변하지 않는다. 당대에는 항상 최선의 이데올로기이지만, 시간의 흐름에 따라 최선은 변한다. 따라서 역사적인 관점에서 이데올로기 자체를 좋다거나 나쁘다고 평가하는 것은 무리이다. 변화하는 이데올로기에 따라 연구 대상이 어떤 변화를 했는지 객관적으로 밝히는 것이 학술적으로는 의미가 있을 것이다.

지금은 탈이데올로기 시대라고 하지만 군함도의 세계유산 등재와 같은 논쟁은 현재 진행형이며, 이 논쟁의 배경에는 국가주의나 민족주의와 같은 이데올로기가 있음은 부인하기 어렵다.

문화재 자체를 이루는 물질은 이데올로기의 관점에서 보기 어렵다. 그러나 그 물질에 가치를 부여하는 과정에서, 특히 집단적 가치를 부여하는 과정에서는 이데올로기의 영향을 받을 가능성이 높아진다. 이의 극단적인 예는 일제강점기 대만에서 확인되었다. 국가의 통제력이 강해지면 문화도 그만큼의 영향을 받고, 문화재도 마찬가지 영향을 받을 수 있다.

지난 20세기 100년 동안 우리나라에서도 정치권력의 변화에 따른 이데올로기 변화에 따라 문화재의 가치 부여에 변화가 있었음을 확인했다. 20세기 우리나라의 문화재 인식 변화는 문화재에 관한 집합기억의 이데올로기적 특성을 증명하고 있다. 이데올로기는 근현대 사회의 문화재에 관련된 현상을 이해하는 하나의 시각이다.

현재도 민족주의 혹은 국가주의 이데올로기는 진행형이며, 어쩌면 강화되고 있는지도 모른다. 이에 따라 문화재가 어떤 방향성을 가져야 하는가는 고민해 보아야 할 문제이다. 100년 넘게 이어진 일본의 영향을 일소하기는 쉽지 않다. 우리 문화재의 주체적 정리와 활용을 위해 우리가 먼저 할 일은 우리 문화재의 의미를 근본에서부터 다시 성찰하는 일과 이에 따라 과거를 어떻게 보아야 하는가를 정리하는 일이라고 본다. 예를 들면, '백의민족'과 같은 명제가 근대시기에 소위 '만들어진 전통'이라면,[336] 이와 관련된 일들은 다시 살펴보아야 하는 것이다.

---

336) 최공호, 2010, 「소백색 한복의 정체성과 근대의 백색담론」『傳統, 근대가 만들어낸 또 하나의 권력』, 한국전통문화대학교 전통문화연구소.

# VI

# 문화재의 사회적 인식과 대응

## 1. 문화재의 사회적 인식과 대응의 역사

문화재는 근대 시기에 생성된 개념어이며, 한국의 문화재에 관한 기본 체계는 일제강점기에 식민지 지배자들에 의해 만들어졌다는 점은 일반적으로 알려진 부분이다. 이는 문화재 분야의 식민지 근대화론으로 부를 수도 있으며, 구체적으로는 타율성론에 해당한다. 이 책의 출발점은 '이러한 인식이 타당한가'라는 문제의식에 있었다.

고대로부터 근대 시기에 이르는 기간의 자료들을 검토한 결과, 전근대 시기 한국에 주체적인 문화재 인식과 대응이 있었다는 점을 밝혔고, 그런 인식과 대응이 일제에 의한 식민지 지배로 더 이상 발전하지 못하고 타율적으로 변용되어 근대 문화재 제도로 정립되었다는 점을 확인하였다. 더불어 일제에 의해 변용된 문화재 인식의 역사 속에서 민족 주체적인 문화재 인식과 보존을 위한 활동들도 있었음을 밝혔다.

결론적으로, 전근대 시기부터 일제강점기에 이르는 기간 동안 민족 주체적인 문화재 인식과 보존 활동들이 있었으므로 문화재 분야의 식민지 근대화론(타율성론)은 타당하지 않다고 본다. 한국 문화재의 사회적 인식과 대응의 역사에 관해 살펴 본 내용들을 시간 순으로 정리해서 보면 다음과 같다.

우리나라 문화재의 사회적 인식과 대응의 역사는 선사시대부터로 볼 수 있다. 청동기시대의 고인돌은 기념물로서 기능하였는데, 이 고인돌에는 집단적 차원에서 옛 것을 유지하고 보존하고자 하는 문화재적 성격이 있었음을 확인하였다.

다음 역사시대부터 고려시대까지의 구체적인 사례로는 옛 유적이나 유물에 대한 사회적 인식과 대응들이 있었음을 『삼국유사三國遺事』, 『고려사高麗史』와 같은 여러 사서를 통해 확인하였다. 특히 삼국시대부터 특별한 보관시설에 있었던 유물들을 문화재로 본다면, 문화재에 대한 인식과 보관 · 관리 행위는 삼국시대부터로 볼 수 있다.

다음 조선시대에는 국가적 차원에서 유물과 유적에 대한 인식과 보호 활동이 있었음이 관찬 기록물들에서 확인되었다. 특징적인 점은 왕실 상징물인 왕릉 및 왕과 관련된 유물들은 법적으로 보호한 반면, 불교 관련 유물이나 유적은 정부의 보호 우선순위에서 밀려났다는 부분이다. 유교국가라는 통치 이데올로기가 문화재 인식과 관리에 반영된 사례이다. 그리고 1530년 조선 왕실이 주도한 지리지 편찬을 통해 전국의 옛 유적을 '고적'이라는 대단위로 묶어 인식하기 시작하였다.

조선에서는 왕실 관련 유적과 유물을 제도적으로 특별히 보호하였고, 고적은 특별한 대상으로 인식은 하였으나 제도적으로까지 보호하지는 않았다. 다만 민간 차원에서는 고적에 대한 보호 활동이 부분적으로나마 있었다. 조선이 왕조국가이며 유교국가라는 이데올로기적 배경 위에서 왕실과 관련한 유적과 유물을 특별히 중요시하였다는 점은 문화재의 사회적 인식과 대응의 역사에서 의미가 있다.

개항기에는 젊은 관리들이 외국의 박물관 등 문화재와 관련된 경험을 하였으나, 그 경험은 주체적 문화재 인식과 제도화로 발전되지 않았다. 또한 서구 열강들이 문호개방을 둘러싼 외압을 하고 있는 역사적 상황 하에서 외국인들은 한국 문화재 답사나 조사를 통해 우리의 문화재들을 기록하고 수집하기도 하였다. 일본인들은 당시 제국의 해외 진출이라는 정치적 배경을 이용하여 문화재에 대한 학술적 조사를 할 수 있었고, 이는 향후 우리 문화재에 대한 타자의 재구조화에 연계되었다.

대한제국은 조선의 정통성을 계승하면서 탈脫중화를 지향한 왕조이긴 하였으나 문화적 토대와 인식은 그 이전과 크게 다르지 않았다. 다만 대한제국 말기 계몽지식인들이 편찬한 『황성신문皇城新聞』에서 유적과 유물, 자연환경과 같이 현재 문화재 범주에 포함되는 것들을 '명소고적名所古蹟'이라는 대단위로 인식하고 국민들에게 알리려 했다는 점은 주목할 만하다. 여기에서는 현대적 문화재 개념에 가까운 인식이 엿보였으나, 정부에 의한 제도화로까지는 발전되지 못했다.

일제강점기에는 일본인들에 의한 고적 조사와 제도화가 있었다. 점령지의 활용과 식민사관 증명이라는 정치적 배경에 의해 고적 조사가 진행되었고, 그 후 제도화와 보존운동을 조선총독부 차원에서 진행하였다. 조사와 제도화 과정에서 조선인들은 대부분 배제되었다. 이 당시 조선의 민족주의 우파 지식인들은 자체적으로 고적 보존운동과 답사 등을 통해 민족주의 정신을 일깨우려 하였다. 1930년대 초반 '이충무공위토보존운동'과 '단군성적순례단' 활동이 그 예이다. 그러나 이러한 민족적 보존 운동은 1930년대 후반 전쟁 동원을 위한 내선일체와 언론 탄압 정책으로 힘을 잃었다.

일본의 문화재 인식과 정책은 일반적으로 메이지 시기 이후라고 알려져 있다. 에도 시기에는 중앙정부의 영향력이 극히 적었기 때문에 국가 차원의 문화재 인식이 형성될 환경은 만들어지지 않았다. 다만 고적에 대한 인식과 기록은 일본의 여러 지방지에서 확인되어 이러한 인식을 배경으로 일제강점기 일본인들에 의한 조선 고적 조사가 진행되었다.

대만에서는 청대淸代의 유적 보존 사례를 문화재 인식의 시초로 보고 있다. 일제강점기에는 조선과 유사한 조사와 제도화 과정이 진행되었다. 다만 사적史蹟에 당대當代 일본군日本軍의 전승지戰勝址를 다수 포함하였다는 점은 조선과 차이를 보인다. 대만에서는 문화재 지정을 통해 그들의 제국주의 이데올로기 미화를 노골적으로 드러냈고, 조선에서는 문화재 지정과 활용을 통해 그들의 식민사관을 조선인들에게 내재화시키려 했다는 점에서 차이가 있다.

일제강점기에 형성된 한국의 문화재 제도 체계는 해방 후에도 이어졌다. 일제강점기에 문화재는 일본과 조선에서 제도적으로 국보, 중요미술품, 사적, 명승, 고적, 보물 등 별도의 분류 체계 아래에 있었는데 일본에서는 1950년에, 한국에서는 1962년에 「문화재보호법」으로 통합되었다.

해방 후 남한과 북한에서는 각각의 정치적 입장에 따라 문화재가 다르게 인식되었고 그 결과가 문화재 정책에 투영되었다. 그리고 20세기 말 제정된 '문화유산 헌장'은 문화재가 이데올로기 실현의 도구를 넘어 그 자체가 된 상징적인 사건이라고 볼 수 있다. 이렇게 문화재는 20세기 후반기에 민족주의 실현의 도구가 되거나 그 자체로 이데올로기가 되었다.


문화재의 사회적 인식과 대응의 역사에서 일제강점기는 주체적 흐름이 변형되거나 왜곡된 시기였다. 그러나 민족적 위기의 시기에도 문화재에 대한 주체적인 인식과 대응을 위한 노력이 부단히 있었음을 확인했다.

식민지 근대화론(타율성론)을 문화재 분야에서 본다면, 일본 점령 이전에 있었던 대한제국이나 조선이 근대적 문화재 제도를 만들 능력이 없었기 때문에 일본에 의해 만들어졌다고 보는 것은 잘못이다. 왜냐하면 제도는 지배세력의 필요에 의해 만들어지는데, 조선은 이미 옛것을 인식하고 관리하는 나름의 전통문화 보존 체계와 제도가 작동되고 있었던 사회였고 새로운 제도의 필요성이 발생하지 않았기 때문이다. 조선의 전통문화 체계를 무너뜨린 토대 위에 일본이 그들의 시각으로 우리 문화재를 재편했을 뿐이다. 근대화 물결 속에서 주체적 문화재 인식과 확산 시도가 있었으나, 이 역시 통감부 지배라는 한계 안에서 주체적 제도로 발전하지 못했다. 이와 같이 일본의 부정적 영향에도 불구하고 국외에서는 임시정부 관제로, 국내에서는 민간의 주체적 문화재 보존운동으로 문화재에 대한 주체적 인식과 보호, 제도화를 지속해서 진행하였다.

앞서 가정한 것처럼 일제 강점이라는 역사가 없었다면 주체적 문화재 제도화는 진행될 수 있었을 것이다. 일제 강점 전과 강점 동안의 여러 측면에서 문화재 인식과 제도화에 대한 주체적 움직임을 확인하였기 때문이다. 문화재 분야의 식민지 근대화론이 성립되기 위해서는 일제강점이라는 역사를 빼면 문화재 제도화 역시 없었을 것이라는 가정도 타당해야 한다. 그러나 이 가정 역시 성립하기 어려움은 앞의 사례에서 증명하였다.

현재의 시각으로 볼 때 일제강점기로 대표되는 근대사회 진입 시기에 형성된 문화재의 공공성 확대는 의미가 있지만, 이 과정에서 발생한 체계의 비주체성은 우리가 극복해야 할 과제이다.

이 책에서는 한국 문화재의 사회적 인식과 대응이 시대에 따라 어떻게 변하는지를 파악하고자 하였다. 선행 연구와 문헌기록의 도움을 받아 근대시기와 그 이전에도 문화재에 대한 주체적 인식과 대응이 있었음을 밝혔으나, 다음과 같은 한계가 있다.

먼저 사회적 인식과 대응 주체의 문제이다. 이 글에서는 인식과 대응의 내용과 방향을 결정하는 주체로 지배세력을 설정하고 이를 중심으로 인식과 대응의 변화를 찾고자 하였다. 그런데 사회적 의사 결정과 진행은 지배세력과 피지배세력 간의 긴장과 소통 속에서 진행되는 성격이 있으므로, 피지배세력이 지배세력의 의도를 어떻게 받아들이고 반응했는지를 안다면 문화재 인식 체계 전반의 총체적 실체에 더 잘 접근할 수 있었을 것이다. 전근대 시기나 근대 이후 시기 문화재에 대한 피지배세력이나 사회 기층세력의 인식과 대응은 이런 점에서 추가적인 연구 가치가 있다.

다음으로 현재를 기준으로 다루지 못한 문화재 분야가 있다. 무형문화재나 명승, 천연기념물과 같은 것들이다. 이런 분야의 문화재들 역시 근대 이전에도 우리에게 전통적으로 인식되고 있었던 유산들이라고 볼 수 있다. 이러한 분야를 함께 조망하지 못한 것 역시 이 연구의 한계이다.

## 2. 근대성과 발전론

이 연구의 주 내용은 한국 문화재의 사회적 인식과 대응에 관한 전체 역사를 조망하면서 그 구조와 성격을 찾아보는 일이었고, 중심 시기는 근대시기였다. 이 근대시기 속에서 문화재 분야의 식민지 근대화론을 극복하고자 하였고, 여러 근거를 통한 증명으로 문화재 분야의 식민지 근대화론은 극복 가능하다는 결론을 내렸다.

이 문화재 분야 식민지 근대화론의 논쟁에는 '근대화'가 문화재 인식의 발전 과정에 '선善'이었다는 암묵적 전제가 있다. 그런데 과학기술 분야에서는 근대화로 표현되는 진보의 가치가 선명하지만, 사회문화 분야에서는 근대화로 표현되는 진보의 가치가 과학기술분야 만큼 선명하지 않다.

이런 관점에서 문화재의 사회적 인식과 대응 과정에 근대화로 이루는 진보적 가치를 다시 살펴볼 필요가 있다. 사회문화 분야에서 근대화로 이루는 진보적 사례를 하나 든다면 '시민에 의한 사회적 결정-민주화'가 대표적이라고 볼 수 있다. 그렇다면 문화재 분야에서도 근대 시기를 지나는 동안 민주적 진보가 있었는지 살펴볼 수 있다.

앞서 살펴본 문화재의 사회적 인식과 대응의 역사에서 일제강점기와 그 이전을 비교했을 때, 민주화로 인한 변화는 뚜렷하게 보이지 않는다. 최고 권력층과 그들의 인식이 바뀌어 문화재 정책에 투영되었을 뿐이다. 조선시대에는 왕실의 유적과 유물이 중요했기 때문에 제도적 장치를 활용하여 우선적으로 보호했고, 일제강점기에는 일제의 시선으로 재구조화한 한국의 문화재를 그들의 의도에 따라 보존하고 활용하였을 뿐이다. 이 두 시기에 문화재에 대한 민주적 인식과 제도화는 선명하게 보이지 않는다. 오히려 일본 지배의 반작용적 차원에서 사회 기층세력의 문화재 보존이나 답사와 같은 활동들이 있었다. 이 경우에도 민주적 진보가 있었다고 보기에는 한계가 있다. 당시의 보존이나 답사와 같은 활동들이 일제가 만든 문화재 인식 체계에 기반하고 있었기 때문이다. 따라서 이 두 시기에 문화재 분야에서 민주화를 통한 근대적 진보는 없었다고 본다. 그리고 현재의 문화재 지정 내용과 체계는 일제강점기에 형성된 것들에 뿌리를 두고 있으므로, 아직까지 근대시기에 형성된 비주체적 왜곡의 해소나 문화재의 민주화를 통한 근대적 진보는 달성되었다고 보기 어렵다.

더불어 근대 시기 문화재에 관한 진보적 사례로 공개公開를 통한 공공성 강화가 종종 언급된다. 비장秘藏되었던 유물들이 국민들에게 공개(공유)되었다는 사실은 진보적으로 비춰진다. 하지만 문화재의 선정과 공유라는 일반적 생애주기로 볼 때, 공유보다 중요한 것은 무엇을 공유할지 정하는 문화재 선정의 문제이다. 국민들은 선정된 문화재를 공유받으며 문화재를 인식하기 때문이다. 통치세력이 선정을 하고 공유를 결정해야 공유가 되었다. 국민의 요구나 필요에 의해 선정과 공유가 되었다고 보기는 어려운데, 단순한 공유 기회의 증가가 진보적이었다고 보기는 어려운 면이 있다. 많은 국민들이 근대적 역사책을 보급 받으며 역사의 이해를 넓혔다고 하더라도 그 내용이 왜곡된 것이었다면 이를 두고 진보적 수혜를 받았다고 보기 어려운 것과 같다. 그럼에도 불구하고 공유라는 사건 자체가 근대적 진보라고 주장할 수 있다. 그런데, 이 논리가 성립하려면 근대 이전에는 사회적 공유나 공개가 없었어야 한다. 하지만 여러 역사적 사례를 보아도 근대 이전에는 문화재 공유가 없었다고 보기는 어렵다. 문화재는 본질적으로 집단의 정체성을 증명하고 이를 확산하기 위해 선택되는 성격이 있으므로, 특히 기념물적 성격을 갖는 문화재는 공유를 전제로 한 선택을 한다고 볼 수 있다. 근대 이전 시기에 문화재로 여겨진 고분이나 기념물과 같은 것들은 야외라는 공간에서 국민들에게 공유되고 있었다.

이상에서 언급한 것들로만 판단하면 근대적 진보가 확인되지 않는 문화재 인식의 역사적 가치는 적다고 볼 수도 있다. 하지만 문화재에 대한 사회적 인식과 대응의 역사를 발전론적 시각에서 보려는 관점 자체에 대한 반성이 필요하다. 문화를 발전론적 시각에서 보려는 것도 의미가 있겠지만, 상대론적 관점에서 각 시대의 가치나 의미를 규명하는 일도 의미가 크다. 그렇기 때문에 시대별로 변화했던 문화재의 사회적 인식과 대응의 양상을 상대적 관점에서 보고 이에 기초한 이해와 가치 판단이 필요하다.

문화재의 사회적 인식과 대응의 역사 전체를 발전론적 시각에서 보면 한계가 발생한다. 발전론은 우승열패優勝劣敗의 오류에 갇히기 쉬우며, 사회적 인식이라는 것이 무한한 발전을 계속하기도 어렵기 때문이다. 대명사의 생성이나 제도의 정밀화는 발전론적 시각에서 의미를 찾아볼 수 있으나, 문화재 인식에 대한 근본적인 부분과 이에 따른 차이는 발전론적 시각보다는 문화상대론적 시각으로 보는 것이 합리적이다.

문화재의 사회적 인식과 대응이라는 구조로 볼 때, 지금과 일제강점기와 조선시대와 그 이전시기의 차이는 발전적인 것과 그렇지 못한 것에 있지 않고, 각 시대의 문화와 이데올로기적 배경에 따라 달리 대응했던 점에 있다고 볼 수 있다. 어떤 사회를 막론하고 옛 것을 지키고 후세에 전하고자 한 사회적 행위는 있었기 때문이다. 주체성과 비주체성의 차이는 논할 가치가 있으나, 서로 달랐음이 우열을 나타내지는 않는다. 문화재의 원초적 특성인 옛 것을 보호하고 후세에 전하고자 하는 사회적 행위가 아주 오래 전부터 있었던 인류 문화의 양상이었다고 보면, 문화재의 사회적 인식과 대응에 관한 행위는 우리나라에서는 최소한 청동기시대 이후로 계속 있었고 그 양상이 바뀌었을 뿐이라고 설명할 수 있다.

문화재 인식의 역사에서 발전적인 부분은 대명사의 생성이나 변화, 하위 개념의 분화와 제도적 장치의 세분화 등이라고 정리할 수 있으며, 시대에 따른 인식과 대응 양상의 변화는 발전론보다는 상대론적 시각에서 그 차이의 의미를 살펴보는 것이 적합하다.

장구한 역사 속에서 한국적인 문화재 인식의 특성은 무엇이며, 시대에 따라 어떤 변화 계기와 흐름을 갖는가를 살펴보는 것이 의미가 있는 일이 될 것이다.


# 3. 정체성과 기억


문화재는 정체성에 깊게 관련된 개념이다. 그렇다면 문화재가 어떻게 정체성에 관여하는지 좀 더 깊게 살펴볼 필요가 있다. 정체성正體性, identity은 지나간 시간과 공간에 의해 형성된 주체적 기억의 산물이다. 바꿔 말하면 정체성을 이루는 기억은 시간과 공간에 의해 형성되고 이의 재현(기억 인출)을 통해 발현된다고 볼 수 있다.

그런데 시간과 공간은 재현이나 확인identify을 이룰 수 있는 회귀성回歸性이라는 면에서 서로 다른 특성을 가지고 있다. 공간은 원래 있던 장소로 되돌아가는 물리적 회귀가 가능하지만, 시간은 원래 있던 시간으로 되돌아가는 물리적 회귀가 불가능하다. 정체성을 유지하거나 증명하기 위해서는 지나간 시간과 공간에 대한 확인과 재현이 필요한데, 여기에서 시간과 공간을 모두 증명하는 존재로서 문화재의 존재 가치가 드러난다. 문화재는 형상적 존재로서 공간을 증명하며, 그 오래됨을 스스로 드러내며 시간을 증명한다. 따라서 문화재는 과거의 시간과 공간을 모두 증명하며 정체성을 발현하는 기억의 효과적 증거물이 된다.

또한 기억은 시각[337]적 외부장치를 통해 그 효율성이 증가하는데, 문화재는 가시적인 존재로서 집단의 기억-정체성을 증명한다.

문화재는 기억의 증거물이며, 기억을 촉발하는 매개체다. 어떤 기억을 촉발할 것인가의 문제는 어떤 문화재를 선택할 것인가의 문제와 닿아있다. 기억 역시 선택의 문제라고 볼 수 있다.

기억은 기억하려는 의지의 결과물이며, 이 의지는 개인적 또는 사회적 자아의 필요에 의해 생성된다. 이 필요는 생존에의 필요이므로 생존에 이득이 되는 긍정적인 작용을 해야 한다.[338] 기억에 관한 과학적인 연구가 바다달팽이 군소와 같이 적은 신경세포 수를 가지는 단순한 동물의 세포생물학적 실험을 통해 진행되었음과 모든 생명체의 존재 목적은 생존인 것 또한 이를 증명한다. 일반적으로 긍정적 기억은 장기 기억으로 진행되며, 부정적 기억은 망각으로 진행된

---

337) 시각은 인간을 비롯한 영장류에서 가장 주도적인 감각이다. 실제로 영장류 대뇌피질의 거의 절반이 시각 정보 처리에 종사한다(에릭 캔델/래리 스콰이어 지음, 전대호 옮김, 2016,『기억의 비밀: 정신부터 분자까지』, 해나무, 166쪽).

338) 에릭 캔델/래리 스콰이어 지음, 전대호 옮김, 2016,『기억의 비밀: 정신부터 분자까지』, 해나무, 136쪽.

다.[339] 실수를 반복하지 않기 위해 부정적 기억이 기능하기는 하지만, 이는 기억의 전체적인 측면에서 예외적이다. 기억과 재생은 '목표지향적 기억 인출'이라는 기억의 신경기제에 근거하는데, 부정적 기억을 장기 계속기억으로 가져간다면 그것은 트라우마로서 치료의 대상이 될 수 있다.[340] 따라서 부정적 기억은 긍정적 기억과 같은 수준으로 뇌에 남아 기억을 재생하기는 어렵다.

역사적 장소나 물건이 현재 남아있는 모습은 우리 사회가 그것들을 어떻게 기억하려고 했는지 보여주는 반영이다. 기억의 의도에 따라 남겨지는 모습은 달라진다. 의도 없이 남겨진 유산은 혼이 없이 남겨진 껍데기이다. 껍데기로는 감동이나 공감을 받을 수 없으며, 무관심의 대상이 된다.

일제강점기의 관공서와 같이 역사의 부정적 내용들이 포함되는 문화재들을 불편문화유산difficult heritage이라고도 한다. 이러한 문화유산들이 불편하게 느껴지는 이유는 앞서 살펴본 기억의 본질적 특성과 관련이 있다. 기억은 긍정적으로 선순환 해야 하는데, 부정적 내용이 포함되면 불편해지는 것이다. 사람들은 부정적 기억보다는 긍정적 기억을 가지려는 속성이 있기 때문이다.[341] 일제강점기의 유산들이 상당 부분을 차지하는 근대 문화유산이 현재 우리와 가깝게 있음에도 더 오래된 조선이나 고려시대의 유적처럼 불편 없이 드러나지 못하는 이유가 여기에 있다.

불편문화유산으로 인한 기억의 혼선을 감소시키려면 모든 보존이 선善이라는 신념에서 벗어나야 한다고 본다. 외세에 의한 강점과 전국적인 파괴적 전쟁을 겪은 보존 결핍의 시대에는 무조건적인 보존이 필요했을 수 있다. 그러나 이 시대에도 사실 무조건적인 보존은 없었다. 그럼에도 불구하고 문화재 정책의

---

339) 찰스 퍼니휴 지음, 장호연 옮김, 2020, 『기억의 과학: 뇌과학이 말하는 기억의 비밀』, 에이도스, 192쪽.

340) 한상훈, 2014, 「기억과 망각의 목적」 『호모메모리스: 기억과 망각에 관한 17가지 해석』, 책세상, 93쪽.

341) 찰스 퍼니휴 지음, 장호연 옮김, 2020, 『기억의 과학: 뇌과학이 말하는 기억의 비밀』, 에이도스, 166쪽.

전체적인 기조는 원형 보존 우선주의였다. 그리고 국가는 오래된 것들이 선善이라는 '원형 보존이나 유지'를 제도적 장치를 통하여 공고히 하고 확산시켰다.[342] 그래서 국민들은 오래된 것들은 모두 보존되어야 한다고 믿게 되었다. 이 원형 보존주의는 문화재 보존에 다른 가치가 진입하기 어려운 보이지 않는 벽이 된 면이 있다. 예를 들면, 1990년대 조선총독부 철거와 보존 논쟁에서 원형 보존주의는 반제국주의와 민족주의 이념과 충돌하는 벽이었다.

모든 이념에서 자유롭게 벗어나, 모든 오래된 것들은 보존되어야 할 선善일까.

보존주의가 이념이라면 논의의 가치가 적으며,[343] 이념이 아니라면 다른 어떤 이념도 문화재 보존에 영향을 주지 말아야 한다는 명제를 설정할 수 있다. 이는 이념적 지향이 없는 집단이 존재할 수 있다면 실현 가능한 얘기다. 하지만 인류 역사를 통틀어 이념적 지향이 없었던 집단은 없었으며, 앞으로도 있기는 어렵다. 집단의 차원에서 이념은 집단이 어떤 판단을 하고 살아갈 것인가에 관한 기초적 사유 체계이다. 정신없는 신체가 존재하기 어렵듯, 이념 없는 집단도 존재하기 어렵다. 따라서 모든 집단은 이념을 가진다. 오래된 것들은 정체성을 형성하는 기억의 토대인데, 이념을 가진 집단이 오래된 것들의 선택에 관여하지 않기는 어렵다.

보존된 것은 기억을 유도한다. 기억은 긍정적 방향으로 흐르는 속성이 있기 때문에, 부정적 측면을 강조하려는 의도로 보존을 한다 하더라도 그 안에서 긍정적 기억이 언제라도 촉발될 가능성을 가지게 된다. 기억의 생리적 특성상, 남겨진 것들은 결국에는 긍정적 작용을 할 가능성 또한 가진다.[344]

---

342) 이수정, 2016, 「한국의 문화재 보존·관리에 있어서 원형개념의 유입과 원형유지 원칙의 성립, 그리고 발달과정」 『문화재』 49-1, 국립문화재연구소.

343) '~해야 한다'라는 식의 당위성이 동반되는 명제는 이념이다. 따라서 문화재를 보존해야 한다는 당위적 명제를 드러내는 문화재 보존도 이념이라고 볼 수 있다.

344) 찰스 퍼니휴 지음, 장호연 옮김, 2020, 『기억의 과학: 뇌과학이 말하는 기억의 비밀』, 에이도스, 271쪽.

기억의 가치는 절대적이지 않다. 기억, 특히 집단의 기억은 당대의 이념에 따라 형성된다. 이념은 시대에 따라 바뀐다. 따라서 집단의 기억도 변한다. 현재 사유체계에서 선善이라고 보는 것들이 과거나 미래에서는 악惡이 될 수도 있으며, 그 반대 역시 마찬가지이다.

현재도 과거의 것들은 모두 남겨지지 않는다. 망각忘却이 기억을 건강하게 하는 것처럼, 소실消失은 남겨진 것들을 더 가치 있게 한다. 한정된 공간에서 과거에 만들어진 것들이 모두 남겨질 수는 없다. 선택의 문제이다. 그런데 현재 근대 유산을 보존함에 있어서 이 선택의 눈을 선명하지 못하게 한 것이 소위 '원형 보존주의 이념'이었을 수도 있다.


## 4. 미래와 선택


현재를 사는 우리에게 문화재의 사회적 의미는 무엇이며 어떤 방향으로 진행되어야 할까. 식민잔재의 극복과 국제적 경향의 반영이라는 면에서 '국가유산'과 같은 문화재의 대체용어 생성이나 제도적 보완과 같은 문제는 시간이 얼마가 걸리든 개선될 것이다. 그렇기 때문에 이 부분은 논외로 하고, 문화재의 사회적 기능이라는 관점에서 문화재의 미래에 관해 살펴보겠다. 바꿔 말하면, 문화재의 형식적 측면보다는 미래의 과정과 방향에 관한 부분을 살펴보겠다는 의미다.

먼저 과정에 대한 부분이다. 문화재의 선택은 '집단' 차원에서 이루어지며, 이 집단의 대표적인 형태는 정부나 왕실과 같은 '통치권력'이었음은 문화재 인식의 역사를 통해 증명하였다. 바꿔 말하면, 문화재 선택은 기본적으로 하향식(Top-down)이라는 의미다. 그런데, 현대 사회와 같이 의사 결정 경로가 다원화되고 있는 환경에서 이 체계가 앞으로도 얼마나 효용성이 있을까를 살펴볼 필요가 있다. 이런 관점에서 문화재 지정이나 보호의 과정에 상향식(Bottom-up) 구조의 가치를 재조명한 최근의 연구는 의미가 있다. 무형유산 분야에서는 주인의식을 가지는 지역 커뮤니티가 문화재 지정과 전승에서 중요 존재가 되며, 이는 문화유산의 민주화로 말할 수 있다고 하는 점[345]은 향후 문화재 지정과 보호·전승의 과정에 시사하는 바가 크다.

문화재는 '집단'에 의해 선택된 오래된 것들이다. 이 선택과 의미 확산에는 집단이 추구하는 가치가 내재되어 있다. 이 집단은 과거에는 독재적 통치권력으로 대표되었으나, 현재는 대의민주주의적 통치권력이라는 형태를 가진다. 이 차이는 문화재의 사회적 인식과 지정, 관리 체계에 근본적인 변화를 가져올 수 있다. 앞으로는 사회 기층세력이 문화재 선택에 얼마나 영향을 주는가의 정도가 문화재 체계의 근본적 변화를 가늠하는 하나의 기준이 될 수 있다.

다음으로 방향에 대한 부분이다. 문화재는 본질적으로 선택된 기억의 증거물이다. 이 선택은 시대의 문화적 또는 이념적인 지향에 영향을 받아 변화했음은 여러 사례를 통해 증명하였다. 그렇다면 현재 우리가 가지고 있거나 가지고 가야할 문화적 또는 이념적 지향이 무엇인가가 문화재 선택의 기준이 될 수 있다.

민주주의를 예로 들면, 문화재로 선택된 '518 광주 민주화운동 기록물(세계기록유산)', '김주열 열사 시신 인양지(경상남도 기념물 277호)'와 같은 것들이 있다. 우리가 민주주의 가치를 중요하게 여기고 기억해야 한다고 하면 민주주의를 증명하는 문화재는 계속 지정되고 보호될 것이다.

우리는 많은 이념적 지향 속에 살고 있다. 민주주의, 민족주의, 환경보호, 다문화사회, COVID-19와 같은 다양한 이념과 사회 환경들은 달성되거나 고정되어 있지 않고 계속 변화하며 우리에게 영향을 준다. 이런 이념과 사회 환경들은 우리 사회가 함께 고민하고 토론하며 대응해야 하며, 이 과정에서 선택된 문화재는 우리의 고민과 선택을 증명하는 실체로서 존재할 것이다.

---

345) 김희주, 2019, 「무형문화유산과 문화유산의 민주화: 커뮤니티의 역할과 권리에 대하여」 『한국전통문화연구』 제23호, 한국전통문화대학교 한국전통문화연구소.

# 참고문헌

## 1. 자료

### 1) 원전

慶尚北道 · 安東郡, 1991, 『國譯 永嘉誌』, 安東郡.

민족문화추진회, 1989, 『新增東國輿地勝覽』, 광명인쇄공사.

전주대학교, 2009, 『輿地圖書』, 디자인흐름.

韓國古典國譯委員會, 1985, 『國譯 大典會通』, 高麗大學校出版部.

韓國精神文化研究院, 1985, 『譯註 經國大典 飜譯篇』, 韓國精神文化研究院.

### 2) 정부간행물

文化公報部, 1953, 『韓國國寶古蹟名勝天然記念物目錄』.

문화재청, 2010, 『주요국 문화재보호 법제 수집 · 번역 및 분석』.

朝鮮總督府, 1937(昭和12년).8, 『朝鮮寶物古蹟名勝天然記念物保存要目』.

朝鮮總督府告示 第430號, 朝鮮總督府官報 第2290號, 昭和9년8월27일.

朝鮮總督府告示 第1511號, 朝鮮總督府官報 號外, 昭和18년12월30일.

### 3) 언론

『嶠南教育會雜誌』, 『勸業新聞』, 『大韓每日申報』, 『大韓興學報』, 『獨立新聞』,
『每日申報』, 『新韓國報』, 『新韓民報』, 『海朝新聞』, 『皇城新聞』, 『東明』,
『東亞日報』, 『釜山日報』, 『時代日報』, 『中外日報』, 『朝鮮新聞』, 『中央日報』,
『朝鮮中央日報』, 『大連新聞』, 『京城日報』, 『大阪每日新聞』, 『北鮮日日新聞』,
『中鮮日報』, 『平壤每日新聞』, 『滿洲日日新聞』

## 4) 웹사이트

국가법령정보센터(http://www.law.go.kr)

국립국어원 표준국어대사전(https://stdict.korean.go.kr)

국립중앙도서관 원문정보 데이터베이스(http://www.nl.go.kr)

국립중앙박물관 조선총독부박물관 문서(http://modern-history.museum.go.kr)

독립기념관 한국독립운동사정보시스템(http://search.i815.or.kr)

문화재청 홈페이지(http://heritage.go.kr)

유네스코 한국위원회(https://www.unesco.or.kr)

통일법제 데이터베이스(http://www.unilaw.go.kr)

한국고전종합DB(http://db.itkc.or.kr)

한국사데이터베이스(http://db.history.go.kr)

한국사데이터베이스 조선시대법령자료(http://db.history.go.kr/law/)

한국역사정보통합시스템(http://www.koreanhistory.or.kr)

행정안전부 국가기록원 대통령기록관(http://www.pa.go.kr)

행정안전부 국가기록원 조선총독부관보(http://theme.archives.go.kr)

臺灣大百科全書(http://nrch.culture.tw)

HATHITRUST Digital Library(https://babel.hathitrust.org/cgi)

## 2. 저서

간송미술관, 2018, 『대한콜랙숀』, 간송미술문화재단.

국립고궁박물관, 2020, 『6.25 전쟁과 문화유산 보존』.

국립문화재연구소, 2012, 『환수문화재 조사보고서』.

국립문화재연구소, 2013, 『독일 라이프치히 그라시 민속박물관 소장 한국문화재』, 그라픽네트.

국립문화재연구소, 2016, 『1909년 「朝鮮古蹟調査」의 기억 -『韓紅葉』과 谷井濟一의 조사기록』, 디자인공방.

국립중앙박물관 · (사)한국박물관협회, 2009, 『한국 박물관 100년사』, ㈜사회평론.

김명섭, 2007, 『석농유근 자료총서』, 한국학술정보.

김수진 외, 2009, 『전통의 국가적 창안과 문화변용』, 혜안.

김윤정, 2011, 『조선총독부 중추원 연구』, 景仁文化社.

나인호, 2011, 『개념사란 무엇인가 -역사와 언어의 새로운 만남-』, 역사비평사.

문화재청, 2011, 『문화재청 50년사-본사편』.

박걸순, 2009, 『국학운동(한국 독립운동의 역사 34)』, 독립기념관 한국독립운동사연
          구소.

박정양 지음, 국외소재문화재재단 옮김, 2014, 『미행일기』, 푸른역사.

서울특별시사 편찬위원회, 1958, 『서울 명소고적』.

스기모토가즈키(杉本一樹), 서각수 · 송완범 · 서보경, 2015, 『정창원 역사와 보물』,
          동북아역사재단.

유길준 지음, 허경진 옮김, 2004, 『서유견문』, 서해문집.

이난영, 2008, 『박물관학』, 삼화출판사.

이선복, 2005, 『고고학 이야기』, 뿌리와 이파리.

이수정, 2017, 『문화재 보존윤리』, 그래픽코리아.

이순자, 2009, 『일제강점기 고적조사사업 연구』, 景仁文化社.

전진성, 2004, 『박물관의 탄생』, 살림.

전진성, 2005, 『역사가 기억을 말하다』, 휴머니스트.

정규홍, 2005, 『우리문화재 수난사』, 학연문화사.

정규홍, 2012, 『우리 문화재 반출사』, 학연문화사.

조동걸 · 한영우 · 박찬승 엮음. 1994, 『한국의 역사가와 역사학』하권, 창작과비평사.

池健吉, 2016, 『한국고고학백년사』, 열화당.

차배근 외, 2001, 『우리신문 100년』, 현암사.

최석영, 1997, 『일제의 동화이데올로기의 창출』, 서경문화사.

최석영, 1999, 『일제하 무속론과 식민지권력』, 서경문화사.

최석영, 2001, 『한국 근대의 박람회 박물관』, 서경문화사.

최석영, 2008, 『한국박물관 100년 역사: 진단&대안』, 민속원.

최석영, 2012, 『한국박물관 역사와 전망』, 민속원.

최석영, 2015, 『일제의 조선 「식민지 고고학」과 식민지 이후』, 서강대학교출판부.

최석영, 2018, 『일본고고학사와 식민지고고학을 만나다』, 서경문화사.

황수영 편, 2014, 『일제기 문화재 피해자료』, 국외소재문화재재단.


미르치아엘리아데, 이재실 역, 1994, 『종교사 개론』.

P.G.von 묄렌도르프 지음, 신복룡 · 김운경 역주, 1999, 『묄렌도르프 自傳(外)』, 집
　　　문당.

H.B. 헐버트 지음, 신복룡 역주, 1999, 『대한제국멸망사』, 집문당.

최호근 · 민유기 · 윤영휘 옮김, 2006, 『국가와 기억』, 민주화운동기념사업회.

도리이 류조 지음, 최석영 번역, 2007, 『인류학자와 일본의 식민지 통치』, 서경문
　　　화사.

마이크 파커 피어슨 지음, 이희준 옮김, 2009, 『죽음의 고고학』, 사회평론아카데미.

앙드레 샤스텔 · 장 피에르 바블롱 지음, 김예경 옮김, 2016, 『문화재의 개념』, 아모
　　　르문디.

에릭 캔델/래리 스콰이어 지음, 전대호 옮김, 2016, 『기억의 비밀: 정신부터 분자까
　　　지』, 해나무.

찰스 퍼니휴 지음, 장호연 옮김, 2020, 『기억의 과학: 뇌과학이 말하는 기억의 비밀』,
　　　에이도스.


高木博志, 1997, 『近代天皇制の文化史的研究』, 東京: 校倉書房.

關野貞研究會, 2009, 『關野貞日記』, 中央公論美術出版.

森本和男, 2010, 『文化財の社會史』, 彩流社.

林會承, 2011, 『臺灣文化資產保存史綱』, 台北: 遠流.

## 3. 논문

강현, 2012, 「修理, 復原의 개념과 한국의 건축문화재 보존 –復原 사업을 중심으로」 『한국건축문화재 복원과 창조의 경계』, 한양대학교박물관.

곽민지, 2018, 「사회교육을 통한 국민교육헌장의 이념 보급(1968~1972)」 『역사문제 연구』 40.

김도형, 2019, 「'이충무공유적보존운동'과 현충사 소장 관련 자료」 『겨레가 지킨 위 토, 겨레가 세운 현충사』, 문화재청 현충사관리소.

김범철, 2010, 「호서지역 지석묘의 사회경제적 기능」 『한국상고사학보』 제68호.

김범철, 2012, 「거석기념물과 사회정치적 발달에 대한 고고학적 이해 –남한지역 지 석묘의 사회적 역할에 대한 이론화를 위하여」 『한국상고사학보』 제75호.

김성환, 2007, 「일제강점기「단군릉기적비」의 건립과 단군전승」 『사학연구』 86, 한국 사학회.

김영범, 1999, 「알박스(Maurice Halwachs)의 기억사회학 연구」 『사회과학연구』, 大邱大學校社會科學研究所.

김용간, 1958, 「문화 유물 조사 보존에 대한 조선 로동당의 시책」 『문화유산』 1호.

김용철, 2017, 「근대 일본의 문화재 보호제도와 관련 법령」 『美術資料』 92, 국립중 앙박물관.

김인덕, 2009, 「근대적 박물관의 성립과 전개」 『한국 박물관 100년사』, 국립중앙박 물관.

金鐘洙, 2019, 「한국 문화재 제도 형성 연구」, 忠南大學校 大學院 國史學科 韓國史 專攻 博士學位論文.

金志宣, 2008, 「조선총독부 문화재 정책의 변화와 특성 –제도적 측면을 중심으로」, 高麗大學校 大學院 碩士學位論文.

金振元, 2012, 「朝鮮總督府의 佛敎文化財 政策 硏究」, 中央大學校 大學院 史學科 韓國史專攻 博士學位論文.

김희주, 2019, 「무형문화유산과 문화유산의 민주화: 커뮤니티의 역할과 권리에 대하 여」 『한국전통문화연구』 제23호, 한국전통문화대학교 한국전통문화연구소.

남보라, 2015, 「국가건설과정의 북한 문화유산 관리 연구 -1945년~1956년을 중심으로」, 북한대학원대학교 사회문화언론전공 석사학위논문.

남보라, 2019, 「북한문화재 보호법제 변화와 최신 동향」『2019년 남북 문화유산의 이해 과정』, 한국전통문화대학교 전통문화교육원.

盧啓鉉, 1982, 「오페르트의 南延君墳墓 盜掘蠻行과 韓國의 措置」『국제법학회논총』 27, 국제법학회.

목수현, 2001, 「한국 박물관 초기 설립과 운용」『국립중앙박물관 일본근대미술 일본화편』, 국립중앙박물관.

백인산, 2015, 「간송이 지나온 길과 간송이 가야할 길」『월간 미술세계』, 미술세계.

서인원, 1999, 「동국여지승람의 편찬 체제와 역사적 성격」『실학사상연구』 12, 무악실학회.

신복룡, 2010, 「『經國大典』을 통해서 본 조선왕조의 통치이념」『일감법학』 17, 건국대학교 법학연구소.

신용철, 2009, 「『永嘉誌』를 통해 본 安東 佛塔의 전승과 그 의의」『미술사학연구』, 한국미술사학회.

안종묵, 2002, 「황성신문皇城新聞 발행진의 정치사회사상에 관한 연구」『한국언론학보』 46, 한국언론학회.

양보경, 1996, 「한국·중국·일본의 地理誌의 편찬과 발달」『應用地理』 19, 성신여자대학교 한국지리연구소.

吳世卓, 1982, 「文化財保護法 硏究」, 檀國大學校 大學院 法學科 行政法專攻 博士學位論文.

오세탁, 1996, 「일제의 문화재 정책 -그 제도적 측면을 중심으로」『文化財』 29, 국립문화재연구소.

오세탁, 1997, 「문화재보호법과 그 문제점」『文化財』 30, 국립문화재연구소.

오영찬, 2015, 「'古蹟'의 제도화; 조선총독부 문화재 정책의 성립」『광복 70주년, 식민주의 청산과 문화재』, 국외소재문화재재단.

오춘영, 2018, 「일제강점기 문화재 정책 형성과정 연구 -위원회 구성과 목록 변화를 중심으로」『文化財』 51-1호, 국립문화재연구소.

오춘영, 2018, 「일제강점기 대만(臺灣)의 문화재 제도화 과정과 조선 비교」『文化財』51-4호, 국립문화재연구소.

오춘영, 2020, 「한국 문화재 인식의 이데올로기적 영향과 변화」『文化財』53-4호, 국립문화재연구소.

유중현, 2017, 「일제강점기 후지타료사쿠의 조선 고대문화 인식과 그 변화」『한일관계사연구』56, 한일관계사학회.

이기성, 2009, 「朝鮮總督府의 古蹟調査委員會와 古蹟及遺物保存規則 -일제강점기 고적 조사의 제도적 장치(1)」『영남고고학』51, 嶺南考古學會.

이기성, 2010, 「일제강점기 '금석병용기'에 대한 일고찰」『韓國上古史學報』68, 한국상고사학회.

이기성, 2010, 「일제강점기 '石器時代'의 조사와 인식」『先史와 古代』33, 한국고대학회.

이기성, 2016, 「일제강점기 '古都'의 고적조사 -초기 고적조사를 중심으로-」『역사와 담론』79, 호서사학회.

이성시 지음, 박경희 옮김, 2001, 「구로이타 가쓰미를 통해 본 식민지와 역사학」『만들어진 고대』, 삼인.

이성시, 2016, 「구로이타 가쓰미(黑板勝美)의 역사학 연구와 식민주의」『식민주의 역사학과 제국』, 책과 함께.

이수정, 2016, 「한국의 문화재 보존·관리에 있어서 원형개념의 유입과 원형유지원칙의 성립, 그리고 발달과정」『문화재』49-1, 국립문화재연구소.

이주현, 2011, 「독일인이 본 근대 한국 -독일 민속박물관의 한국유물 수장양상」『한국근현대미술사학』22, 한국근현대미술사학회.

李智媛, 2004, 「日帝下 民族文化 認識의 展開와 民族文化運動 -民族主義 系列을 중심으로-」, 서울大學校 大學院 社會敎育科 歷史專攻 敎育學博士學位論文.

이태진, 1979, 「『東國輿地勝覽』편찬의 歷史的 性格」『진단학보』46·47, 진단학회.

이현경, 2018, 「불편문화유산(difficult heritage)의 개념 및 역할에 대한 고찰」『도시연구』20, 도시사학회.

이현경·손오달·이나연, 2019,「문화재에서 문화유산으로: 한국의 문화재 개념 및 역할에 대한 역사적 고찰 및 비판」『문화정책논총』33-3, 한국문화관광연구원.

이현일·이명희, 2014,「조선총독부박물관 공문서로 본 일제강점기 문화재 등록과 지정」『美術資料』85, 국립중앙박물관.

임세권, 2016,「영가지, 안동의 가장 오래된 종합 인문지리지」『안동학연구』15, 한국국학진흥원.

장남원, 2012,「물질문화 관점으로 본 조선후기 玩物 陶瓷」『美術史學報』39, 미술사학연구회.

장호수, 2020,「전쟁과 문화유산-전후 복구와 문화유산 제모습 찾기」『6.25 전쟁과 문화유산 보존』.

전재호, 2011,「식민지 시기의 민족주의 연구: 국내 부르주아 우파와 사회주의 세력을 중심으로」『동북아연구』16, 경남대학교 극동문제연구소.

정갑영, 2016,「조국 근대화와 민족문화」『사회이론』50.

정근식, 2006,「기억의 문화, 기념물과 역사교육」『역사교육』97.

정상우, 2008,「1910~1915년 조선총독부 촉탁(囑託)의 학술조사사업」『역사와 현실』68, 한국역사연구회.

정상우, 2014,「『朝鮮史』(朝鮮史編修會 간행) 편찬 사업 전후 일본인 연구자들의 갈등 양상과 새로운 연구자의 등장」『사학연구』116, 한국사학회.

정상천, 2011,「프랑스 소재 외규장각 도서반환 협상 과정 및 평가」『한국정치외교사논총』33.

정수진, 2007,「근대 국민국가와 문화재의 창출」『韓國民俗學』46, 한국민속학회.

조남호, 2019,「일제강점기 강화의 마니산 참성단과 삼랑성에 대한 대종교계열 학자들의 연구」『仙道文化』, 국학연구원.

조영래, 2012,「중국역사지리 문헌의 목록학적 분류와 그 기원의 연구 -正史의 「地理誌」와 「四庫全書總目提要」「史部」의 地理類를 중심으로-」『書誌學研究』52, 한국서지학회.

조인성, 2011,「실학자들의 한국고대사 연구의 의의 -김정희의 진흥왕 순수비 연구를 중심으로-」『한국고대사연구』62, 한국고대사학회.

조지만, 2005, 「에도(江戶)시대 일본에서의 大明律의 영향」 『법사학연구』 32.

조형열, 2019, 「1920년대 開闢社의 조선지식 수집과 조선연구 토대 구축 -'조선문화 기본조사'의 추진과정과 내용 분석을 중심으로」 『역사연구』 36, 역사학연구소.

채미하, 2011, 「실학자들의 新羅史 연구 방법과 그 해석」 『한국고대사연구』 62, 한국고대사학회.

최공호, 2010, 「소백색 한복의 정체성과 근대의 백색담론」 『傳統, 근대가 만들어낸 또 하나의 권력』, 한국전통문화대학교 전통문화연구소.

최석영, 2009, 「'역사적 내러티브'의 국가적 창출 -이순신과 도요토미 히데요시에 관한 문화재 지정을 중심으로」 『전통의 국가적 창안과 문화변용』, 혜안.

최석영, 2015, 「일본 명치기 '古器舊物' 보호책과 인류 · 고고학의 초창기적 개념」 『역사와 담론』 47, 호서사학회.

최응천, 2018, 「정창원 금속공예의 연구현황과 과제」 『정창원 소장 한국 유물』, 국립문화재연구소 미술문화재연구실.

최혜정, 2007, 「일제의 평양지역 고적조사사업과 고적보존회 활동」 『역사와 세계』 32, 효원사학회.

최혜주, 2010, 「근대 일본의 한국사관과 역사왜곡」 『한국독립운동사연구』 제35집, 독립기념관 한국독립운동사연구소.

한상훈, 2014, 「기억과 망각의 목적」 『호모메모리스: 기억과 망각에 관한 17가지 해석』, 책세상.

黃晶淵, 2007, 「朝鮮時代 書畵收藏 硏究」, 韓國學中央硏究院 韓國學大學院 美術史學專攻 博士學位論文.

허수, 2011, 「'개념사'-해석과 정의 사이」 『역사비평』 96, 역사비평사.

허수, 2012, 「한국 개념사 연구의 현황과 전망」 『역사와 현실』 86, 한국역사연구회.

山田正浩, 2004, 「일본 江戶 시대의 지방지 편찬에 대하여 -尾張藩의 사례를 중심으로-」 『문화역사지리』 16권 1호, 한국문화역사지리학회.

카미야 노리오(神宮典夫), 이제수, 2003, 「일본근대법의 기저:에도(江戶)시대의 법, 그리고 메이지(明治)시대에 있어 유럽법, 특히 로마법의 계수에 관하여」 『法學硏究』 44, 부산대학교 법학연구소.

家永祐子, 2012, 「『개벽』과 『별건곤』을 통해 본 한국인의 한국자랑」 『인문과학연구』 33, 강원대학교 인문과학연구소.

黑板勝美, 1912, 「史蹟遺物保存に關する意見書」 『史學雜誌』 5號.
藤田亮策, 1951, 「朝鮮古文化財の保存」 『朝鮮學報』, 朝鮮學會.
藤田亮策, 1963, 「朝鮮古蹟調査」 『朝鮮學論考』, 藤田先生記念事業會.
塚本學, 1991, 「文化財概念の変遷と史料」 『國立歷史民俗博物館研究報告』 35, 國立歷史民俗博物館.

林一雄, 2011, 「臺灣文化資産保存歷程概要」 『國立臺灣博物館學刊』 64(1), 國立臺灣博物館.
林春美, 2002, 「文化資産的概念」 『歷史文物』 111, 國立歷史博物館.
王世安, 2016, 「臺灣有形歷史保存法制發展史(1895-2015): 從國家目標與權利保障之互動談起」, 國立臺灣大學法律學院法律學系 碩士學位論文.

Kate Clark, 2000, "From Regulation to Participation: Cultural Heritage, Sustainable Development and Citizenship." *In Forward Planning: The Functions of Cultural Heritage in a Changing Europe*, Council of Europe.

Tolina Loulanski, 2006, "Revising the Concept for Cultural Heritage: The Argument for a Functional Approach." *International Journal of Cultural Property*, International Cultural Property Society.

Wilson, P., 1989, *The domestication of the human species*, New Haven: Yale University Press.

# 부록 1-1-1. 일본 「古器舊物保存方」

明治四年(1871년) 5월 23일
太政官布告 제251호

  古器舊物 類는 古今時勢 變遷과 制度風俗 沿革을 考證할 수 있어 그 도움이 적지 않으나, 옛것을 싫어하고 새 것을 따르는 나쁜 유행에 따라 유실 및 훼손되니 실로 애석한 일인고로, 다음 조 각 지방에서 역대로 전해와 소장하는 고기구물의 종류를 별지 품목에 따라 자세하게 보고하고, 잘 보존할 수 있게 한다. 더불어 품목과 소장자의 이름을 상세히 기록하여 해당 관청에 보고한다.

(별지)
一 祭器: 神祭에 사용하는 楯矛, 其他諸器物 등
一 古玉寶石: 曲玉, 管玉, 瑠璃, 水晶 등 종류
一 石弩雷斧: 石弩, 雷斧, 霹靂碪, 石劍, 天狗, 飯匙 등
一 古鏡古鈴: 古鏡, 古鈴 등
一 銅器: 鼎, 爵, 其他 諸銅器 류
一 古瓦: 名物이거나 名物이라할 만한 古品
一 武器: 刀劍, 弓矢, 旌旗, 甲冑, 馬具, 戈戟, 大小, 銃砲, 彈丸, 戰鼓, □□ 등
一 古書畫: 名物, 肖像, 掛軸, 卷軸, 手鑑, 등
一 古書籍 및 古經文: 溫古의 書籍圖畫 및 古版古寫本 其他戲作의 종류라도 中古以前의 것이며 考古에 屬하는 物 등
一 扁額: 神社佛閣의 扁額 및 諸名家書畫 류 등
一 樂器: 笛, 笙, 太鼓, 鐘鼓, 篳篥, 羯鼓, 箏, 和琴, 琵琶, 假面, 其他 猿樂裝束 並 諸樂器歌舞에 속하는 물품
一 鐘鈷碑銘墨本: 名物이거나 名物이라할 만한 古品

一 印章: 古代의 印章類

一 文房諸具: 机案, 硯, 墨, 筆架, 硯屏 류

一 農具: 古代의 用品

一 工匠器域: 同

一 車輿: 車, 輿, 籃輿 등

一 屋內諸具: 房室諸具, 屏障類, 燈燭類, 鎖鑰類, 庖厨諸具, 飲食器, 皿, 煙具 등

一 布帛: 古金襴 並 古代의 布片 등

一 衣服裝飾: 官服, 常服, 山民의 옷, 婦女服飾, 櫛簪의 종류, 傘笠, 雨衣, 印籠,
巾, 著, 履屐의 종류

一 皮革: 各種의 皮革 並 古染革의 紋圖

一 貨幣: 古金銀古錢 並 古楮幣 등

一 諸金製造器: 銅, 黃銅, 赤銅, 靑銅, 紫金, 鉎, 錫 등으로 제조한 여러 기물

一 陶磁器: 各国陶器磁器 등

一 漆器: 蒔畫, 靑貝, 堆朱 등의 諸器物

一 度量標衛: 秤, 天平, 尺, 斗升, 算盤 等古代의 用品

一 茶器香具花器: 風爐, 釜, 茶碗 등의 茶器, 香盒, 香爐의 香具, 花瓶, 花臺 등
의 花器類

一 遊戲具: 碁, 將棊, 雙六, 蹴鞠, 八道行成, 投壺, 楊弓, 投扇, 歌骨 등

一 雛幟等偶人並兒玩: 這子, 天兒, 雛人形, 幟人形, 木偶, 土偶, 奈良人形 등
其他兒童玩弄의 諸器

一 古佛像並佛具: 佛像, 経筒, 五具足, 寶鐸 등의 古佛具

一 化石: 동식물의 化石並動物의 骨角介殼의 類

[출처: 大日本法令普及會, 1931, 參考條文揷入國民法規. 第11輯 敎育關係法(http://dl.ndl.go.jp)]

# 부록 1-1-2. 일본「古寺社保存法」

明治三十年(1897년) 6월 5일
法律 제49호

제1조 古社寺에 속한 建造物 및 寶物類의 保存과 修理를 위해 內務大臣에게 出願하여 保存金을 받을 수 있다.

제2조 국비로 보조 보존하는 해당 사사의 건조물 및 보물류는 歷史의 証徵, 由緒의 特殊 또는 製作의 優秀함에 관하여 古社寺保存会에 자문하여 내무대신이 정한다.

제3조 전조의 건조물 및 보물류의 수리는 地方長官이 指揮監督한다.

제4조 사사의 건조물 및 보물류에 대하여 특히 역사의 증징 또는 미술의 모범이 되는 것은 고사사보존회의 자문을 거쳐 내무대신이 특별보호건조물 또는 국보의 자격을 갖춘 것으로 정하고, 내무대신은 전항의 자격이 있는 물건을 관보에 고시한다.

제5조 특별보호건조물 및 국보를 처분이나 압류하는 것은 내무대신의 허가를 받아야 하나 국보 공개와 전람장 출품은 예외로 한다.

제6조 전조의 물건은 신직(官国幣社에 있는 宮司, 府県郷社에 있는 社司, 村社以下에 있는 社掌, 이하로 간주)이 監守를 하는데 이는 내무대신 감독에 속하는 것으로 하며 내무대신의 허가를 거쳐 별도의 監守者를 둘 수 있다.

제7조 사사는 내무대신의 명에 의하여 관립 또는 공립의 박물관에 국보를 출진할 의무가 있다. 단 祭典法用에 必要한 것은 예외로 한다. 전항의 명에 대해서는 원을 제기하여 얻는다.

제8조 전조에 의해 국보를 출품한 사사에는 명령에 정해진 표준에 따른 国庫의 補給金을 지급한다.

제9조 神職住職과 기타의 監守者가 내무대신의 명을 위배하여 국보를 출품할 때는 내무대신은 그 출품을 강요하는 것으로 한다.

제10조 사사에 교부한 보존금은 지방장관이 관리하고 보존금은 예산액으로 교부한다. 정산 시 잉여가 있을 때 내무대신은 이를 환부한다.

제11조 사사에 교부한 보존금은 압류할 수 없다.

제12조 제10조 및 제11조의 보존금에는 이자를 포함한다.

제13조 監守者가 그 監守하는 곳의 국보를 절취, 훼기, 은닉, 기타의 물건으로 변환하거나 제5조의 규정에 위배한 때는 2년 이상 5년 이하의 重禁錮에 처하고, 또 제5조의 물건을 알고 이를 양도, 임차, 담보, 기증하는 자는 6개월 이상 3년 이하의 重禁錮에 처하고 5엔 이상 50엔 이하의 벌금을 부가한다.

제14조 감수자의 태만으로 국보가 망실되거나 훼손되었을 때는 50엔 이상 500엔 이하의 과태료에 처한다. 과태료는 지방재판소의 명령으로 하며 이에 대해서는 즉시 항고할 수 있다. 과태료는 검사의 명령으로 이를 징수하고 징수에 관해서는 민사소송법 제6편의 규정을 준용한다. 단, 이 경우 검사의 명령은 집행문의 효력을 지닌다.

제15조 제7조에 의해 출품한 국보의 감수자가 고의태만의 이유로 국보를 망실하거나 훼손한 때는 국고 명령에 정한 평가의 방법에 따라 그 손해와 배상을 부과하고, 그 평가액에 관하여는 재판소에 출소하여 정한다.

제16조 본 법에 정한 保存金 및 補給金으로 국고에서 지출하는 금액은 1년 15만엔에서 25만엔으로 한다.


<附則>

제17조 본법 시행 전 사사에 교부한 보조금에 관해 내무장관은 제10조에서 제12조를 적용할 수 있다.

제18조 제4조에 해당하는 물건은 사사에 속하는 것이라도 소유자의 요구가 있는 경우는 제7조 제1항에 명시된 것처럼 박물관에 출품하는 것을 허가

하며 보급금을 지급하는 것으로 한다.

제19조  名所旧蹟에 관해서는 사사에 속하지 않더라도 본 법을 준용한다.

제20조  본법 시행에 필요한 규정은 명령으로 정한다.

[출처: 『官報』第四千百八十號, 明治三十年(1897) 六月十日, 法律, 法律第四十九號(http://dl.ndl. go.jp)]

# 부록 1-1-3. 일본 「史蹟名勝天然紀念物保存法」

法律 제44호

제1조 본 법을 적용하는 史蹟名勝天然紀念物은 內務大臣이 指定한다. 전항의
　　　지정 전에 필요할 때는 地方長官이 그것을 가지정할 수 있다.

제2조 사적명승천연기념물의 조사와 관계되어 필요한 때는 지정의 전후를 불
　　　문하고 해당 관리는 다른 토지 또는 인접지에 출입하여 토지 발굴, 장애
　　　물 철거, 그 외 조사에 필요한 행위를 할 수 있다.

제3조 사적명승천연기념물과 관계되어 다른 현상을 변경하거나 또는 다른 보
　　　존에 영향을 미쳐야 할 행위를 하려고 할 때는 지방장관의 허가를 받아
　　　야 한다.

제4조 내무대신은 사적명승천연기념물의 보존과 관계되어 지역을 정해 일정한
　　　행위를 금지하거나 제한 또는 필요한 시설을 명할 수 있다. 전항의 명령
　　　혹은 처분은 제2조의 규정에 의한 행위로서 손해를 입은 개인에 대해서
　　　는 명령이 정한 바에 의해 정부가 이를 보상한다.

제5조 내무대신은 지방공공단체를 지정해 사적명승천연기념물의 관리를 하게
　　　할 수 있다. 전항의 관리에 필요한 비용은 해당 공공단체의 부담으로 한
　　　다. 국고는 전항의 비용에 대해 그 일부를 보조할 수 있다.

제6조 제3조의 규정을 위반하거나 제4조 제1항의 규정에 의한 명령을 위반한
　　　자는 6월 이하의 금고, 또는 구류 또는 100엔 이하의 벌금 또는 과료에
　　　처한다.

부칙

1. 본 법 시행에 관계되어 필요한 사항은 명령으로 이를 정한다.

2. 본 법 시행의 기일은 명령으로 이를 정한다.

3. 古社寺保存法 제19조는 본법 시행의 날부터 폐지한다.

[출처: 大日本法令普及會, 1931, 國民法規. 第8輯 土地關係法(上)(http://dl.ndl.go.jp)]

# 부록 1-1-4. 일본 「國寶保存法」

법률 제17호

제1조 건조물, 보물 기타 물건에 있어서 역사의 證徵 또는 미술의 모범에 되는 것은 主務大臣이 國寶保存會에 자문해서 그것을 국보로 지정할 수 있다.

제2조 주무대신이 전조의 규정에 따라 지정할 때는 그것을 관보에 고시하고 당해 물건의 소유자에게 통지한다.

제3조 국보는 그것을 輸出 또는 移出할 수 없다. 단 주무대신의 허가를 받았을 때는 그러하지 않다.

제4조 국보의 現狀을 변경하려고 할 때는 주무대신의 허가를 받아야 한다.
단 維持修理를 할 때는 그러하지 않다.

제5조 주무대신은 전2조의 규정에 따라 허가를 하려고 할 때에는 국보보존회에 자문해야 한다.

제6조 국보의 소유자 변경이 있을 때는 명령이 정하는 바에 따라 소유자는 주무대신에게 신고해야 한다. 국보의 멸실 또는 훼손되었을 때도 같다.

제7조 국보의 소유자는 주무대신의 명령으로 1년 내의 기간에 한하여 제실·관립 또는 공립 박물관 또는 미술관에 그 국보를 출품할 의무가 있다.
단 제사법용 또는 공무집행을 위해서 필요하거나 다른 이유가 있을 때는 그렇지 않다. 전항의 명령에 대해서 不服이 있을 때에는 訴願할 수 있다.

제8조 전조의 규정으로 국보를 출품하는 자에 대해서는 명령의 정하는 바에 따라 국고의 보급금을 교부한다.

제9조  제7조의 규정에 따라서 출품한 국보가 출품 중 멸실 또는 훼손되었을 때
       에는 명령의 정하는 바에 따라 국고에서 그 소유자에 대해 통상 생겨야
       하는 손해를 보상한다. 단 불가항력의 경우는 그러하지 아니한다. 전항
       의 손해보상액은 주무대신이 결정한다. 그 결정에 대해서 불복이 있는 자
       는 결정 통지의 날부터 3월 내 通常裁判所에 출소할 수 있다.

제10조  제7조의 규정에 따라서 출품할 국보에 있어서 출품 중 소유자의 변경
        이 있을 때에는 신소유자는 해당 국보에 관해서 본법에 규정한 구소유
        자의 권리 의무를 승계한다.

제11조  공익상 기타 특수의 이유에 있어서 필요할 때에는 주무대신이 국보보
        존회에 자문해서 국보의 지정해제를 할 수 있다. 주무대신은 전항의 규
        정에 따라서 지정 해제를 할 때에는 그것을 관보에 고시하고 해당 물건
        의 소유자에 통지한다.

제12조  神社 또는 사원(불당을 포함, 이하 같음)의 소유에 속하는 국보는 신사
        에 있어서 神職(官國幣社는 宮司, 府縣鄕社는 社司, 村社는 社掌), 사
        원에 있어서는 주직(불당은 담당 승려)이 그것을 관리한다. 단 주무대
        신의 허가를 받고 다른 관리자를 정할 수 있다.

제13조  신사 또는 사원의 소유에 속하는 국보는 그것을 처분하거나 담보 또는
        압류할 수 없다. 단 주무대신의 허가를 받고 처분하거나 담보하는 것은
        그렇지 않다. 주무대신은 전항의 규정에 따라서 허가를 할 때는 국보보
        존회에 자문해야 한다. 주무대신의 허가를 받지 않고 신사 또는 사원의
        소유에 속하는 국보를 처분하거나 담보할 때는 그것은 무효가 된다.

제14조  신사 또는 사원의 소유에 속하는 국보를 유지 수리하기 어려울 때는 주
        무대신이 국보보존회에 자문해서 보조금을 교부할 수 있다.

제15조  보조금은 예산액으로 교부할 수 있다. 이 경우 정산에서 잉여가 있을
        때에는 그것을 還付할 수 있다.

제16조  보조금 및 보급금으로서 국고에서 지출해야 하는 금액은 매년도 15만
        엔 이상 20만엔 이하로 한다. 전항의 금액 이외에 특히 필요할 때에

는 예산의 정하는 바에 따라서 임시 보조금 또는 보급금을 지출할 수 있다.

제17조  국보보존회의 조직 및 권한에 관한 사항은 본법의 규정 외에 칙령으로 그것을 정한다.

제18조  신사 및 사원의 소유에 속하는 국보의 관리에 관한 사항은 명령으로 그것을 정한다.

제19조  국유에 속하는 국보에 관해서는 칙령으로 특별히 정할 수 있다.

제20조  주무대신의 허가 없이 국보를 수출 또는 이출하는 자는 5년 이하의 징역 혹은 금고 또는 2천엔 이하의 벌금에 처한다.

제21조  국보를 파괴, 훼기 또는 은닉한 자는 5년 이하의 징역 혹은 금고 또는 5백엔 이하의 벌금에 처벌한다. 전항의 국보가 자기소유에 관계될 때에는 2년 이하의 징역 혹은 금고 또는 2백엔 이하의 벌금 혹은 과태료에 처한다.

제22조  제4조의 규정에 위반해서 허가를 받아야 하는 자가 그것을 받지 않거나 국보의 현상을 변경하였을 때에는 5백엔 이하의 과태료에 처한다.

제23조  제6조의 규정에 위반해서 신고를 하지 않은 자는 8백엔 이하의 과태료에 처한다.

제24조  제7조의 규정에 따라서 출품하는 국보의 관리자 또는 신사 혹은 사원의 소유에 속하는 국보의 관리자가 태만으로 그 관리하는 국보를 멸실 또는 훼손할 때에는 5백엔 이하의 과태료에 처한다.

제25조  非訟事件手續法 제206조 내지 제208조 규정은 본법 과태료 부과 시 그것을 준용한다.


부칙

1.  본법의 시행기일은 칙령으로 정한다.

2.  古社寺保存法은 폐지한다.

3. 고사사보존법에서 특별보호건조물 또는 국보의 자격이 있다고 정한 물건은 본법에 의해 국보로 지정한 물건으로 간주한다.

4. 고사사보존법에 의거 하부한 보존금은 본법에 의해 교부한 보조금으로 간주한다.

[출처: 『官報』 第六七一號, 昭和四年(1929) 三月二十八日, 法律, 法律第十七號(http://dl.ndl.go.jp) / 김종수, 2019, 「한국 문화재 제도 형성 연구」, 忠南大學校 大學院 國史學科 韓國史專攻 博士學位論文]

# 부록 1-1-5. 일본 「重要美術品等の保存に関する法律」

昭和8年(1933년) 4월 1일

法律 제43호

제1조 역사상 또는 미술상 특히 중요한 가치가 있는 것으로 인식되는 물건(국
  보는 제외)을 수출 또는 이출하려고 하는 자는 주무대신의 허가를 받아
  야 한다. 단 現存者의 제작과 관련이 있는 것, 제작 후 50년이 지나지 아
  니한 것, 수입 후 일 년이 지나지 않은 것은 그러하지 아니한다.
제2조 전조의 규정에 따라 수출 또는 이출에 허가가 필요한 물건은 주무대신이
  認定하고 그것을 관보에 고시하며 해당 물건의 소유자에게 통지해야한
  다. 前項의 규정에 따라 認定의 고시가 있을 때에는 매매, 교환 또는 증
  여의 목적으로 해당 물건의 기탁을 받은 점유자 또한 그 사실을 인정한
  것으로 추정한다.
제3조 주무대신은 제1조의 규정에 따라 허가신청이 있는 경우 허가신청일로부
  터 일 년이 넘지 않는 기간 내에 해당 물건을 국보보존법 제1조 규정에
  의한 국보로서 지정 또는 前조항의 규정으로 인정을 취소해야 한다.
제4조 인정, 그 취소 및 제2조의 규정에 의한 인정물건의 소유자에 변경이 있는
  경우 신고에 관한 사항은 명령으로 그것을 정한다.
제5조 주무대신의 허가 없이 제2조의 규정에 의한 인정 물건을 수출 또는 이출
  한 자는 3년 이하의 징역 혹은 금고 또는 1천엔 이하의 벌금에 처한다.

부칙
본법은 공포의 날부터 시행한다.

[출처: 김종수, 2019, 「한국 문화재 제도 형성 연구」, 忠南大學校 大學院 國史學科 韓國史專攻 博士
  學位論文]

# 부록 1-2-1. 대만 「史蹟名勝天然記念物保存法施行規則」

昭和5年(1930년) 9월 21일

대만총독부 부령 제35호

제1조 대만 사적명승천연기념물의 지정 및 해제는 대만총독부보의 고시에 의
　　하며, 지방 지사 및 청장이 임시 지정 및 임시 해제하는 것 역시 같다.

제2조 사적명승천연기념물보존법(이하 약칭 보존법) 제2조의 규정 행위는 조
　　사원이 3일 전에 토지의 소유자 및 점유자에게 통지하여야 한다. 보존법
　　제2조의 조사행위 시 조사원은 조사 전 신분증을 제출해야 한다. 일출 전
　　과 일몰 후에는 점유자의 동의를 거치지 않으면 부득이 보존법 제2조 규
　　정에 의해 건물 내로 진입해야 한다.

제3조 보존법 제3조 규정의 행위는 지방지사 혹은 청장의 수리 승인을 받아야
　　한다.

제4조 보존법 제4조 제1항의 제한 또는 금지의 시설행위는 부보에 고시가 되어
　　야 한다.

제5조 보존법 제4조 제2항의 규정에서 야기한 손해는 반드시 보상해야 한다.
　　전항의 보상 금액은 각 지사나 청장과 더불어 피손해인이 협의하여 조처
　　하며, 대만총독을 감정인으로 한다.

제6조 사적명승천연기념물의 소유자·관리자·점유자의 변경이 있으면 10일
　　이내에 각지의 지사나 청장에게 신고해야 한다.

제7조 비록 보존물로 지정되지는 않았으나 다만 토지 소유자·관리자·점유자
　　로 인하여 사적지에 현상변경이 발생할 때 발생 10일 내 아래 사항을 각
　　지의 지사나 청장에게 신고해야 한다.

　　1. 발생한 연월일 2. 소재지 3. 현상 4. 기타참고사항

제8조 사적명승천연기념물의 국가에 속하는 수익 및 지방공공단체의 소득을

부담관리의 비용으로 한다.

제9조 사적명승천연기념물 관리비용의 부담은 지방공공단체 지사나 청장이 허
가한 사적명승천연기념물 참관비용 부담으로 징수한다.

제10조  대만총독부는 사적명승천연기념물의 대장을 구비해야 한다.

제11조  제6조, 제7조의 규정을 위반하면 20원 이하의 벌금에 처한다.


부칙

소화5년 칙령 제27호 및 본령은 소화5년 11월 1일 정식 시행한다.

[출처: 『府報』第千六十四號, 昭和五年(1930) 九月二十一日, 府令(http://db2.lib.nccu.edu.tw)]

# 부록 1-2-2. 대만「史蹟名勝天然記念物保存法取扱規定」

昭和5年(1930년) 9월 21일
대만총독부 훈령 제73호

제1조 사적명승천연기념물보존법(이하 약칭 보존법) 제1조 제1항의 규정에 의해, 사적명승천연기념물은 두 종류로 나누어 지정을 진행한다.

　　제1류 국가급

　　제2류 지방급

제2조 지사나 청장은 보존법 제1조 제1항 규정에 의한 인가(지정) 진행 시, 그 종류 · 명칭 · 소재지 · 지적 · 물건조사서 및 지적도를 대만총독에게 제출하여 신청해야 한다.

제3조 지사나 청장은 보존법 제1조 제1항의 규정에 의거하여 인가를 하기 전에, 만약 응급처치가 필요하다고 판단될 때에는 동법 제1조 제2항의 규정에 따라 임시로 지정해야 한다. 전항에 따라 임시로 지정할 때에는 대만총독에게 물건의 종류, 명칭, 소재지, 지적, 물건조사보고 및 지적도 등 구체적인 정보를 제출해야 한다.

제4조 지사나 청장이 사적명승천연기념물을 지정한 후에는 지정 대상의 소유자 · 관리자나 점유자 · 기타 이해관계자 및 관할구역 경찰서장이나 副廳長에게 즉각 지정사실을 알려야 하며 위반자에 대한 제재 요령도 알려야 한다. 이는 보존법 제5조의 규정에 따라 결정되며, 관리자는 아래의 규정에 따라 관련된 보존조치를 취해야 한다. 임시지정 역시 같다.

　　1. 표지판이나 고시판을 설치함

　　2. 필요한 경계표기를 설치함

　　3. 필요하면 울타리나 덮개를 설치함

　　4. 표지판의 크기는 20~30cm의 방형으로 하고, 지면으로부터의 높이는

1.5~2.5m이다.

5. 표지판의 글은 아래의 예문에 따른 내용이 기재되어야 한다.

정면: 사적(명승, 천연기념물) ...... (지정명칭 표시)

후면: 사적명승천연기념물보존법에 의해 모년모월 대만총독부가 지정함

주의: 문장을 사용할 때는 평이하고 쉽게 표현해야 한다.

제5조 사적명승천연기념물보존법 시행규칙(이하 약칭 시행규칙) 제2조 제1항 규정에 의거, 통지서에는 날짜, 토지의 구역, 행위종류 등을 분명히 적어야 한다.

제6조 사적명승천연기념물 조사관원의 증명서 양식은 길이 7.5cm, 폭 4.5cm의 접는 두꺼운 종이판으로 하며, 양식은 첨부한 그림과 같다.

사적명승천연기념물조사관원적직별등양식, 위장7.5공분 관4.5공분절첩 후지판, 양여부도

제7조 지사나 청장은 보존법 제3조 규정에 의한 허가, 또는 시행규칙 제3조 규정에 의한 승인 시에는, 대만총독에게 관련된 중요 자료를 미리 제출해야 한다.

제8조 지사나 청장은 보존법 제4조 제1항 규정에 의한 지역 지정 시, 관련 이유 및 지역 도면을 대만 총독에게 제출하여 신청해야 한다.

제9조 지사나 청장은 시행규칙 제5조 규정에 의한 보상액 협의를 진행할 시, 협의과정 및 보상액을 대만총독에게 제출해하여 보고해야 한다.

제10조 지사나 청장은 시행규칙 제6조 규정에 의한 신고를 접수한 후 10일 내에 대만총독에게 제출하여 보고해야 한다.

제11조 지사나 청장은 시행규칙 제7조 규정에 의한 신고를 접수한 후 즉시 대만 총독에게 제출하여 보고해야 한다.

제12조 지사나 청장은 시행규칙 제7조 규정에 의한 허가를 진행할 때에는 대만총독에게 보고해야 한다.

제13조 지사나 청장은 사적명승천연기념물이 이미 보존할 필요가 없다고 인지될 때에는 대만 총독에게 구체적 사유를 보고하고 지정해제 신청을 제

출해야 한다.

제14조　지사나 청장은 그 관할구역 내 사적명승천연기념물을 목록으로 만들어 제15조에 규정된 사항에 따라 기록해야 한다. 기재사항에 변동이 있을 때에는 즉시 대만 총독에게 보고해야 한다.

제15조　사적명승천연기념물 목록 기재 내용

　　1. 사적 또는 명승 (제류)

　　(1) 명칭

　　(2) 소재지

　　(3) 지번

　　(4) 지적

　　(5) 소유자의 소재지, 성명

　　(6) 소유자 외 관리자나 점유자의 소재지, 성명

　　(7) 인조물 이외, 그 물건의 재질, 형태, 구조, 크기, 수량

　　(8) 현상

　　(9) 역사연혁

　　(10) 증명물건

　　(11) 지정사유

　　(12) 지정연월일 및 번호

　　(13) 조사보고의 번호

　　(14) 보존요건

　　2. 천연기념물

　　(1) 명칭

　　(2) 소재지

　　(3) 지번

　　(4) 지적

　　(5) 소유자의 소재지, 성명

　　(6) 소유자 외 관리자나 점유자의 소재지, 성명

(7) 형태, 구조, 크기, 수량

(8) 현상

(9) 원래 상태

(10) 지정사유

(11) 지정연월일 및 번호

(12) 조사보고의 번호

(13) 보존요건

[출처: 『府報』第千六十四號, 昭和五年(1930) 九月二十一日, 訓令(http://db2.lib.nccu.edu.tw)]

# 부록 1-2-3. 대만「史蹟名勝天然記念物調查會規定」

昭和5年(1930년) 10월 16일
대만총독부 훈령 제84호

제1조 대만총독부 설치 사적명승천연기념물조사회는 사적명승천연기념물의
　　　조사 및 지정 보존 등 유관 사항의 심의에 책임이 있다.
제2조 조사회에는 회장 1인, 부회장 1인 및 위원 약간 인을 둔다.
제3조 회장은 대만총독부 총무장관이며, 부회장은 대만총독부 내무국장이 맡
　　　는다.
　　　위원은 대만총독이 임명한 부내 관리나 기타 학식경험이 있는 자가 맡는다.
제4조 회장은 회의 일을 관장하고 부회장은 회장의 상관 사무에 대해 보좌나
　　　대리를 한다.
제5조 조사회에는 간사 약간 인을 두는데, 대만총독이 임명한 부내의 고등관이
　　　맡도록 한다. 회장이나 부회장은 간사가 보존상관 서무를 맡아 보도록
　　　지휘해야 한다.
제6조 조사회 내에는 서기 약간 인을 두는데, 대만총독이 임명한 부내의 판임관
　　　이 맡도록 한다. 서기는 상관의 지휘를 받아 보존 관련 서무를 한다.

[출처: 『府報』第千八十九號, 昭和五年(1930) 十月十六日, 訓令(http://db2.lib.nccu.edu.tw)]

# 부록 1-3-1. 한국 「寺刹令」

1911년 6월 3일
訓令 제7호

제1조 사찰을 倂合, 移轉 또는 廢止하려고 할 때에는 조선총독의 허가를 받아야한다 그의 基地 또는 명칭을 변경하려고 할 때도 또한 같다.

제2조 사찰의 基址의 가람은 지방장관의 허가를 얻지 아니하면 傳法, 布敎, 法要執行 및 僧尼 止住의 목적이외에는 이를 사용하거나 또는 사용시킬 수 없다.

제3조 사찰의 本末關係, 僧規, 法式 기타필요 한 寺法은 각 本寺에서 이를 정하고 조선총독의 인가를 받아야 한다.

제4조 사찰 주지를 두어야 한다. 주지는 그 사찰에 속하는 일체의 재산을 관리하고 寺務 및 法要執行의 책임을 지고 사찰을 대표한다.

제5조 사찰에 속하는 土地, 森林, 建物, 佛像, 石物, 古文書畵, 기타의 貴重品은 조선총독의 허가를 얻지 아니하면 이를 처분할 수 없다.

제6조 전조의 규정을 위반한자는 2년 이하의 징역 또는 5백엔 이하의 벌금에 처한다.

제7조 본령에 규정하는 것 이외 사찰에 관해 필요한 사항은 조선총독이 이를 정한다.

부칙
본령 시행의 기일은 조선총독이 정한다.

[출처: 朝鮮總督府, 1916, 朝鮮法令輯覽, 第7輯]

# 부록 1-3-2. 한국 「古蹟及遺物保存規則」

大正五年(1916년) 7월 10일
조선총독부 부령 제52호

제1조 본 령에서 고적이라 칭하는 것은 패총, 석기 · 골각기류를 包有하는 토지 및 수혈 등의 선사유적, 고분과도성, 궁전, 城柵, 관문, 교통로 · 역참, 봉수, 官府, 祠宇, 壇廟, 사찰, 陶窯 등의 遺址 및 戰跡, 기타 史實에 관계있는 유적을 말하며, 유물이라 칭하는 것은 연대를 거친 탑, 비, 종, 금석불, 당간, 석등 등으로써 역사, 공예, 기타 고고의 자료로 할 만한 것을 말한다.

제2조 조선총독부에 別記양식의 고적 및 유물대장을 비치하고 前條의 고적 및 유물 중 보존의 가치가 있는 것에 대하여 다음 사항을 조사해 이를 등록한다.

1. 명칭
2. 종류 및 형상대소
3. 소재지
4. 소유자 또는 관리자의 주소, 씨명 혹은 명칭
5. 현황
6. 유래전설 등
7. 관리보존의 방법

제3조 고적 또는 유물을 발견한 자는 그 현상에 변경을 가함이 없이 3일 이내에 口頭 또는 서면으로 그 지역의 경찰서장(경찰서의 사무를 취급하는 헌병분대 또는 분견소를 포함. 이하같음)에게 신고해야 한다. 경찰서장이 전항의 신고를 받았을 때에는 즉시 前條의 사항을 조사하여 조선총독에게 보고해야 한다.

제4조 고적 또는 유물에 대하여 조선총독부에서 이를 고적 및 유물대장에 등록한 때는 즉시 그 뜻을 당해 물건의 소유자 또는 관리자에게 통지하고

그 대장의 등본을 당해 경찰서장에게 송부해야 한다. 前條의 신고가 있은 고적 또는 유물에 대하여 고적 및 유물대장에 등록하지 않은 것은 신속히 당해 경찰서장을 거쳐 그 뜻을 신고인에게 통지해야 한다. 고적 및 유물대장에 등록한 것으로써 그 등록을 취소할 때는 전항에 준거하여 그 물건의 소유자 또는 관리자에게 통지해야 한다.

제5조 고적 및 유물대장에 등록한 물건의 현상을 변경하거나 이것을 이전하거나 수선하거나 혹은 처분하려고 할때 또는 그 보존에 영향을 미칠 만한 시설을 하려고 할 때는 당해 물건의 소유자 또는 관리자는 다음 사항을 갖추어 경찰서장을 거쳐 미리 조선총독의 허가를 받아야 한다.

　　1. 등록번호 및 명칭

　　2. 변경, 이전, 수선, 처분 또는 시설의 목적

　　3. 변경, 이전, 수선 또는 시설을 하려는 것은 그 방법 및 설계도와 비용의 견적액

　　4. 변경, 이전, 수선, 처분 또는 시설의 시기

제6조 고적 및 유물에 대하여 대장의 등록사항에 변경이 생긴 때는 경찰서장은 신속히 이를 조선총독에게 보고해야 한다.

제7조 경찰서장이 유실물법 제13조 제2항에 해당하는 매장물 발견의 신고를 받았을 때는 同法에 의한 계출사항 외에 同法 제13조 제2항에 해당하는 것을 증명할 만한 사항을 갖추어 경무총장을 거쳐 조선총독에게 보고해야 한다.

제8조 제3조 또는 제5조의 규정에 위반한 자는 2백원 이하의 벌금 또는 과료에 처한다.


부칙

본령은 대정5년(1916) 7월 10일부터 이를 시행한다.


[출처: 金志宣, 2008, 「조선총독부 문화재 정책의 변화와 특성 -제도적 측면을 중심으로」, 高麗大學校 大學院 碩士學位論文]

# 부록 1-3-3. 한국 「古蹟調査委員會規定」

大正五年(1916년) 7월
조선총독부 훈령 제29호

제1조 조선에 있어서 고적 · 금석물 · 기타의 유물 및 명승지 등의 조사 및 보존
　　　에 관한 사항을 심의하기 위해 조선총독부에 고적조사위원회를 둔다.
제2조 고적조사위원회는 위원장 1인, 위원 약간명으로서 이를 조직한다.
제3조 위원장은 정무총감으로 한다. 위원은 조선총독부 고등관 중에서 이를 임
　　　명하거나 또는 학식경험있는 자 중에서 이를 촉탁한다.
제4조 위원장은 회무를 總理한다. 위원장이 사고가 있을 때는 위원장이 지정한
　　　위원이 그 사무를 대리한다.
제5조 위원회에서는 다음의 사항을 심의한다.
　　　1. 고적 및 유물의 조사에 관한 사항
　　　2. 고적의 보존 및 유물의 수집에 관한 사항
　　　3. 고적 · 유물 · 명승지 등에 영향을 미칠 만한 시설에 관한 사항
　　　4. 고문서의 조사 및 수집에 관한 사항
제6조 위원회는 고적 · 유물 · 고문서의 조사 및 유물 · 고문서의 수집과 그 보
　　　존에 관한 일반계획을 세우는 외에 각 年度에 있어서 실지조사를 해야
　　　할 계획을 작성하여 전년말일까지 위원장이 이를 조선총독에게 제출해
　　　야 한다. 전항 외에 위원회에서 필요가 있다고 인정한 사항 또는 조선총
　　　독의 자문에 관계한 사항에 관해서는 그 심사의 결과에 따른 이유를 갖
　　　추어 위원장이 그 의견서 또는 보고서를 조선총독에게 제출해야 한다.
제7조 위원회에서 위원으로서 실지에 대한 조사를 하고자 할때는 그 조사의 계
　　　획, 조사해야 할 물건의 종목, 소재지와 조사의 방법 및 시일을 갖추어 조
　　　선총독에게 신청해야 한다.

제8조 위원으로서 실지조사를 命 받았을 때는 위원장은 그 위원의 씨명, 조사
　　　해야할 물건의 종목·소재지·조사의 방법 및 시일을 미리 그 지역을 관
　　　할하는 도장관 및 경찰부장에게 통지해야 한다.

제9조 실지조사에 종사하는 위원은 고적 소재지의 지방청 및 경찰관서에 협의
　　　하여 그 조사에 대해서는 가능한 한 헌병 또는 경찰관의 입회를 요청해
　　　야 한다.

제10조 실지조사를 命 받은 위원은 그 조사에 관한 상세한 보고서를 작성하여
　　　위원장에게 제출하고, 위원장은 이를 조선총독에게 보고해야 한다. 실
　　　지조사 때 위원이 수집한 물품은 그 목록을 첨부하여 그 지역의 경찰관
　　　서에 위탁해서 이를조선총독부에 송치해야 한다. 다만 파손의 우려가
　　　있는 것은 스스로 이를 휴대해야 한다.

제11조 위원회에 간사를 둔다. 간사는 조선총독부 고등관 중에서 이를 임명한
　　　다. 간사는 위원장의 지휘를 받아서 사무를 掌理한다.

[출처: 金志宣, 2008, 「조선총독부 문화재 정책의 변화와 특성 -제도적 측면을 중심으로」, 高麗大學校
大學院 碩士學位論文]

# 부록 1-3-4. 한국「朝鮮寶物古蹟名勝天然記念物保存令」

昭和8年(1933년) 8월 9일
조선총독부 제령 제6호

제1조 ①건조물 · 전적 · 서적 · 회화 · 조각 · 공예품 · 기타 물건으로 특히 역사의 증징 또는 미술의 모범이 될 만한 것은 조선총독이 이를 보물로 지정할 수 있다.

②패총 · 고분 · 절터 · 성터 · 가마터 · 기타 유적 · 경승지 또는 동물 · 식물 · 지질 · 광물 · 기타 학술연구의 자료가 될 만한 것으로 보존의 필요가 있다고 인정되는 것은 조선총독이 이를 고적 명승 또는 천연기념물로 지정할 수 있다.

제2조 ①조선총독이 전조의 지정을 하고자 하는 때에는 조선총독부보물고적명승천연기념물보존회(이하 '보존회'라 함)에 자문을 구하여야 한다.

②전조의 지정 이전에 급한 시행을 요하여 보존회에 자문을 구할 여유가 없을 때에는 조선총독이 임시로 지정할 수 있다.

제3조 조선총독은 보물 · 고적 · 명승 · 천연기념물에 관한 조사를 위하여 필요하다고 인정되는 때에는 당해 관리에게 필요한 장소에 출입하여 조사에 필요한 물건의 제공을 요구하고 측량조사를 하거나 토지의 발굴, 장애물의 변경 · 제거, 기타 조사에 필요한 행위를 하게 할 수 있으며, 이 경우에 당해 관리는 신분을 증명하는 증표를 휴대하여야 한다.

제4조 ①보물은 수출 또는 이출할 수 없다. 다만, 조선총독의 허가를 받은 때에는 그러하지 아니하다.

②조선총독이 전항의 허가를 하고자 하는 때에는 보존회에 자문을 구하여야 한다.

제5조 보물 · 고적 · 명승 또는 천연기념물에 관하여 현상을 변경하거나 보존에

영향을 미칠만한 행위를 하고자 하는 때에는 조선총독의 허가를 받아야
한다.

제6조 ①조선총독은 보물·명승·고적 또는 천연기념물의 보존에 관하여 필요
하다고 인정되는 때에는 일정 행위를 금지 또는 제한하거나 필요한 시설
을 명할 수 있다.

②전항의 시설에 필요한 비용은 국고의 예산범위 안에서 일부를 보조할
수 있다.

제7조 조선총독이 제5조의 규정에 의한 허가 또는 전조 제1항의 규정에 의한
명령을 하고자 하는 때에는 보존회에 자문을 구하여야 한다. 다만, 경미
한 사항은 그러하지 아니하다.

제8조 보물의 소유자가 변경된 때에는 조선총독이 정하는 바에 의하여 소유자가
조선총독에게 신고하여야 하며, 보물이 멸실 또는 훼손된 때에도 같다.

제9조 보물의 소유자는 조선총독의 명령에 의하여 1년 내의 기간을 한도로 이
왕가·관립·공립박물관 또는 미술관에 보물을 출진할 의무가 있다. 다
만, 제사용 또는 공무집행을 위하여 필요한 때, 기타 부득이한 사유가 있
는 때에는 그러하지 아니하다.

제10조 전조의 규정에 의하여 보물을 출진한 자에게는 조선총독이 정하는 바
에 의하여 국고에서 보급금을 교부할 수 있다.

제11조 제3조의 규정에 의한 행위 또는 제6조 제1항의 규정에 의한 명령으로
인하여 손해를 입은 자가 있는 때 또는 제9조의 규정에 의하여 출진한
보물 기타 출진 중 불가항력으로 인한 것이 아닌 멸실 또는 훼손일 때
는 조선총독은 그 정하는 바에 의하여 손해를 보상할 수 있다.

제12조 제9조의 규정에 의하여 출진한 보물로, 출진 중 소유자가 변경된 때에
는 신소유자가 당해 보물에 관하여 본령이 규정한 구소유자의 권리·
의무를 승계한다.

제13조 ①조선총독은 지방공공단체를 지정하여 보물·고적·명승 또는 천연
기념물을 관리하게 할 수 있다.

②전항의 관리에 필요한 비용은 당해 공공단체의 부담으로 한다.

③전항의 비용은 국고의 예산범위 안에서 일부를 보조할 수 있다.

제14조 공익상 기타 특수한 사유에 의하여 필요하다고 인정되는 때에는 조선총독은 보존회에 자문하여 보물·고적·명승 또는 천연기념물의 지정을 해제할 수 있다.

제15조 조선총독이 제1조 또는 제2조 제2항의 규정에 의한 지정을 하거나 전조의 규정에 의하여 지정을 해제한 때에는 정하는 바에 의하여 이를 고시하고 당해 물건 또는 토지의 소유자·관리자 또는 점유자에게 통지하여야 한다. 다만, 지정된 물건의 보존상 필요하다고 인정되는 때에는 고시하지 아니할 수 있다.

제16조 조선총독은 국가의 소유에 속하는 보물·고적·명승 또는 천연기념물에 관하여 별도의 규정을 둘 수 있다.

제17조 ①사찰의 소유에 속하는 보물은 차압할 수 없다.

②전항 보물의 관리에 관한 사항은 조선총독이 정한다.

제18조 ①패총·고분·절터·성터·가마터·기타 유적으로 인정할 만한 것은 조선총독의 허가를 받지 아니하고 발굴, 기타 현상 변경을 할 수 없다.

②전항의 유적으로 인정할 수 있는 것을 발견한 자는 즉시 그 요지를 조선총독에게 신고하여야 한다.

제19조 조선총독은 본령이 규정한 직권의 일부를 도지사에게 위임할 수 있다.

제20조 조선총독의 허가 없이 보물을 수출 또는 이출한 자는 5년 이하의 징역이나 금고 또는 2000원 이하의 벌금에 처한다.

제21조 ①보물을 손괴·훼기 또는 은닉한 자는 5년 이하의 징역이나 금고 또는 500원 이하의 벌금에 처한다.

②전항의 보물이 자기 소유에 관계되는 때에는 2년 이하의 징역이나 금고 또는 200원 이하의 벌금 또는 과료에 처한다.

제22조 다음 각 호에 해당하는 자는 1년 이하의 징역이나 금고 또는 500원 이하의 벌금 또는 과료에 처한다.

1. 허가를 받지 아니하고 보물·고적·명승 또는 천연기념물에 관하여 현상을 변경하거나 보존에 영향을 미칠만한 행위를 한 자
2. 제6조 제1항의 규정에 의한 명령을 위반한 자
3. 제18조 제1항의 규정에 위반한 자
4. 제5조 또는 제18조 제1항의 규정에 위반하거나 제6조 제1항의 규정에 의한 명령에 위반하여 얻은 물건을 讓受한 자

제23조 제3조의 규정에 의한 당해 관리의 직무집행을 거부·방해 또는 기피하거나 조사에 필요한 물건을 제공하지 아니하거나 조사에 필요한 물건으로 허위인 것을 제공한 자는 200원 이하의 벌금에 처한다.

제24조 제8조 또는 제18조 제2항의 규정을 위반하고 신고를 하지 아니한 자는 100원 이하의 벌금 또는 과료에 처한다.

부칙

본령의 시행기일은 조선총독이 정한다.

[출처: 김종수, 2019, 「한국 문화재 제도 형성 연구」, 忠南大學校 大學院 國史學科 韓國史專攻 博士 學位論文]

# 부록 1-3-5.
## 한국 「朝鮮總督府寶物古蹟名勝天然記念物保存會官制」

昭和8年(1933년) 8월 8일

勅令 제224호

제1조 조선총독부보물고적명승천연기념물보존회는 조선총독의 감독에 속하며, 그 자문에 응해 보물 · 고적 · 명승 또는 천연기념물의 보존에 관한 중요사항을 조사 심의한다. 보존회는 보물 · 고적 · 명승 또는 천연기념물의 보존에 관한 사항에 대해 조선총독에게 건의할 수 있다.

제2조 보존회는 회장 1인 및 위원 40인 내외로 이를 조직한다. 특별사항을 조사 심의할 필요가 있을 때는 임시위원을 둘 수 있다.

제3조 회장은 조선총독부 정무총감으로 한다. 위원 및 임시위원은 조선총독의 주청에 의해 내각에서 임명한다.

제4조 회장은 회무를 總理한다. 회장이 사고가 있을 때는 회장이 지정한 위원이 직무를 대리한다.

제5조 보존회의 의사에 관한 규칙은 조선총독이 이를 정한다.

제6조 보존회에 간사를 둔다. 조선총독의 주청에 의해 조선총독부 고등관 중에서 내각에서 이를 임명한다. 간사는 회장의 지휘를 받아 서무를 정리한다.

제7조 보존회에 서기를 둔다. 조선총독부 판임관 중에서 조선총독이 이를 임명한다. 서기는 상사의 지휘를 받아 서무에 종사한다.

[출처: 김종수, 2019, 「한국 문화재 제도 형성 연구」, 忠南大學校 大學院 國史學科 韓國史專攻 博士 學位論文]

# 부록 2. 대만 사적명승천연기념물 지정 목록

| 지정시기 | 구분 | 번호 | 명칭 | 소재지 | 일본관련 |
|---|---|---|---|---|---|
| 제1회 지정<br>1933.11.26 | 史蹟 | 史1 | 芝山巖 | 臺北州 | |
| | 天然記念物 | 天1 | 芝山巖 | 臺北州 | |
| | 史蹟 | 史2 | 北荷蘭城 | 臺北州 | |
| | 史蹟 | 史3 | 熱蘭遮城 | 臺南州 | |
| | 史蹟 | 史4 | 舊城跡 | 高雄州 | |
| | 史蹟 | 史5 | 琉球藩民墓 | 高雄州 | ● |
| | 天然記念物 | 天2 | 海蝕石門 | 臺北州 | |
| | 天然記念物 | 天3 | 北投石 | 臺北州 | |
| | 天然記念物 | 天4 | 泥火山 | 高雄州 | |
| | 天然記念物 | 天5 | 儒艮 | 高雄州 | |
| | 天然記念物 | 天6 | 帝雉 | 全島 | |
| 제1회 지정 | 史蹟 | 史6 | 北白川宮能久親王御遺蹟 | 全島 | ● |
| 제2회 지정 | | 史7 | | 全島 | ● |
| 제3회 지정 | | 史8 | | 全島 | ● |
| 제2회 지정<br>1935.12.5 | 史蹟 | 史9 | 艾爾騰堡 | 臺北州 | |
| | 史蹟 | 史10 | 圓山貝塚 | 臺北州 | |
| | 史蹟 | 史11 | 臺北 景福門/麗正門/<br>承恩門/重熙門 | 臺北州 | |
| | 史蹟 | 史12 | 竹塹迎曦門 | 新竹州 | |
| | 史蹟 | 史13 | 普羅民遮城 | 臺南州 | |
| | 史蹟 | 史14 | 臺南 東安門/寧南門/靖波門 | 臺南州 | |
| | 史蹟 | 史15 | 恆春城 | 高雄州 | |
| | 史蹟 | 史16 | 明治七年龜山本營之址 | 高雄州 | ● |
| | 史蹟 | 史17 | 石門戰蹟 | 高雄州 | ● |
| | 史蹟 | 史18 | 墾丁寮石器時代遺跡 | 高雄州 | |
| | 史蹟 | 史19 | 佳平社蕃屋 | 高雄州 | |
| | 史蹟 | 史20 | 民蕃境界古令埔碑 | 高雄州 | |
| | 史蹟 | 史21 | 太巴塱社蕃屋 | 花蓮港廳 | |

| 지정시기 | 구분 | 번호 | 명칭 | 소재지 | 일본관련 |
|---|---|---|---|---|---|
| | 史蹟 | 史22 | 比志島混成枝隊良文港上陸地 | 澎湖廳 | ● |
| | 天然記念物 | 天7 | 過港貝化石層 | 新竹州 | |
| | 天然記念物 | 天8 | 紅樹林 | 高雄州 | |
| | 天然記念物 | 天9 | 毛柿及榕樹林 | 高雄州 | |
| | 天然記念物 | 天10 | 熱帶性海岸原生林 | 高雄州 | |
| | 天然記念物 | 天11 | 寬尾鳳蝶 | 全島 | |
| | 天然記念物 | 天12 | 華南鼬鼠 | 全島 | |
| | 史蹟 | 史23 | 伏見宮貞愛親王御遺跡 | 臺南州 | ● |
| | 史蹟 | 史24 | 南菜園 | 臺北州 | ● |
| | 史蹟 | 史25 | 乃木館 | 臺北州 | ● |
| | 史蹟 | 史26 | 乃木母堂之墓 | 臺北州 | ● |
| | 史蹟 | 史27 | 三角湧戰跡 | 臺北州 | ● |
| | 史蹟 | 史28 | 第二師團枋寮上陸地 | 高雄州 | ● |
| | 史蹟 | 史29 | 文石書院 | 澎湖廳 | |
| | 史蹟 | 史30 | 千人塚 | 澎湖廳 | ● |
| 제3회 지정 1941.6.14 | 史蹟 | 史31 | 海軍聯合陸戰隊林投上陸地 | 澎湖廳 | ● |
| | 天然記念物 | 天13 | 仙腳石海岸原生林 | 新竹州 | |
| | 天然記念物 | 天14 | 野生稻種自生地 | 新竹州 | |
| | 天然記念物 | 天15 | 臺灣原始觀音座蓮及菱形奴草自生地 | 臺中州 | |
| | 天然記念物 | 天16 | 臺灣高地產鱒 | 臺中州 | |
| | 天然記念物 | 天17 | 穿山甲 | 臺北州 臺中州 臺南州 高雄州 | |
| | 天然記念物 | 天18 | 小紅頭嶼植物相 | 臺東廳 | |
| | 天然記念物 | 天19 | 蓮角鷸 | 全島 | |

[출처: 林會承, 2011,『臺灣文化資產保存史綱』, 台北: 遠流]

# 부록 3. 조선총독부 지정 보물 목록(1934)

| 指定番號 | 種類 | 名稱 | 員數 | 所有者 | 소재지 |
|---|---|---|---|---|---|
| 제1호 | 木造建築物 | 京城南大門 | 1 | 國 | 경기 경성부 |
| 제2호 | 木造建築物 | 京城東大門 | 1 | 國 | 경기 경성부 |
| 제3호 | 工藝品 | 京城普信閣鐘 | 1 | 國 | 경기 경성부 |
| 제4호 | 石造物 | 圓覺寺址多層石塔 | 1 | 國 | 경기 경성부 |
| 제5호 | 石造物 | 圓覺寺碑 | 1 | 國 | 경기 경성부 |
| 제6호 | 石造物 | 中初寺幢竿支柱 | 1 | 國 | 경기 시흥군 |
| 제7호 | 石造物 | 中初寺三層石塔 | 1 | 國 | 경기 시흥군 |
| 제8호 | 石造物 | 北漢山新羅眞興王巡狩碑 | 1 | 國 | 경기 고양군 |
| 제9호 | 石造物 | 開城瞻星臺 | 1 | 國 | 경기 개성부 |
| 제10호 | 木造建築物 | 開城南大門 | 1 | 國 | 경기 개성부 |
| 제11호 | 工藝品 | 開城演福寺鐘 | 1 | 國 | 경기 개성부 |
| 제12호 | 木造建築物 | 觀音寺大雄殿 | 1 | 觀音寺 | 경기 개풍군 |
| 제13호 | 石造物 | 高達寺元宗大師慧眞塔碑之龜趺及螭首 | 2 | 國 | 경기 여주군 |
| 제14호 | 石造物 | 高達寺元宗大師慧眞塔碑 | 1 | 國 | 경기 여주군 |
| 제15호 | 石造物 | 高達寺址浮屠 | 1 | 國 | 경기 여주군 |
| 제16호 | 石造物 | 高達寺址石佛座 | 1 | 國 | 경기 여주군 |
| 제17호 | 石造物 | 瑞峯寺址玄悟國師塔碑 | 1 | 國 | 경기 용인군 |
| 제18호 | 石造物 | 江華河岾面五層石塔 | 1 | 國 | 경기 강화군 |
| 제19호 | 工藝品 | 江華銅鐘 | 1 | 國 | 경기 강화군 |
| 제20호 | 石造物 | 廣州春宮里五層石塔 | 1 | 國 | 경기 광주군 |
| 제21호 | 石造物 | 廣州春宮里三層石塔 | 1 | 國 | 경기 광주군 |
| 제22호 | 石造物 | 彰聖寺眞覺國師大覺圓照塔碑 | 1 | 國 | 경기 수원군 |
| 제23호 | 石造物 | 法住寺双獅石燈 | 1 | 法住寺 | 충북 보은군 |
| 제24호 | 石造物 | 法住寺四天王石燈 | 1 | 法住寺 | 충북 보은군 |
| 제25호 | 石造物 | 億政寺大智國師碑 | 1 | 國 | 충북 충주군 |
| 제26호 | 石造物 | 淨土寺法鏡大師慈燈塔碑 | 1 | 國 | 충북 충주군 |
| 제27호 | 石造物 | 忠州塔亭里七層石塔 | 1 | 國 | 충북 충주군 |
| 제28호 | 石造物 | 奉先弘慶寺碣 | 1 | 國 | 충남 천안군 |

| 指定番號 | 種類 | 名稱 | 員數 | 所有者 | 소재지 |
|---|---|---|---|---|---|
| 제29호 | 石造物 | 定山西亭里九層石塔 | 1 | 國 | 충남 청양군 |
| 제30호 | 石造物 | 聖住寺郞慧和尙白月光塔碑 | 1 | 國 | 충남 보령군 |
| 제31호 | 石造物 | 聖住寺址五層石塔 | 1 | 國 | 충남 보령군 |
| 제32호 | 石造物 | 聖住寺址中央三層石塔 | 1 | 國 | 충남 보령군 |
| 제33호 | 石造物 | 扶餘平百濟塔 | 1 | 國 | 충남 부여군 |
| 제34호 | 石造物 | 唐劉仁願紀功碑 | 1 | 國 | 충남 부여군 |
| 제35호 | 石造物 | 金山寺露柱 | 1 | 金山寺 | 전북 김제군 |
| 제36호 | 石造物 | 金山寺石連臺 | 1 | 金山寺 | 전북 김제군 |
| 제37호 | 石造物 | 金山寺慧德王師眞應塔碑 | 1 | 金山寺 | 전북 김제군 |
| 제38호 | 石造物 | 金山寺五層石塔 | 1 | 金山寺 | 전북 김제군 |
| 제39호 | 石造物 | 金山寺石鐘 | 1 | 金山寺 | 전북 김제군 |
| 제40호 | 石造物 | 金山寺六角多層石塔 | 1 | 金山寺 | 전북 김제군 |
| 제41호 | 石造物 | 金山寺幢竿支柱 | 1 | 金山寺 | 전북 김제군 |
| 제42호 | 石造物 | 金山寺深源庵北崗三層石塔 | 1 | 金山寺 | 전북 김제군 |
| 제43호 | 石造物 | 萬福寺址五層石塔 | 1 | 國 | 전북 남원군 |
| 제44호 | 石造物 | 萬福寺址石座 | 1 | 國 | 전북 남원군 |
| 제45호 | 石造物 | 萬福寺址幢竿支柱 | 1 | 國 | 전북 남원군 |
| 제46호 | 石造物 | 實相寺秀澈和尙楞伽寶月塔 | 1 | 實相寺 | 전북 남원군 |
| 제47호 | 石造物 | 實相寺秀澈和尙楞伽寶月塔碑 | 1 | 實相寺 | 전북 남원군 |
| 제48호 | 石造物 | 實相寺石燈 | 1 | 實相寺 | 전북 남원군 |
| 제49호 | 石造物 | 實相寺浮屠 | 1 | 實相寺 | 전북 남원군 |
| 제50호 | 石造物 | 實相寺三層石塔 | 2 | 實相寺 | 전북 남원군 |
| 제51호 | 石造物 | 實相寺證覺大師凝蓼塔 | 1 | 實相寺 | 전북 남원군 |
| 제52호 | 石造物 | 實相寺證覺大師凝蓼塔碑 | 1 | 實相寺 | 전북 남원군 |
| 제53호 | 石造物 | 實相寺百丈庵石燈 | 1 | 實相寺 | 전북 남원군 |
| 제54호 | 石造物 | 實相寺百丈庵三層石塔 | 1 | 實相寺 | 전북 남원군 |
| 제55호 | 彫刻 | 實相寺鐵製如來座像 | 1 | 實相寺 | 전북 남원군 |
| 제56호 | 彫刻 | 龍潭寺址石佛立像 | 1 | 國 | 전북 남원군 |
| 제57호 | 彫刻 | 萬福寺址石佛立像 | 1 | 國 | 전북 남원군 |
| 제58호 | 石造物 | 益山王宮里五層石塔 | 1 | 國 | 전북 익산군 |
| 제59호 | 石造物 | 彌勒寺址石塔 | 1 | 國 | 전북 익산군 |
| 제60호 | 彫刻 | 益山石佛里石佛座像 | 1 | 國 | 전북 익산군 |

| 指定番號 | 種類 | 名稱 | 員數 | 所有者 | 소재지 |
|---|---|---|---|---|---|
| 제61호 | 彫刻 | 益山古都里石佛立像 | 2 | 國 | 전북 익산군 |
| 제62호 | 石造物 | 聖住寺址三層石塔 | 1 | 國 | 충남 보령군 |
| 제63호 | 石造物 | 華嚴寺覺皇殿前石塔 | 1 | 華嚴寺 | 전남 구례군 |
| 제64호 | 彫刻 | 大興寺北彌勒庵磨崖如來座像 | 1 | 大興寺 | 전남 해남군 |
| 제65호 | 石造物 | 羅州東門外石幢竿 | 1 | 國 | 전남 나주군 |
| 제66호 | 石造物 | 羅州北門外三層石塔 | 1 | 國 | 전남 나주군 |
| 제67호 | 木造建築物 | 無爲寺極樂殿 | 1 | 無爲寺 | 전남 강진군 |
| 제68호 | 木造建築物 | 銀海寺居祖庵靈山殿 | 1 | 銀海寺 | 경북 영천군 |
| 제69호 | 石造物 | 聞慶內化里三層石塔 | 1 | 國 | 경북 문경군 |
| 제70호 | 石造物 | 奉化西洞里三層石塔 | 2 | 國 | 경북 봉화군 |
| 제71호 | 石造物 | 開心寺址五層石塔 | 1 | 國 | 경북 예천군 |
| 제72호 | 石造物 | 高靈池山洞幢竿支柱 | 1 | 國 | 경북 고령군 |
| 제73호 | 木造建築物 | 鳳停寺極樂殿 | 1 | 鳳停寺 | 경북 안동군 |
| 제74호 | 木造建築物 | 鳳停寺大雄殿 | 1 | 鳳停寺 | 경북 안동군 |
| 제75호 | 塼造物 | 安東東部洞五層塼塔 | 1 | 國 | 경북 안동군 |
| 제76호 | 塼造物 | 安東新世洞七層塼塔 | 1 | 國 | 경북 안동군 |
| 제77호 | 塼造物 | 安東造塔洞五層塼塔 | 1 | 國 | 경북 안동군 |
| 제78호 | 彫刻 | 安東安奇洞石佛座像 | 1 | 國 | 경북 안동군 |
| 제79호 | 石造物 | 浮石寺大雄殿前石燈 | 1 | 浮石寺 | 경북 영주군 |
| 제80호 | 木造建築物 | 浮石寺無量壽殿 | 1 | 浮石寺 | 경북 영주군 |
| 제81호 | 木造建築物 | 浮石寺祖師堂 | 1 | 浮石寺 | 경북 영주군 |
| 제82호 | 石造物 | 宿水寺址幢竿支柱 | 1 | 國 | 경북 영주군 |
| 제83호 | 彫刻 | 榮州榮州里石佛立像 | 1 | 國 | 경북 영주군 |
| 제84호 | 石造物 | 佛國寺多寶塔 | 1 | 佛國寺 | 경북 경주군 |
| 제85호 | 石造物 | 佛國寺三層石塔 | 1 | 佛國寺 | 경북 경주군 |
| 제86호 | 石造物 | 佛國寺舍利塔 | 1 | 佛國寺 | 경북 경주군 |
| 제87호 | 石造物 | 佛國寺蓮華橋七寶矯 | 1 | 佛國寺 | 경북 경주군 |
| 제88호 | 石造物 | 佛國寺靑雲橋白雲橋 | 1 | 佛國寺 | 경북 경주군 |
| 제89호 | 石造物 | 石窟庵石窟 | 1 | 石窟庵 | 경북 경주군 |
| 제90호 | 彫刻 | 慶州西岳里磨崖石佛像 | 1 | 國 | 경북 경주군 |
| 제91호 | 彫刻 | 慶州拜里石佛立像 | 3 | 國 | 경북 경주군 |
| 제92호 | 石造物 | 新羅太宗武烈王陵碑 | 1 | 國 | 경북 경주군 |

| 指定番號 | 種類 | 名稱 | 員數 | 所有者 | 소재지 |
|---|---|---|---|---|---|
| 제93호 | 石造物 | 慶州普門里石槽 | 1 | 國 | 경북 경주군 |
| 제94호 | 石造物 | 慶州西岳里三層石塔 | 1 | 國 | 경북 경주군 |
| 제95호 | 石造物 | 慶州石氷庫 | 1 | 國 | 경북 경주군 |
| 제96호 | 彫刻 | 佛國寺金銅盧舍那佛坐像 | 1 | 佛國寺 | 경북 경주군 |
| 제97호 | 彫刻 | 佛國寺金銅阿彌陀如來坐像 | 1 | 佛國寺 | 경북 경주군 |
| 제98호 | 彫刻 | 栢栗寺金銅藥師如來立像 | 1 | 栢栗寺 | 경북 경주군 |
| 제99호 | 工藝品 | 慶州聖德王神鐘 | 1 | 國 | 경북 경주군 |
| 제100호 | 石造物 | 芬皇寺石塔 | 1 | 芬皇寺 | 경북 경주군 |
| 제101호 | 石造物 | 平壤城壁石刻 | 1 | 國 | 평남 평양부 |
| 제102호 | 石造物 | 慶州孝峴里三層石塔 | 1 | 國 | 경북 경주군 |
| 제103호 | 石造物 | 慶州皇南里孝子孫時揚旌閭碑 | 1 | 國 | 경북 경주군 |
| 제104호 | 石造物 | 望德寺址幢竿支柱 | 1 | 國 | 경북 경주군 |
| 제105호 | 石造物 | 慶州瞻星臺 | 1 | 國 | 경북 경주군 |
| 제106호 | 石造物 | 慶州西岳里龜趺 | 1 | 國 | 경북 경주군 |
| 제107호 | 彫刻 | 咸安大山里石佛 | 3 | 國 | 경남 함안군 |
| 제108호 | 石造物 | 斷俗寺址東六層石塔 | 1 | 國 | 경남 산청군 |
| 제109호 | 石造物 | 斷俗寺址西六層石塔 | 1 | 國 | 경남 산청군 |
| 제110호 | 石造物 | 通度寺國長生石標 | 1 | 國 | 경남 양산군 |
| 제111호 | 書蹟典籍 | 海印寺大藏經板 | 81258 | 海印寺 | 경남 합천군 |
| 제112호 | 石造物 | 昌寧新羅眞興王拓境碑 | 1 | 國 | 경남 창녕군 |
| 제113호 | 石造物 | 昌寧述亭里東三層石塔 | 1 | 國 | 경남 창녕군 |
| 제114호 | 彫刻 | 昌寧松峴洞石刻佛座像 | 1 | 國 | 경남 창녕군 |
| 제115호 | 木造建築物 | 淸平寺極樂殿 | 1 | 淸平寺 | 강원 춘천군 |
| 제116호 | 石造物 | 春川前坪里幢竿支柱 | 1 | 國 | 강원 춘천군 |
| 제117호 | 石造物 | 春川昭陽通七層石塔 | 1 | 國 | 강원 춘천군 |
| 제118호 | 石造物 | 楓川原石燈 | 1 | 國 | 강원 철원군 |
| 제119호 | 石造物 | 居頓寺圓空國師勝妙塔碑 | 1 | 國 | 강원 원주군 |
| 제120호 | 木造建築物 | 長安寺四聖殿 | 1 | 長安寺 | 강원 회양군 |
| 제121호 | 石造物 | 洪川希望里三層石塔 | 1 | 國 | 강원 홍천군 |
| 제122호 | 石造物 | 洪川希望里幢竿支柱 | 1 | 國 | 강원 홍천군 |
| 제123호 | 彫刻 | 寒松寺石佛像 | 1 | 國 | 강원 강릉군 |
| 제124호 | 石造物 | 江陵大昌里幢竿支柱 | 1 | 國 | 강원 강릉군 |

| 指定番號 | 種類 | 名稱 | 員數 | 所有者 | 소재지 |
|---|---|---|---|---|---|
| 제125호 | 石造物 | 江陵水門里幢竿支柱 | 1 | 國 | 강원 강릉군 |
| 제126호 | 彫刻 | 神福寺址石佛座像 | 1 | 國 | 강원 강릉군 |
| 제127호 | 石造物 | 掘山寺址浮屠 | 1 | 國 | 강원 강릉군 |
| 제128호 | 石造物 | 掘山寺址幢竿支柱 | 1 | 國 | 강원 강릉군 |
| 제129호 | 木造建築物 | 心源寺普光殿 | 1 | 心源寺 | 황해 황주군 |
| 제130호 | 木造建築物 | 成佛寺極樂殿 | 1 | 成佛寺 | 황해 황주군 |
| 제131호 | 木造建築物 | 成佛寺應眞殿 | 1 | 成佛寺 | 황해 황주군 |
| 제132호 | 石造物 | 廣照寺眞澈大師寶月乘空塔碑 | 1 | 國 | 황해 해주군 |
| 제133호 | 石造物 | 海州百世淸風碑 | 1 | 國 | 황해 해주군 |
| 제134호 | 石造物 | 海州邑內石氷庫 | 1 | 學校貴 | 황해 해주군 |
| 제135호 | 石造物 | 海州陀羅尼石幢 | 1 | 國 | 황해 해주군 |
| 제136호 | 木造建築物 | 大同門 | 1 | 國 | 평남 평양부 |
| 제137호 | 木造建築物 | 浮碧樓 | 1 | 國 | 평남 평양부 |
| 제138호 | 木造建築物 | 普通門 | 1 | 國 | 평남 평양부 |
| 제139호 | 工藝品 | 平壤銅鐘 | 1 | 國 | 평남 평양부 |
| 제140호 | 石造物 | 神福寺址三層石塔 | 1 | 國 | 강원 강릉군 |
| 제141호 | 石造物 | 成川處仁里五層石塔 | 1 | 國 | 평남 성천군 |
| 제142호 | 石造物 | 成川慈福寺址五層石塔 | 1 | 國 | 평남 성천군 |
| 제143호 | 石造物 | 粘蟬縣碑 | 1 | 國 | 평남 용강군 |
| 제144호 | 彫刻 | 龍川旧邑內石佛立像 | 2 | 國 | 평북 용천군 |
| 제145호 | 彫刻 | 龍川旧邑內石獸 | 1 | 國 | 평북 용천군 |
| 제146호 | 石造物 | 黃草嶺新羅眞興王巡狩碑 | 1 | 國 | 함남 함주군 |
| 제147호 | 木造建築物 | 釋王寺應眞殿 | 1 | 釋王寺 | 함남 안변군 |
| 제148호 | 木造建築物 | 釋王寺護持門 | 1 | 釋王寺 | 함남 안변군 |
| 제149호 | 工藝品 | 塔山寺銅鐘 | 1 | 大興寺 | 전남 해남군 |
| 제150호 | 彫刻 | 道岬寺石製如來座像 | 1 | 道岬寺 | 전남 영암군 |
| 제151호 | 石造物 | 華嚴寺三層四獅石塔 | 1 | 華嚴寺 | 전남 구례군 |
| 제152호 | 書蹟典籍 | 松廣寺大般涅槃經疏 | 1 | 松廣寺 | 전남 순천군 |
| 제153호 | 工藝品 | 上院寺銅鐘 | 1 | 上院寺 | 강원 평창군 |

[출처: 『官報』第二千二百九十號, 昭和九年(1934) 八月二十七日]

• 오춘영

충북 청주 출생
충북대학교 고고미술사학과 졸업
충북대학교 대학원 사학과에서 문학석사와 문학박사 취득

1998년 국립경주문화재연구소 연구원으로 입사
2002년 문화재청 학예연구사로 입사 후 국립경주문화재연구소에서 유적 조사와 연구
2005년 문화재청 발굴제도과(발굴조사 허가와 매장문화재 보호)
2008년 문화재청 유형문화재과(국보·보물 조사와 지정)
2011년 국립문화재연구원 미술문화재연구실(미술유산 연구와 국외 소재 문화재 조사)
2012년 국립문화재연구원 연구기획과(문화재 연구 기획과 평가)
2016년 국립중앙박물관 유물관리부, 어린이박물관과
2019년 국립완주문화재연구소 초대 소장
2021년 국립문화재연구원 연구기획과장
2022년 통일부 국립통일교육원 통일정책지도자과정 교육

대학 입학 후 구석기유적 조사로 문화재 조사에 첫발을 들였고, 대학 졸업 후 국립경주 문화재연구소에 입사하여 신라의 다양한 유적과 유물을 접하면서 문화재 조사와 연구의 시야를 넓혔다. 문화재청 학예직 공무원이 된 후 문화재 조사, 연구, 발굴조사, 동산 문화재 관리, 연구기획, 박물관 유물관리와 전시 등 다양한 분야에서 경험을 쌓았다. 이 과정에서 문화재의 본질적 부분에 대한 의문을 가졌고, 이 책은 이 의문을 푸는 과정 중 하나이다.

논문(등재지와 학위논문)
2017,「일제강점기 도리이 류조의 충북지역 인류학 조사 사진 분석」『白山學報』108
　　호, 백산학회
2018,「일제강점기 문화재 정책 형성과정 연구: 위원회 구성과 목록 변화를 중심으로」
　　『文化財』51-1호, 국립문화재연구소
2018,「일제강점기 대만의 문화재 제도화 과정과 조선 비교」『文化財』51-4호, 국립문
　　화재연구소
2020,「한국 근대 문화재 인식의 형성과 변용」, 충북대학교 대학원 사학과 박사학위논문
2020,「20세기 한국 문화재 인식의 이데올로기적 영향과 변화」『文化財』53-4호, 국립
　　문화재연구소

## 만들어진 사회적 기억, **문화재 인식의 역사**

| | |
|---|---|
| **초판발행일** | 2022년 11월 1일 |
| **편 저 자** | 오춘영 |
| **발 행 인** | 김선경 |
| **책 임 편 집** | 김소라 |
| **발 행 처** | 서경문화사 |
| | 주소 : 서울시 종로구 이화장길 70-14(204호) |
| | 전화 : 743-8203, 8205 / 팩스 : 743-8210 |
| | 메일 : sk8203@chol.com |
| **신 고 번 호** | 제1994-000041호 |
| **ISBN** | 978-89-6062-246-3    93380 |

ⓒ 오춘영 · 서경문화사, 2022